武林杂谈

张汉文　编著

学苑出版社

图书在版编目（CIP）数据

武林杂谈／张汉文著．—北京：学苑出版社，2017.10

ISBN 978-7-5077-5367-7

Ⅰ．①武…Ⅱ．①张…Ⅲ．①武术－介绍－中国Ⅳ．① G852

中国版本图书馆 CIP 数据核字 (2017) 第 267837 号

责任编辑：周　扬
装帧设计：阮全勇
出版发行：学苑出版社
社　　址：北京市丰台区南方庄 2 号院 1 号楼
邮政编码：100079
网　　址：www.book001.com
电子信箱：xueyuanpress@163.com
联系电话：010-67601101（销售部）　67603091（总编室）
印　刷　厂：北京鑫瑞兴印刷有限公司
开本尺寸：710×1000　1/16
印　　张：17.875
字　　数：250 千字
版　　次：2017 年 11 月第 1 版
印　　次：2017 年 11 月第 1 次印刷
定　　价：68.00 元

德行天下，武聚英杰

——张汉文

武林人的精神（代序）

张汉文老师在武林人圈里是比较爱动笔的人，也是动笔比较早的人。据我所知，早在"文革"后期的70年代末，他的文章就在当时的《北京工人》杂志上发表。该杂志的主编陶嘉善先生很欣赏汉文老师的文章，并且那时候写武林逸事的人比较少，所以他送去的稿子基本上没有不登的。后来，《中华武术》《武魂》《精武》等杂志相继创刊，汉文老师在这几本刊物上陆续发表了多篇有分量的文章。他的练功照曾经作为杂志封面被刊用，他的习武经历和个人见解，曾在《人民画报》、《中国日报》（英文版）上作为头版头条予以报道。

汉文老师自幼习武，文武兼修，1954年正式拜京都会友镖局著名武术家大枪董英俊为师，习练三皇炮捶拳械。1986年出版第一本书《三皇炮捶》，随后相继出版了《三皇炮捶汇宗》和《三皇炮捶》教学光盘，对三皇炮捶的推广、传播产生了很大影响。1957年，汉文老师拜著名杨式太极拳第四代传人崔立志（字毅士）先生为师，习"杨式大架太极拳"。2000年时，拜在"杨式内传太极拳"第四代宗师张文炳（字虎臣）先生门下，深修"杨式内传太极拳"，并与师弟蒋林合作，编著了《杨式内传太极拳108式》《杨式内传太极拳家手》和《杨式内传太极拳小快式》三本书。这是我国武术历史上第一本系统阐释"杨式内传太极拳体系"的书，在此之前，关于"杨式内传太极拳家手"和"杨式内传太极拳小快式"技击架大家了解的并不多，此次经过汉文老师的推介，杨式内传太极拳的奥秘终于浮出水面，并有越来越多的爱好者练习、研究这个拳种。

　　汉文老师虽已古稀之年，但为武术事业做贡献的步伐没有停下。他的新作《武林杂谈》书稿我有幸先睹为快。书的内容丰富多彩，故事跌宕起伏，字里行间展现出许多武林人物鲜活的生活场景，仿佛是一幅真实的历史画卷。因为汉文老师是地道的北京人，生于武术世家、自幼习武，且受过良师教诲，所以他所闻所见和亲身经历的武林故事较多，这是许多后人所不及的地方。在他的文章里，他把传统武德升华到习武人的心灵修为高度，并无时无刻不在大声疾呼对中华传统文化的保护。他说："传统武术如何薪火相传是一个非常紧迫的问题，传统武术已成为人类非物质文化遗产，我们应建立有效机制保护好这一宝贵的文化遗产，使之薪火不断。只有做好传承工作，传统武术才有活的生命力。"汉文老师的这些观点，既反映出当今众多习武之人的心声，也反映出他对中华传统文化的重视与热爱。

　　拜读了汉文老师的《武林杂谈》书稿之后，我觉得该书最大特点在于，它不是媒体人写的采访文章，也不似作家写的文学传记，它更像是武林人士自己写的以自己为主角的心路历程。在朴素的文字中饱含着深情，让读者能从中汲取营养，得到提升。

　　汉文老师请我为其大作做序，愧不敢当，聊赘数言，谬误之处，敬请指教。

刘学勃
2009 年中秋于北京

目 录

武林轶事 /1
神拳宋迈伦 /3
四宗师相聚京城 /8
宋帮真德重训守备 /16
镖局保安失镖，众同道齐心捉匪 /19
于鉴进京深造，会友镖局如虎添翼 /23
于鉴瑞蚨祥护院，陈友清遇缘拜师 /26
督军府副官发难，于大师小露神功 /29
于鉴以武会法师，方丈出手遇高人 /34
"大枪侯"严惩恶煤贩 /37
白云峰神弹惊歹徒 /42
白云峰妙手点狂人 /44
最后的大镖师焦凤林 /46
天不言自高，地不言自厚 /51
忆梁志泉老师二三事 /55
忆杨宝田师兄 /73
忆七十年代练功的那些日子 /86
我代表的是中华武林 /91

武术传承 /101

给宋志平、谢志奎二位老师贺寿有感 /103

武林收徒古今谈 /108

德高孚众望，俊杰育英才——缅怀恩师董英俊先生 /114

师父讲的小故事永远是鲜活的 /120

清风拂山冈，明月照大江——读张师伯庆云先生的"练武须知要言"有感 /124

百岁寿星谈拳，道出长寿秘诀——访97岁武林大师袁敬泉老师 /129

武术真谛是什么——百岁拳家袁敬泉谈武术真谛 /133

治气养炼，身后彭祖——访耄龄耆宿张庆云老师 /136

大刀刘德胜轶事——访爱国武术家大刀刘德胜后人刘宝民老师 /141

刘宝民与五虎少林会 /147

少女出手惩赖汉 /153

医武同修德，平凡见高尚——记老武术家、老中医欧锡九 /157

杨式太极拳小快式的传人李顺波 /164

刘学勃老师鲜为人知的事 /168

探索研究 /173

三皇炮捶益寿原理 /175

杨式内传太极技击架没有失传 /179

杨式太极拳内传与外传的形成和发展 /185

杨式太极进阶修炼法 /191

李道子的"授秘歌"新解 /200

三皇炮捶拳古谱的由来及新谱的发展 /204

习练三皇炮捶拳的步骤和方法 /212

"夫子三拱手"绝技探研 /219

三皇炮捶大师宋彦超"神道碑铭"考及白话译文 /237

三皇炮捶大师宋彦超"芳型振古"匾文考及白话译文 /242

弹弓谱 /245

古迹拾遗 /251

北京最小的庙 /253

北京有座三皇山 /255

世间确有龟蛇合体的"玄武" /256

淮阳发现八卦龟 /258

甘肃天水有座卦台山 /259

忆北京窑台古迹 /260

天桥忆旧 /264

后记：传承是活的生命力 /269

武林轶事

神拳宋迈伦

宋彦超（字迈伦），亲友们亲切地叫他"宋老迈"，河北省冀州市赵家庄人氏，清晚期著名的武术家，北京三皇炮捶的开拓者。他学文习武，深究拳理，讲究实用，深刻体悟三皇炮捶练拳、练气、技击，气劲合一，刚柔相济的独特风格，创夫子三拱手绝技。他在北京创建了京都会友镖局，并传播三皇炮捶拳。他的拳术、技法流传至今，久盛不衰，为中国武术做出了不可磨灭的卓越贡献。

宋迈伦生于清嘉庆十四年（1809年），卒于光绪十八年（1892年），享年83岁。其父宋奇策是清朝大学士，生有四子，迈伦为长子。伯父宋奇斌是清朝武庠生，堂伯父宋奇彪外号"铁胳膊"，是清朝武举人。宋迈伦深受其家庭影响，9岁学武，练弓、刀、箭、马、步、石等功夫。由于他练功勤奋，20岁即考中武秀才，后云游晋、冀、鲁、豫、陕、鄂、黔、川诸省，游览名山大川，登嵩山访少林，到处寻访奇才异能之士。

一日，宋迈伦登四川峨眉山游历，巧遇乔龄真人。乔龄真人（字鹤龄），乃清初三皇炮捶著名大师乔三秀之后。乔叟习武功数十年，掌握了三皇炮捶之绝技和赵家（赵子龙）大奇枪之奥妙，技艺绝伦、世人罕见，在武林界享有极高声誉。此时乔已过耄耋之年，还游历名胜古迹，说来也是机缘巧合，他在峨眉山与宋迈伦相遇，二人见面立谈一昼夜毫无倦意。乔盛赞宋迈伦说：

"我游全国有几周未能传我术，今得奇人也！"宋迈伦见乔龄相貌古怪、二目炯炯如灯、行走如飞、谈吐文雅，又闻乔叟所谈三皇炮捶，拳理精深明细、表里如一，特别是"枪剑拳勇，皆以理为本，力不妄用，巧随机生，进退击刺，准此对垒，布阵亦佳，此近可敌一人，远可敌万人也"的一番见解，乃断定此人为身怀绝技的非凡之人，当即叩拜乔龄为师，"遂尽弃前学而学焉"。他将乔师请居河北冀州赵家庄自己家中，后又在邻镇冯管村置房产供师居。乔师一家随后迁居冯管村，收徒授业，从者甚多。其中，最出众者有王双奎、张文彩，以及宋迈伦的表弟于连登。宋迈伦和他的三位师弟对乔师侍奉殷勤周到，言行必从，情如父子。乔师被他们高尚的品德和学艺的诚心所感动，将三皇炮捶之妙、赵家大枪之绝，乃至平生所学悉数传授给他们。

乔翁去世以后，宋迈伦闭门谢客，三年苦练，深研拳理，集各家所长，取其精华，终于创造出三皇炮捶拳独特的技法——夫子三拱手。此法以气为主，以理当先、理中巧变、气劲合一，一二招内即见胜负，甚为奇特。宋迈伦又在赵家大枪的基础上，将杨（继业）、罗（成）、戚（继光）三家名枪精华熔为一炉，创造出以劈、砸、滚、翻、崩、挂、点、扎为主要技法的"赵云勇战枪"，又称"子龙三十六点大枪"。此枪法流传至今，是非常珍贵的大枪套路。此时宋迈伦武功造诣高深，已成为远近皆晓，名声大震的武林宗师。

1840年鸦片战争以后，中国被西方列强侵略，沦为半殖民地社会，早有"投笔从戎之概"的宋迈伦看到民族受辱，天下英雄奋起，百姓抵抗列强的局势，激发起强烈的爱国之志，"荷戈投效，遍走南北"。但因"中外多故，时运不济，命运多舛，徒有宗悫之志，难免季子之穷，奔波半生，一长莫展"。虽如此，宋迈伦并不甘心。他胸怀壮志，英风侠骨，在清道光二十五年（1845年）进京投奔皇家神机营，以报效国家。

皇家神机营是紫禁城皇宫的护卫营，由老七王管辖。营中武林高手云集，有著名教练200余人。宋大师与其比武，往往一二回合即把对手摔出丈外，并可将其擒来或挟于腋下或掷于场外。老七王看了目瞪口呆，惊为奇人，连声高呼"神拳也"，遂赐五品亮蓝顶戴花翎。"神拳宋迈伦"的称号即由此而来。

比武后总教练刘二心中不服，请命与宋迈伦比武，老七王准。刘二将枪刺来，宋大师用枪微向外一磕，便上步挑去，刘二之枪亦飞起于空中，宋大师顺势连扎刘二三枪，即指脚赫面，指面扎脚，当胸一点。宋迈伦这急三枪扎去，刘二还没来得及躲闪，三枪就已扎过。宋的枪劲掐得很准，神妙绝伦，只是点到为止，并没有让对手受伤。老七王狂呼"神枪"不止。老七王兴趣大发，遂又对宋说："余闻彦超一对小刀神妙无比，吾命刘用大枪，你可用小刀比试？"宋大师说："只用火筷子一对来代刀使用即可。"二人动手前，刘尝到前番苦头，心中明知不及，但有老七王之命在先，所以不敢不比试。他暗暗告诉宋大师"我家中有八旬老母，求手下留情"。宋大师点头示意，遂动起手来。刘二口中虽这么说，但他手中的大枪却摇、拧、圈、点直取中门，毫不留情地朝宋大师胸窝而来。宋迈伦左挪右闪，未及三招两式，突然顺势而进,手中的火筷子已抹中刘二的颈部。随后转身又跳出圈外,动作干净利索,打闪纫针。老七王以为宋迈伦跳出圈外不比了,正纳闷之际,宋开口了,他说:"已分胜负,我在他脖子上抹了两刀。"刘二听宋这么一说,顿时吓呆了,又想,"抹我脖子两刀我怎么没感觉?"老七王也不信,叫手下人过去查验刘的颈部,果然有两道黑印。老七王大悦,赐予四品亮红顶戴花翎。宋推辞不受,对老七王说:"比武是为了交朋友,我安能去夺朋友的饭碗呢?"老七王称赞宋迈伦品德高尚,将宋迈伦留神机营录用,给自己当贴身护卫了。

宋大师以武会友,与八卦掌创始人董海川大师相识,二人相见恨晚,遂结为挚友。二人曾在宴会上用筷子比武,董大师说:"着打!"宋大师说:"打不着!"随即两人筷子齐断,相视而笑,互称绝艺。宋迈伦大师与形意拳大师郭云深早有深交,此后又与杨式太极拳创始人杨露禅结为挚友。董海川、宋迈伦、杨露禅、郭云深成为著名的"武林四友"。

宋迈伦在京耳闻目睹了清朝政府对外屈膝投降,对内残酷镇压平民百姓,

京都会友镖局原址

官场贪污腐败，高层昏庸无能。想到自己奔波半生，虽有报国之志，却得不到重用，救国无望，遂游幕京畿，弃官从贾。他在北京前门外粮食店街开设了京都会友镖局，传授武艺，弟子日众，如清朝内务府诸公、光绪皇帝门上的梁老公、光绪皇帝的妹丈大阿夫、刑部御史掌印惠铭、九门提督惠崇、西便门外白云观道长赵致忠（字秋水），以及宋帮真、孙德润、张殿华、卢玉璞、袁长顺、于鉴、宋大成、张玉福、刘兆祥、宋彩臣等等。宋大师对弟子们"精微言理，诲而谆谆"，并对弟子强调"练功习武，只为强我中华所用。此拳术不可传入外国人"。

宋迈伦亲手在北京前门外粮食店街创办了京都会友镖局，由弟子孙德润、张殿华主持营业。在家乡码头李镇又创办了南会友镖局，由弟子袁长顺、卢玉璞任经理。后来，宋大师的师弟、于连登的儿子于鉴（字镜堂）来京投奔到会友镖局，又将于门三皇炮捶拳技法带到北京。于是，拳理一致、拳架大同小异、各有特色的宋、于两种三皇炮捶拳风格都在北京传播开来，他们为弘扬这门拳术做出了重要贡献。

光绪十八年（1892年），宋迈伦故于河北省冀州市赵家庄。光绪三十一年（1905年）阴历七月，由弟子惠铭、惠崇、赵致中率南、北会友镖局两代再传弟子，给宋迈伦大师送上"芳型振古"匾额一方，对大师"修于身、施于事、立于言，兼三不朽矣"的高尚品德和一生功绩加以赞颂。

民国五年（1916年）阴历四月，由弟子于鉴、袁长顺、卢玉璞、张玉福等率再晚门生白云峰、孙恒通等39人，为宋迈伦大师立"神道碑"，敬立于大师墓前以做永世纪念。石碑正面镌刻"前清钦加五品衔讳彦超字迈伦宋老夫子之神道碑铭"之字。

宋大师灰志功名之后，常以琴、酒、书、画遣情。对竹、兰、梅、菊大写意绘画的造诣很深，其作品被时人视为珍品收藏。

如今，武术事业在政府领导下兴旺发达，宋大师"武术为国为民之所用"的切望终于实现了。我等晚生后辈深切怀念宋迈伦大师，特作此文颂念。

会友镖局门墙上书写："本局专走各省镖项，护送官商定期不误。"

四宗师相聚京城

宋迈伦投奔神机营与众高手比武以后,"神拳宋迈伦"的名字不胫而走。朝廷钦赐他五品亮蓝顶戴花翎,在神机营任护卫,当差三年多。他耳闻目睹朝政腐败,官场舞弊,自感报国无望,遂灰志功名,弃官从贾。在北京前门外粮食店街开设京都会友镖局,广收门徒。宋迈伦名声日高,从习者日众,如清朝内务府诸公、光绪皇帝门上的梁老公、光绪皇帝的妹丈大阿夫、刑部御史掌印惠铭、西便门外白云观道长赵致忠(字秋水),以及弟子宋帮真、袁长顺、卢玉璞、张殿华、孙德润、宋人师的侄子宋彩臣等。一时间,会友镖局人才济济、高手云集。后来宋迈伦的师弟、于连登的儿子于鉴进京投奔大师,会友镖局更是如虎添翼。

直隶(今河北)省文安县的董海川创八卦掌绝技,此时已来到京师,董先是投奔四爷府溥懋门上当护卫,后辗转到了肃王府。肃王爷奏请圣上封董海川四品护卫衔,八卦掌宗师董海川的大名传遍朝野,一些江湖侠客,寺庙名僧纷纷来京与他比武,皆被他降服。董海川在肃王府得知前门外有个会友镖局,东家是大名鼎鼎的神拳宋迈伦,心里早想见到这位武林宗师。宋迈伦对八卦掌董海川的大名也早有耳闻,也早想找机会前去拜访。一日,董公差人请宋迈伦来肃王府相见,这真是"天下好汉想好汉,自古英雄爱英雄!"宋迈伦带着大弟子宋帮真前去肃王府赴约。董、宋二人相见,谈古论今,说文道武，好不快活。二人相见恨晚，遂交成挚友。席间，二人用筷子切磋武艺，董师说"着打"！宋师说"打不着"！随即两人的筷子齐断，相视而笑，互称绝技！

董师说："当今在京练吾八卦掌者不下千人，他们都是晚生小辈，只有你我可以称兄道弟！"说完令陪座的大弟子尹福（字寿朋）拜宋迈伦为师。宋迈伦当即令宋帮真拜董海川为师。两门换帖，结为友谊（注：后来"尹派"八卦掌传人要先学两趟三皇炮捶拳，然后再习练八卦掌，就是这个缘故）。二人名震全国，号称"天下两奇"。当时著名拳家张九爷评赞二位大师的绝技时说："武林界我宋大爷为根，董大爷为拳，友诚哉斯言也。"董海川盛赞宋迈伦的功夫——三皇绝技，创历代未有之奇迹，实为中华武术大放光芒……

时隔三年，河北省永年县杨福魁（字禄禅、露禅）进京在端王府教授太极拳，那些宫廷贵胄的纨绔子弟不肯吃苦，他本人年岁已长，虽被世人誉为"杨无敌"，却为培养传人而心急，仅有万春、凌山、全佑几名年少学子是可教之材。为了长子杨班侯在京扎住脚跟，杨无敌将直接培养的三名学子划给班侯为弟子。事隔年余，摆擂比武，以扩大本门在京的影响力。北京的某个金秋，天高气爽，美不胜收。杨无敌摆擂比武的消息早就传的沸沸扬扬，各地武林高手前来比武，观众如山如海。但比武打擂三天已过了两天，前来比武者却无一胜回。观众未见守擂者打人，只见来挑战者在台上东倒西歪，站立不稳。众多挑战者领教了太极拳的神奇奥妙，只得无奈认输。擂台摆到了第三天，也就是最后一天，没人上台比试，为了不让台上冷清，擂主的几对学子在台上相互切磋。到了下午日头偏西时分，眼看再有一个时辰比武就全胜而终了，擂主杨露禅心里暗自高兴，同时也有几分不安，他想，根据以往经验，越到这最后时刻，越有可能来高人挑战，万万不能有丝毫大意。

正在这时，忽然有两位年轻人跳上台来挑战，一位是中等身材，身穿靠蓝色长袍，上套黑色镶边马褂，头戴红顶珠黑色帽子，帽子前额配翠绿玉片，是位风度潇洒、文雅英俊的书生模样。另一位身穿灰色长袍，上罩宝蓝色镶边马褂，光着头，发辫缠在脖子上，灯笼裤，双脸洒鞋，虽是不屑一顾的瘦矮个子，却也英气豪发，两眼如电。

擂主一见这二人，心中一动，凭他多年在江湖上的经验，预感到来者不善。他想，两天多的比武都平安度过了，剩下这最后一个时辰不能有闪失，必须保持不败之地。他精心选了万春、凌山这两位功夫最强的亲传徒孙出场守擂。台上等候的两位青年将长袍拢起往腰间一掖，见二位守擂的快步走到跟前，拱手说声"请！"二位守擂的不容分说早已出招，万春对英俊书生，凌山对矮瘦子，两对人刚一交手就粘连在一起了。你来我往，形影相随。他们的比武，时疾时缓，轻灵柔顺；走如行云流水，转如双蝶翩翩。万春、凌山使出太极拳"乱采莲"的乱环绝技，这功夫变化无穷，借力打力，出手无形。摆擂以来还没来得及用上这功夫，挑战者就已经被发出去。现在万春、凌山都用上了这个看家本领来应对挑战者，四个人交手比武，近半个时辰都未见分晓。擂主在台上一直睁大了眼睛看着，却看不出挑战者练的是何门功夫。台上两个守擂的尽管使出看家本领，却对两位挑战者毫无效果，他们心里有点沉不住气了，万春变换招式，出手迅捷，刚一得势即放出整劲，想把对方发出去结束比赛。没想到对手听得极准，刚一整未及放出，就被那位文雅书生的震颤劲打散，瞬时间换不上气来。就在这千钧一发之际，万春调整好心态，得机再发整劲放人，挑战的书生随势吸化，遂变整劲还给对方，劲虽放得小，可用的是周身整劲，旁观者是看不出来的。守擂的万春旧力已放出，新力刚续未实，正碰上对方这股整劲，于是像海浪一样忽悠一下，被弹离了手。再看挑战者，纹丝不动站立于原处，这种微妙的变化，只有交手的双方自己心里明白。

再说凌山同那位不屑一顾的瘦矮个子交手。凌山本是个急脾气，早已按捺不住，连连出手，却连连险被挑战者借用。起初他没把对方放在眼里，凭他的功夫，只要一沾手就能把这瘦矮个子发到台下去，但没料到，来挑战的瘦矮个子轻灵的听不到一点劲，可沉粘的时候又像粘猴，拿不起来又放不下去，急得凌山满头大汗。正在这时，瘦矮个子主动进攻守擂的凌山，凌山见机借力，将手随即变做挤打。那个瘦矮个子，本来个矮下盘低，他又随即全身往下一沉，凌山这一挤就像撞在一座山上被弹了回去，矮个子身势纹丝未动，从表面上看是凌山出手发人，实际上反被人发，外形动作虽很小，却已分胜负。两位挑战者几乎同时双双跳出圈外，面带笑容，拱手告辞，跳下擂台扬长而去！

守擂的万春、凌山俩人心里明白，对方功夫高深，不肯出手发人，免得让他们丢了面子。台上台下众人眼睁睁地看着这两位青年扬长而去，一时弄不明白，都认为双方比了个平局。擂主杨露禅马上叫过万春、凌山问个究竟。凌山说："我与那矮个子交手，他手轻得要命，难以听到他的劲，什么招都发不出，还险些被他利用。有几次他摸到我身上却没发我，他身材虽轻我却拿不起来，又放不下去，粘得我没办法。他攻我捋随即我变挤，本应能将他发出老远的，不料我如同挤撞在一座山上，反被他发了出去，外形虽没离开，可我心里明白。"

万春说："我同那书生模样的人交手，他沾粘连随、听化拿发的功夫极深，我使什么招式他还我什么手，我见势发整劲，想把他发出去，不料他用一连串的震颤把我的整劲打散了。这时他若发我，我立马会被发出去，可他不发我，我见机再发整劲，又被他吸化了。随即我再发劲，可晚了，他放回了整劲，动作幅度小，旁人看不出来，以为我俩比了个平手，实际上是我发人反被人家弹了回来。"

杨露禅听完他俩的详述，心里明白了，今天遇到高人了，比武表面上看似乎打个平手，实际上人家比我们的功夫高；人家赢了却不让旁人看出来，真是品德高尚。他询问在场的人，可大家都不知道那俩人的来历。三天的摆擂比武结束了，杨露禅心里总放不下最后前来比武的那两位年轻人，他决心要找到这两位高人交个朋友。

当年，杨露禅与八卦掌鼻祖董海川在京城都很有名望，相互之间都很欣赏对方，但无缘相见，后经朋友从中穿线搭桥，二人得以相识。在座的朋友都想看看二位高人的真功夫，请他们各自露一手，董师和杨师微笑同意。大家起座来到庭院中，正值夏初季节，时有燕子嬉戏从庭院中掠过，董海川垫步拧腰向上一纵，毫不费力地将一只沙燕轻轻抓在手中，然后把燕子交给杨露禅。杨露禅张开手掌，沙燕展翅欲飞，翅膀扑扇着却总是飞不起来。众人对董、杨二师的真功夫赞叹不已。沙燕在空中嬉戏，掠飞速度相当惊人，董师能瞬间从空中将其抓住，可见董师轻灵神速、精准无误的超凡功夫非常了得。燕子展翅起飞之前，两爪有一个轻微的蹬地动作，杨师能把燕子极其轻微的蹬劲化掉，又可见其功夫已到出神入化之境界。

此时，杨露禅猛然想起了挚友董海川先生，他在武林界人脉宽广，随即前去请教。杨露禅将设擂比武之事如实讲给董海川，向董师询问那两位年轻人的来历。董海川寻思，有如此之功夫的年轻人很有可能是京都会友镖局的人，他对杨露禅说："前门外粮食店街有一家京都会友镖局，那里的东家神拳宋迈伦是我的朋友，他手下有许多高手，我想那两位年轻人可能是宋迈伦的徒弟，你不妨拜访一下。"杨露禅听了非常高兴，当即恳请董海川老师穿针引线与神拳宋迈伦相见。

再说那两位打擂的青年，白面书生叫宋帮真，瘦矮个子叫于鉴，二人都是神拳宋迈伦的弟子。因杨无敌摆擂台，二人想试试他怎个无敌法。师父见他俩人执意要去打擂比武，就叮嘱说："去也可以，但有条件。第一，不准露出镖局的名号；第二，比武不许输，也不许出手发人，要赢的叫对方心里知道，旁人看就是比个平手，不准破坏人家名声。"俩人牢记师父的叮嘱，上台跟万春、凌山二人交了手。

这宋帮真和于鉴回来向师父如实禀报了比武情况，宋迈伦说："你俩这样做就对了，我们又要交位新朋友了。明天就会有人相约见面啦！"宋帮真和于鉴听师父这么一说，恍然大悟："原来师父同意咱们打擂，不许发人又不许输，还得看出是比个平手，就是为了比武交友呀！"第二天上午，镖局里果然来了一位中年汉子，这汉子正是董海川的大弟子尹福，也是给神拳宋迈伦叩头拜师的弟子。尹福见到师父叩拜问安，师父说："你今天来是董老师派你来为昨天打擂之事吧？"尹福笑答："正是师父所言，董老师派我转送来杨露禅老师的拜帖。"说完上前一步，呈上帖子。宋迈伦接过来打开一看，上面写着:"宋大师台见。久闻先生在武林中之大名,却无缘相见。露禅来京时日短浅,多有不周之处,还望先生海涵。今经八卦掌董海川老师指点,愿与先生相识。倘若方便,我们明日上午在肃王府董老师处相见一叙,可否赏光?杨露禅拜上。"宋迈伦看完拜帖对尹福说:"你回禀董老师,我明天中午去赴约,会见杨露禅先生。"

次日午时,宋迈伦带领着宋帮真和于鉴来到肃王府。杨露禅那时早已到场,正与董海川叙谈,三人相见欢声笑语,好不爽快。宋迈伦说:"昨日我的两名小徒弟初学乍练不懂事,多有得罪,还望杨大师海涵!"杨露禅大加赞扬那两位年轻人高尚的武德和超群的武功,认为是宋老师教导有方。他对宋迈伦和董海川二人说:"外人叫我'杨无敌'非我本人之意,天下哪有无敌之人,让二位见笑了!"

宋迈伦谦虚地介绍了三皇炮捶拳并谈及三皇炮捶老前辈早年曾访问河南陈家沟之事。当年,三皇炮捶前辈与陈王庭切磋武功,后成莫逆之交。临别前陈王庭恳请将三皇炮捶第二路留给陈家沟作为两拳友谊的象征。三皇炮捶拳老前辈欣然同意,让他按太极拳练法改动。陈王庭尊重友情不忘本,变动后仍叫二趟炮捶。二人商订:两门户世代友好,后人永不交手。宋迈伦说:"三皇炮捶由刚入柔,快劲撑气,极刚极柔。太极拳由柔入刚,运柔成刚,是发慢劲哼气。两拳多处相合刚柔异曲同工。"杨露禅频频点头称是。宋迈伦见杨露禅比自己年长,然虚怀若谷,平易近人。杨露禅见宋迈伦谈吐风雅,文韬武略,见识高远。二人谈拳论道,甚是投缘,遂结成挚友。

形意拳大师郭云深幼时好习少林拳,清朝同治初年从师李飞羽学习形意拳。李师骑骡外出,他常在其后打崩拳相随,经12年刻苦研习,得其精要,尤擅崩拳。清光绪三年(1877年)设教于西陵,后为六陵总管谭崇杰府中的武术教师,继为清宗室载淳、载廉等人的教师。同治年间,郭云深在正定知府钱锡采府上做幕宾时,当地有一名武举人窦宪钧,自恃武功高强,收罗地痞流氓横行乡里,鱼肉百姓,无恶不作,是当地一害,百姓深恶痛绝。郭云深一向嫉恶如仇,听说窦之恶迹,遂生剪除恶霸为民除害之心。

一日，郭云深路经武举人窦宪钧府前，有人建议郭云深去拜访窦宪钧。郭云深心情不爽，故意大声说："窦宪钧不过是个土豪恶霸，非我武林之士，不齿于人我何故见他？"此话刚好被府内的家丁听到。禀报了窦宪钧，窦大怒，投书邀郭云深赴宴，欲置其于死地。郭云深心知窦宪钧设的是"鸿门宴"，他从容不迫，身背月牙剑单身赴宴。进入窦家门内，只见两厢布满了打手，杀气腾腾，窦宪钧据案傲然而坐，桌上放着一支火枪。郭云深从容就座，窦宪钧早已按捺不住了，大喝一声："姓郭的！你胆子不小，经过本府竟敢不来叩见！"郭云深直接骂道："你无非是个鱼肉乡里危害百姓的恶棍，我拜你何干？"窦宪钧骂道："老子长这么大还没人敢当面骂我，今天我要宰了你。"话音刚落抓起火枪指向郭云深。就在窦伸手抓枪的瞬间，郭云深飞身已到窦宪钧身前，以迅雷不及掩耳之势一脚将火枪踢落，持剑刺毙窦恶棍。众打手见势不妙，乱作一团，纷纷逃窜。郭云深好不爽快，阔步径直到官府自首。消息传开，百姓拍手称快，纷纷联名呈状为郭求情。

窦家状告郭云深杀死武举窦宪钧，郭云深供认不讳，知府取证结案，按大清律例，杀人者偿命。知府判郭云深死刑，打入大牢，将案情上奏朝廷。郭云深吃官司的消息不胫而走，很快传到京城的会友镖局，神拳宋迈伦与郭云深素有深交，听到这件事心急如焚，立刻骑快马飞奔正定府大牢探监。给牢头使了银子，宋迈伦到狱中见到郭云深。郭对宋迈伦说："我本想教训窦宪钧那恶棍一顿，没想到那厮开枪杀我，无奈出手杀了他。"宋迈伦说："他举枪杀你在先，你出手剑毙他在后，实属不得以自卫而为之。你自己多保重，我设法救你出去。"哥俩洒泪而别，宋迈伦又给牢头一些银子，拜托他多多关照牢中的郭云深。宋迈伦回到京城，将恶霸窦宪钧横行乡里、鱼肉百姓、枪杀郭云深未遂，郭云深自卫误杀窦宪钧，为民除害而蒙冤入狱的案情密报给弟子——刑部御史掌印惠铭，要他赶快设法搭救郭云深。惠铭速派人给正定府传口信关照郭云深，并对窦宪钧一案深入调查，将本案实情秘奏圣上。圣上下旨："窦宪钧仗势欺压良善，危害百姓，死有余辜。郭云深伸张正义、见义勇为、除暴安良，但有误杀他人之罪，死罪可免，活罪难逃，判处三年徒刑。"圣旨下达的这天，会友镖局派人配合刑部到正定府窦家，刀劈武举匾，为民除害。宋迈伦疏通牢头，细心照料郭云深。郭云深在狱中为消磨时光，戴着手铐脚镣不停地练习形意五行拳中的崩拳，后来竟有"半步崩拳打遍天下无敌手"之誉。

　　转眼三年过去了，郭云深刑满出狱时，宋迈伦亲自带着轿车将郭云深接到北京会友镖局康复。数日后郭云深身体养好，气色正常，由宋迈伦出面，请来八卦掌创始人董海川、杨式太极拳创始人杨露禅与形意拳大师郭云深相见。四人都是武林名宿，早已相互仰慕，今日相聚，心情格外高兴。董、杨二师对郭云深侠肝义胆、见义勇为铲除恶势力的壮举深表钦佩。对宋迈伦敢于伸张正义，不惜一切代价营救朋友更是赞不绝口。董海川提议，四人结拜为异姓兄弟。于是设案焚香，对天盟誓，结为金兰之谊。此事在京城武林界传为佳话，对后来八卦掌、形意拳、杨式太极拳和三皇炮捶拳在京的传播发展起到了积极的推动作用。

宋帮真德重训守备

在晚清时期，有位著名的拳师名叫宋帮真，他自幼拜神拳宋迈伦为师，习练三皇炮捶拳。宋帮真生的中等身材，练就了一身绝技，尤以三皇内功而驰名于武林。

在北京崇文门外西花市大街有个专门经营各种麻线袋生意的大店铺，老掌柜姓张，人称"口袋张记"。张掌柜为人忠厚老诚，年过六旬，欲求健身益寿之法。他费了几番周折好不容易托朋友将宋帮真请到家中，给全家传授内功术。张掌柜对宋帮真说："我家上下十几口人，除去我那个九儿子以外，其他人都等您传拳授艺呐……"老掌柜说明了情由，宋帮真应诺。

这张九脾气粗暴，生性狂傲，年方二十六七岁，身高7尺开外，浓眉环眼，满脸的络腮胡子，膀大腰圆，胳膊有碗口那么粗，说话嗡声嗡气的。他自幼学了些拳脚功夫，凭这身本事，官任"南苑守备"（清朝时北京的南苑乃是皇帝、王爷的围猎场所。"守备"是驻守的武职官衔），十天八天才回家一次。虽然他回家的时间不多，但是家里人都怵他，只有老掌柜的话他能听进去几句。

时年正值金秋季节，张九进城例行公事以后，回家看望父亲。刚到门口，家人笑迎出来对他说："守备爷，客厅里正在传授内功，您脚步轻点。"张九听了心里很不爽，寻思道，居然有这等斗胆之人敢到我府上传授什么"内功"，我倒要看看他有多大本事。张九大步来到客厅外，停住了脚步，一会儿听到屋里有个人轻声慢语地在说着什么。张九借着半开半掩的门缝往里望去，只见众人围坐两旁，正中央坐着一个40岁开外的人，脸色红润，精神饱满，三缕胡须到胸前，头上一条大辫子从左肩前垂下，体瘦骨轻。张九寻思道：这个人如此平俗，还会有多好的功夫？待我与他比试比试把他撵走。想到这里，他猛地把门推开，三步两步就走进了客厅。众人惊呆了，一看是守备九爷回来了，忙起身让开一条通路。张九走到他父亲面前请了安，还没等老掌柜给他和宋帮真引见，张九就对他父亲说："听说家里请来个练拳脚的内功大师，我愿与大师交手比武！"说完就转身向宋帮真走去。老掌柜忙上前拦住说："我儿休得无礼，快来见过宋大师。"张九两脚开立，双手叉腰，挺直地站着，鼻孔里哼哼地发出轻蔑的声音道："在下见过大师。既是大师，就有上乘的功夫，还怕交手比武吗！"老掌柜见儿子的浑劲儿上来了，自己又劝不住，又想俩人真动起手弄出事来就不好办了，就对张九缓和地说："请宋大师到家里来教功夫的，不准和大师动手！"老掌柜越劝，张九的狂傲劲越大，他对宋帮真说："我倒要领教一下你的内功，我若输了，情愿跪地叩头。你若输了，就给我卷铺盖走人。"宋帮真坐在太师椅上稳若泰山，面若无事，可内心里想："这张九骄横狂傲，目中无人，官居守备，仗势欺人，应该让他懂得天外有天。"想到这里，他对老掌柜说："老先生请放宽心，守备一定要交手，我相陪就是啦！"他转过脸对张九说："听你父亲讲你有500斤的本力，你若把我从椅子上拉下去，就算我输了。请吧！"张九心想，一个瘦弱的老头还用得着五百斤本力！只需我双手稍稍一抓，就可以把你抓起来掷到门外去。宋帮真的话音刚落，张九早已睁大环眼，张开两只簸箕般的大手，两脚猛地一蹬，"嚯"地扑了过去。就在这手沾肋稍的千钧一发之际，宋帮真突然长腰提气，张九两手插空，急停住劲，猛地想收手。说时迟，那时快，宋帮真将内气疾沉下，两肋向外张力，搭在太师椅扶手上的两臂随势向肋下一挟，竟把张九的双手留在肋下。张九又急抽了两下，没有抽出来，心就慌了，欲插不成，欲抽不得，急得他把两眼瞪得像包子大，用尽全身气力双手又猛地向后

一抽。宋大师两手早就扶在张九的两肘上,内里听准了对方的劲力。正待此时,他两肩一松,将内气调到两手上顺势向前抖腕一送,只见张九两脚离地,身子向后飞出两丈开外,像大石人一般"咚"一声仰面朝天摔倒在地上。家人都看愣了,宋帮真却安稳地坐在太师椅上。老掌柜看得真切,上前刚要与宋帮真说话,宋帮真已站起身来对老掌柜拱手道:"多有得罪!"又走到张九跟前拱手道:"守备用力过猛,我有些失手,冒犯了守备,万望海涵!"老掌柜为这一瞬间的变化捏了一把汗,忙上前斥令儿子:"还不快起来给宋大师赔罪!"张九被摔倒在地,原来的骄横狂傲劲儿全被摔没了,心里那种苦涩味儿无法形容,正不知所措时听到父亲的斥令如梦初醒。他忙爬起身跪下给宋帮真叩头,口中愧言道:"我生性狂傲,不知天外有天,今蒙大师教诲,终生难忘!"宋大师将张九挽起说:"你年华美好,前途无量,知过必改,即为圣贤。"老掌柜见宋大师武德高尚,虚怀若谷,更是崇敬万分,又见儿子能诚心知过,满心欣慰。

镖局保安失镖，众同道齐心捉匪

北京前门外粮食店街的会友镖局卢玉璞镖师，专走山西、山东、北口外等各处之镖。在清朝光绪年间（1875—1909年），京都中王府收租之银皆由镖局护送。光绪二十五年（1899年）秋，有绵贝勒府收租十万金于山西大同府，委托京都会友镖局护送京城。护送镖银的镖师，自以为这条镖路是经常往来的熟路，没出现过问题，且是绵贝勒府中镖银绝对安全，于是放松了警惕，路上见有酒肆，就停下来买些酒喝。当起程后，因酒劲上来了，不知不觉醉伏在马背上睡去了，一路走去一点戒备也没有。走至一道山沟间，遇到十几个劫匪，拦截镖队喊问。见没人答话，遂放出一支响箭作信号，劫匪蜂拥而上将镖银劫去。等镖师醒来，劫匪早已跑得无影无踪。这真是大意失荆州，镖师无奈只得将情况如实汇报给镖局。

会友镖局同人听说失了镖，大吃一惊，失了镖银是小事，镖局的声誉是大事，而且官府的银子又不同于一般客户的银子。绵贝勒府还几次派人来催促镖银之事，到时候若不能将劫匪抓住找回镖银，不但得不到保镖费，还会被官府抓去吃官司。镖局上下想不出个好办法来，就急速邀请同行业人士共商此事，如郭云深的高徒"单刀李存义""大枪刘德宽"，八卦掌董海川的弟子尹福、刘凤春、程廷华，形意门的尚云祥，还有张占魁、周玉祥、"大刀王五"（王正谊）等。其中，还有位名叫章桂英的奇女子和她的丈夫李德冲也来参加了会议。

　　这章桂英是河北省蔚州人，别号云中燕，是武进士章君的爱女，天资聪慧，玉容曼妙，人见了疑为天仙。她父亲由着她行侠仗义，舞刀弄棒，故特设镖局专走北京、关东、江南各路之镖。每出镖车，她总是骑着一头花骡子，因此人们称他们为"花骡镖局"。章桂英年二八（16岁）技已颇精，而且有穿杨贯虱之能，身若轻燕，飞檐走壁，飘忽莫测。她的高深轻功真好像是红线女复活，聂隐娘转世。她还是"单刀李存义"壮年时期所收的女弟子。

　　那位李德冲，是河南中州人，人的相貌很帅气，精技击，曾被卖走江湖，以地趟术、九节虎尾鞭为擅长。他来到蔚州，亦拜"单刀李存义"为师学艺，章桂英的父亲因喜爱李德冲的武艺才华，于是请李存义做媒，将女儿桂英嫁给李德冲为妻。德冲早年父母已故，家里也无弟兄，索性章桂英的父亲就将李德冲入赘，即当作上门女婿。且自己年事已高，遂将花骡镖局的各项事宜全托付给德冲夫妻二人。

　　经商议，大家决定分路而行，化装探访，侦察范围就定在蔚州、保安、官沟、八达岭一带。可是匪徒行踪诡秘，杳无踪迹，而绵贝勒府的限期仅有三天了，大伙万分焦急。卢玉璞更是有苦难言，不敢明说。第二天，卢玉璞一大早就出去探访，到了中午，走进了一个小山村，忽然被一名货郎叫住了去路："这不是卢师傅吗，你怎么来到这里了？"卢玉璞一看叫他的那个人，反复打量半天也不认识他是谁，就问："你是谁呀，怎么会认识我？"那货郎纳头便拜说："恩公还记得在沧州蒙冤的王义吗？我就是那个王义呀！"原来卢玉璞少壮时曾在沧州从某知州为幕僚，兼着当知州公子的老师。那时候当地盗贼成群，一天，盗贼中有一个叫王义的被抓获，这个王义年轻，长得很标致，原籍山东人。因家中继母容不下他，于是将他赶出了家门。他误入了匪窝，被抓获时痛哭喊冤，有人告诉他，你若想活命，最好去哀求卢师爷，或许能免去杀头之罪。这时卢师爷正信步走来，王义见卢师爷就痛哭流涕，诉说了自己的冤情，恳请卢师爷救他性命。卢师爷了解了王义的真情，恻隐之心油然而生，就找他的学生，也就是知州的公子商议此事。这位公子也是位公正廉明、见义勇为之人，知道内中情由后，就同卢师爷一起去面见父亲沧州知州。知州听后不知如何是好，就把王义无罪释放了。其他盗贼见知州公正廉明、不枉善人，皆一一伏法。王义说："自从恩公救了我之后，我就来到保安，做上卖杂货的营生，十年以来，娶妻生子，日子可算得上小康。请您务必光临寒舍，咱们喝点水酒，聊聊天！"卢玉璞因探听劫匪的踪迹心里正没主见，就随王义来到他家。王义让妻子准备些酒菜，坐下与卢玉璞聊天，他问道："恩公到此地莫非有重要的事情办？如果有用得着我王义的地方，请您直言，我万死不辞！"卢玉璞此时把会友镖局失镖的事情，从头至尾简单介绍了一遍。然后他问王义："你既为货郎，必走街串庄，对附近村镇一定很熟悉，村中是否发现有可疑之人？"王义仔细想了半天，说："我想起来了，离这里大约十几里，有个霸王庄。有一户姓窦的弟兄三个，人称'三霸天'，哥仨都会武功，游手好闲，不爱劳动。四方无赖歹人都依附于他们。近日来，这些无赖花钱如流水，挥金如土，在一起彻夜赌博，花天酒地。从他们的行踪中或许能找到线索，明日早晨让我先去打探一下，等着我的消息。"卢玉璞回去聚集众人，介绍自己从王义那里了解到的情况，大家静候王义探庄的消息。

　　王义于次日清晨到霸王庄侦察匪情，返回家中告知卢玉璞确定是这帮歹人干的。为使情报更准确，并掌握庄内匪巢位置，"大枪刘德宽"化装成小贩，再探霸王庄，细致地观察了匪巢周边道路地形。回到住地大家议定：当天日落前入庄，并报官府请地方官军配合，埋伏在庄外，以防匪人漏网。自己人分散进庄，以防暴露目标被匪人发现逃脱。午饭后，各人收拾利落出发。章桂英暗藏飞爪针镖，走在前面。大约初更时分，大家来到庄外，护庄河吊桥早已吊起。这护庄河有三丈多宽，没有船是很难渡过去的。章桂英将镖针用绒绳索系好，飞掷到对岸，扎牢到树干里，又将这端系牢在这岸边的树干上。她考虑到其他人不好渡河，她又以飞爪绕在这岸的树干上，然后她拉住飞爪绳索，提气轻身，如紫燕抄水，飞渡到对岸。她再紧拉住飞爪绳索的一端，让后边的人循着飞抓绳索一一渡到庄河内岸。章桂英取下镖针、飞爪，镖局众人直抵匪巢。匪窝里的匪徒们，有的在吸食大烟土，有的在掷花骨头，有的在打麻将赌博，正在兴高采烈之际，突然被闯进来的镖局之人打了个措手不及。匪徒们像鸽子炸了窝一样，鸡飞狗跳，乱作一团，仓皇寻找家伙。桂英奋勇当先，袖箭如连珠，率先射中两人。有一匪人顺手抓起茶壶猛向单刀李存义的头击来，李存义手疾眼快，用单刀接挡住茶壶，挥手又将茶壶还击给那个匪徒，正好砸在匪人的头上，壶碎头破，血流满面。这边，八卦掌尹福、"眼镜程"程廷华、"翠花刘"刘凤春、"大枪刘德宽""大刀王五"，以及尚云祥、张占魁、周玉祥、李德冲、卢玉璞等众人飞速上前捉拿匪徒，瞬时间匪人全部被擒，无一漏网。抄出被劫镖银，虽已损耗千金，但其余全部追回。众人将匪徒押送出庄，交官府绳之以法。通过此事，会友镖局声誉大震，众英雄美名远扬，尤其是奇女章桂英，更是受到世人赞颂。

众同道除掉了"窦氏三霸天"，奏请官府将"霸王庄"改成"善良庄"，从此当地百姓安居乐业。

于鉴进京深造，会友镖局如虎添翼

自从宋彦超在峨眉山巧遇乔龄真人之后，将乔真人请至宋的家乡河北冀州传授三皇炮捶拳艺。同期学艺的还有宋迈伦的表弟于连登、张文彩和王双奎三人。宋迈伦学成之后闭门谢客三年，在家专心修炼三皇炮捶。将三皇炮捶演变成新架，后人称"宋门炮捶"，并独创比武切磋绝技"夫子三拱手"。后持此门功夫进京闯荡，创办京都会友镖局，名扬武林。

话说于连登有六个儿子，其中五个儿子跟他习武还有弟子若干。就是他最小的儿子身材瘦小，他认为不适合练武，不传授他武功，改让他读书。这位最小的儿子名叫于鉴，虽然身材矮小（按现在说，也就是160多厘米）瘦弱，却是绝顶的聪明，书读得很好，做事认真，不怕吃苦。只要他想做的事，他就抓住不放，非干出个模样不可。他父亲越是不教他练武，他越是喜欢武术。当他父亲教他五位兄长或教他的师兄弟的时候，他总是在旁看着，认真听他父亲解说的每一句话，将拳路和拳理牢记在心里，自己每天早晚到没人的地方暗自下功夫，从不间断。天长日久，于鉴对父亲所讲的拳理、拳歌诀、招式攻防内涵以及每式动作要领记得滚瓜烂熟，拳术已经打得很好，练就了一身功夫，家里人和众师兄弟却无一人知晓。

时隔几年，于连登年迈患病，弟子们常来看望师父。一日，于连登病体稍有好转就把弟子们叫来，说要看一看每个人的功夫，连同于老的5位儿子在内，众弟子依次每人都练一二趟拳，请师父指点，老人家观看每人演练，连连点头。大家都练完了，于鉴走到父亲病榻前对父亲说："我也想练一趟请您看一看！"老人点头同意。于鉴喜出望外，认认真真地练了一趟三皇炮捶。老人看后大为吃惊，想不到我没教这孩子，他却能下如此苦功，将拳打得纯熟，内气充实，气劲合一，每势都能打出刚柔劲儿来，真是难得！老人手指着众弟子和5个儿子说："你们每日操练，我亲自指点，细讲拳理，可是你们的功夫，还不及鉴儿。他未得我指点，只是在旁观看、认真听，却在暗地里下苦功夫，悟透拳理，使功夫上身！"众人面红耳赤。于连登为未能及早把自己平生所学传给六子而深感内疚。但此时后悔晚矣！老人将六子叫到病榻前，说："你能自己暗下此功，拳都练出刚柔劲儿来了，虽然拳路都已练对，此中变化还须再下功夫。我已病入膏肓，不久将离开人世，关于三皇炮捶理论和动手功夫，看来我也不可能亲自传授给你了。我有《三皇炮捶拳谱》传给你，务必认真学，用心悟。另外，我有位师兄宋迈伦，在京城开设会友镖局，我给你写一封书信，在我死之后，你带上这封信，去京城找你宋师伯，把信呈上拜他为师。他看在我的面子上，一定会收留你认真深造，你要听他的教导，再下苦功，定能继承三皇炮捶之业！"

没过多久，于连登过世，于鉴守孝一年期满便来京拜见宋迈伦先生。见面将父亲的亲笔书信呈上，宋看完书信之后大悦，于鉴即时行弟子之礼，拜宋迈伦为师。宋令于鉴练拳，于鉴认真演练，请师父指点。宋见于所练三皇炮捶功架规整、劲顺气畅、气劲合一、内外整齐，尤能将刚柔劲力变化表现得细腻入微，心中暗喜，大加赞赏"真是将门出虎子啊！"并对于鉴说："你练的是传统的三皇炮捶，与我的新架虽有小异，但气路劲路都练得很好。拳路我就不用给你改了，你就照这样练吧！关于拳理和动手要领，我再慢慢给你讲。"从此之后，于鉴在宋迈伦的培养下进步很快。几年后，他的功夫练至炉火纯青，功达上乘，成为会友镖局著名的大镖师。

于鉴因身材矮小，时常被不知情者不屑一顾，可真的动起手来，他轻巧迅捷。他虽身材矮小，却擅长三皇炮捶大枪。这大枪长一丈零八寸，重20斤左右，舞动起来就像面条般柔中显刚，似蛟龙戏水，若惊雷炸地，身即是枪，枪即是身，枪身合一、刚柔相济、阴阳变化、奥妙无穷。于鉴演练刀剑等短兵器时，更有他精微独到的风格，飘逸洒脱、舒展自如，猛如斑虎下山，狂如野马脱缰，柔似杨柳依依，轻似浮云飘飘。攻防如一、变幻莫测、刀刀眩目、剑剑逼人，功达精绝之境！

　　于鉴进了会友镖局，镖局如虎添翼，他负责走西北路镖，包括河北、山西、陕西、四川、甘肃、宁夏、内蒙古、外蒙古等地。西北路镖很不好走，山川险恶、地形复杂、气候多变，荒蛮之地，劫匪丛生，于鉴数十年走镖未曾有一次失手，许多江湖人士，闻得会友镖局镖师于鉴大名，纷纷让路回避，从不敢惹麻烦。

于鉴瑞蚨祥护院，陈友清遇缘拜师

提起陈友清，北京武林界老前辈们无人不知、无人不晓。他功夫高强，并擅长大枪，被誉为"大枪陈友清"。关于他拜师学艺之事还有一段故事。

陈友清乃山东章丘府人氏，13岁进京在北京前门外老字号"瑞蚨祥绸缎庄"当学徒。5年后他已成为店里精干的大徒弟，负责库房的管理工作。

民国初年，时政混乱，银行钱庄，当铺商贾，多请著名镖师来保家护院以防不测，偌大的瑞蚨祥更不例外。他们隆重地请来了京都会友镖局著名武术家于鉴为护院镖师。陈友清见请来的护院是位矮个子的干巴老头儿，身上穿着灰色长袍，手里拿着小铜烟袋，嘴上还留着两撇小胡子，脑后拖着一条小辫儿。寻思道：自己本想跟护院学武功，可请来的却是这样一位不起眼的人，能有真本领吗？陈友清虽是按照经理的吩咐热情接待了于鉴，心里却是疑虑重重。其实他哪里知道，这位于鉴大师出身武术世家，父亲于连登是位著名的武术家，师父是威震武林的"神拳宋迈伦"。于鉴在青年时期武功超群早已名重如山了。他进京到会友镖局任大镖师，保家护院足迹遍及全国各地，是位身怀绝技的武林高手，是三皇炮捶门举足轻重的人物。于鉴见陈友清七尺开外的身材，面目清秀，且说话和气，待人热情周到，遂萌生了几分爱意。通过细心观察发现陈友清对自己有怀疑，故此对他的举止言行就格外地注意了。

一天，绸缎庄进来一批货，是打好包的料子，每包有二三百斤重。伙计们忙着入库，肩扛的扛，手抬的抬。当剩下最后一包时，陈友清转过身用臂将包夹起，奔库房走去，噔！噔！噔！刚上了几步楼梯只觉脚下一滑，身体向后倾倒，连人带包就要跌下去，就在这千钧一发之际，陈友清感到被什么力推托了一下，身体又恢复了平衡。他掂了一下夹着的大包愣了一下，回头望了一眼，却没见有人，心想好险！转身又继续上楼将包全部入完库。他边走边用垫肩布掸去身上的尘土，琢磨着刚才发生的事情，总觉着奇巧。原来于大师在旁看见陈友清夹包夹的嫩了点，上楼梯时身体发直。于大师怕出事儿，就悄悄地跟在陈的后面。当陈上到第七个台阶时突然左脚蹬滑，不由自主地身体向后倾斜，有摔下去的危险。于大师在后面看得真切，急出右臂运用大力功伸手推托起陈夹着的大包，使陈恢复了平衡。这瞬间的动作非常轻巧。陈恢复了平衡没有转身，只是由右侧回头望了一眼，所以没有看到左侧台阶下站着的矮个子于护院。看到这一幕的伙计们都倒吸了一口凉气，为陈友清担惊。回到房里大伙七嘴八舌地说起这件事，陈友清半信半疑，虽对于护院产生了几分敬意，但还是不大相信这个干瘦老头能有这么大力量，总想找机会再试探一下。

光阴似箭，时至阴历腊月二十三，按北京民俗已是过"小年"的时节。瑞蚨祥的孟经理派陈友清给于大师送上一包过年的礼物。陈来到于的住处叫应了于师傅之后推门走进屋，见于师傅坐在太师椅上抽着旱烟，面带微笑。陈说："我家东家给您些过年用的礼物，派我给您送上。"说着他手捧礼包向于走去。于见瑞蚨祥的大徒弟前来送礼，忙起身前去迎接。陈见时机已到，想趁机来个"送礼探艺"。突然他猛地朝于撞去。他想即使撞上于护院也倒不了，因为后边有太师椅接着，看看于护院到底有没有真功夫。说时迟，那时快，于大师见陈这突如其来的袭击，伸手托住礼包，右肩稍沉，伸右手在陈的左肩头似沾非沾一按。陈只顾低头倾身猛撞，想于难躲开这一招，丝毫察觉不到于大师的变化。可此时只觉着身体像触电一样痛麻无力，头晕目眩，跟跄地向后倒退了几步，向房门倒去。于大师一个箭步窜上去，一把将陈抓住,说了一声:"好险啊!"陈友清红着脸谢了于大师回房去了。其实在这闪电之际,于大师的右掌并没有按实陈的肩头,只是用三皇气功将陈击了出去。可陈友清怎么也想不通,没见于护院伸手,身上怎么一麻酸就摔了出去呢?一定想办法让于师傅伸手将自己击出去才心服口服!他寻找着机会再去试探于大师的功夫。

  转眼间已是正月初一(春节)了,陈友清春节没有回山东老家,而是留在瑞蚨祥看店。北京的民俗讲究这一天蒙蒙亮晚辈人就给长辈人拜年。陈友清又借拜年的机会再试于护院。见于护院端坐在太师椅上正喝茶,陈说:"于师傅!小的给您贺喜拜年来啦!"边说边作揖施礼,然后撩起衣襟正要跪下去叩头。于大师忙离座前去相拦,嘴里还说着:"同喜!同喜!大礼就免了吧!"可两只手刚刚沾到陈的两臂,陈突然以迅雷不及掩耳之势抓住于护院的两臂猛往胸前一举,于大师的警觉极其敏锐,他立即顺力相随。陈急起身后退,于大师两臂一沉又突然一抖手,那陈友清像飞一般地被弹了出去,幸好倒在身后不远处的桌子上,于大师微笑着过去把陈拉起。陈友清经过"托包抢险""送礼探艺"和"拜年受教"这三掌的教训,对于大师佩服得五体投地,心服口服了。他扑通一声给于大师跪下,述说了自己这段时间对于大师的错误看法,请求大师原谅!恳求拜师授艺。原本就对这个山东汉子有几分爱意的于大师,见他学艺心诚,又忠实诚恳地说出了自己心里话,就欣然地接纳了这个徒弟。从此以后,陈每日形影不离地追随大师学艺,对于大师敬之如神,待之如父。后来,陈友清终于成了一代武术名家。

督军府副官发难，于大师小露神功

京都会友镖局早已威名远扬，山西的督军阎锡山也早就有所耳闻，他总想请一位武林高手到督军府任总教官，虽然已经有几位教官，心里还是想请到再高的能人。他曾叫参军两次写信聘请京都会友镖局中的武林高手，但都没有得到回音。这其中的原委是会友镖局主事的有意拖住此事，做生意的总不愿意同军阀打交道，可遇到这种事，躲也躲不开，推也推不掉，惹又惹不起，只能压着事不去做。时间过得很快，山西督军阎老西三个月不见北京会友镖局的回音，他等不及了，派亲信郎副官专程到北京会友镖局下帖请人。

这郎副官到了会友镖局见到主管外部业务的孙四掌柜，责问说："我们阎督军发了两次请帖你们连封信都没回，这回派我亲自下帖请人！"镖局孙主管笑答："郎副官别生气！事情是这样，镖局人全派出去做护院，合同没到期抽回人有困难。再说你们请的人不是一般镖师，我们派去的一定是位能担当阎督军重任的，您说是不是呀！我们老掌柜给你们选了一位高手，明天就回镖局来，管保让您满意！"郎副官被这一席话给说没词了。因为是请人，还得顾全面子，也不好再说深了，他就改了口气说："那我明天中午来请吧！"

镖局老掌柜宋彩臣琢磨着这件事躲不开，也拖不过去了，往山西督军府派人软了不成，太年轻的怕是压不住阵，因为阎老西手底下已有几名高手，若要派年纪太大的人去又怕万一有闪失，思来想去只有在瑞蚨祥做护院的于鉴是最佳人选。他很快派人到瑞蚨祥请回了于镖师。宋彩臣是于鉴的师兄，师兄派人，请去回话，于鉴不敢怠慢，立即跟来人回到镖局。宋彩臣亲自跟于镖师谈了山西督军府请总教头情况，说"镖局商议派你前往太原赴任，到那里再拓展一片新天地吧"！于鉴欣然接受，并向宋掌柜推荐他走后瑞蚨祥的护院工作能否让他的徒弟陈友清来担当，由镖局做后盾，随即介绍了陈友清的情况。宋掌柜表示同意。经镖局同瑞蚨祥孟经理协商，双方都很满意。陈友清即日接了师傅护院的工作，于大师次日随同郎副官去山西太原赴任。

　　山西督军阎锡山见请来了武术总教官，心里很高兴。但见面一看请来的是一位五十多岁不起眼的老头，个头不高，脑袋后还留着一条小辫子，精神头还挺足，他心里有点打鼓。没见过他功夫怎样，能担此重任吗？可是既然请来了，从面子上还得过去。席间向各位来宾介绍刚到任的武术总教官于鉴大师，酒过三巡后，突然有一位督军府的副官叫李德茂的，凭他也练过一身功夫，眼里没看得起这位刚到任的小老头，故意挑衅地说："今天请于镖师来当督军府总教官，我们还没见过您的功夫如何，本人不才，愿意请您指教指教！"宾客们听着李副官突如其来的不礼貌叫板都愣住了。原本就对眼前的于镖师有些顾虑的督军阎锡山，此时李副官的叫板也正中他意，他问于镖师说："这正好，也让各位在座的开开眼，看看您的功夫！"阎老西的这句顺水推舟的话，于大师听明白了，同时他早就料到这些军阀、兵痞们会狗眼看人低，待会儿动手比试比试。他寻思，我若不教训他们一下，他们觉得会友镖局没人，怎么派这样的人来任教？想到这里，这位久在江湖上跑的于大师接过话题随口说："既然想试一试我，那就请吧！"这李副官将上衣脱去，离开座位走到大厅中央，请于镖师上场。于大师心想对付你这样的小人何须站起来用两只手，只需一只手都有富余。他坐定不动对李说："你就请进手吧！"这李德茂本是猴精猴精的，见于不站起来，心想，我先下手为强，不容于起身一拳就可以将他打翻。说时迟，那时快，三步两步蹿到于大师座前，照定在于大师面部就是一个直拳。要是打中，准叫他翻三个滚，可是这一直拳击出打了个空。这于大师稍一团身让过了这一拳，李正待收右拳速击左拳之际，于大师习惯托着小烟袋的左手，向斜上方一拱，正击在李的下颌处。那李副官像离了弦的箭，飞出去两丈多远，直接摔在地上。他心里好一阵慌乱，脑子里一片空白，被打糊涂了。不知道瞬间所发生的突变，满大厅人眼睛都看着李副官，有的跑去拉起李副官，问他摔伤没有？再看于大师泰然坐在太师椅上抽着旱烟，对刚被人拉起来的李副官说："失手！失手！多有得罪！"李德茂原来的狂傲轻蔑劲儿，此时全被摔光，面红耳赤，无言以对。众人说长道短，议论纷纷。有的说："没见于镖头出手，怎么就将李副官掷了出去？"有的说："没看出这小老头这么厉害，一下子把李副官摔出那么远，真是高手！"其中一位商界的明眼人，见众人议论纷纷，阎督军暗锁眉头，他主动站起来大声圆场说："看来阎督军从北京请来高人了。于镖师这手是三皇炮捶门的手法，三皇炮捶是专修内气的气功拳。于大师身手不凡，绝妙神速，这等功夫已通神达化之境界，真乃神功！实难见到啊！今日有幸开了眼界！"这位先生以为这样就可以化解了这尴尬的场面，谁料到坐在旁边的郎副官站了起来。说到这郎副官，此人仗着他姐姐是阎锡山的三姨太，他是阎的小舅子，横行霸道，无恶不作，在督军府的下人们管他叫"郎狗"。他打着阎锡山的大旗在山西开设了山西省晋绥修械所，表面上是修械所，暗地里是制毒贩毒的工厂。这小子还练了一手百发百中的好枪法，常是杀人不眨眼。人们都知道他坏得流汤，谁都不敢惹他。

　　这郎副官傲慢地站起来说："你说他气能通神达化，就说他是神仙！也难逃我二指一动，立刻叫他中弹身亡！"随后他又说了些不三不四的话，口出秽言以激怒于镖师，妄想伤害于大师。原来阎锡山当初派他去北京会友镖局下帖请人他就不乐意，万般无奈下硬着头皮去了，憋了一肚子火，借今日酒宴冲阎锡山发牢骚，也借此机会向于大师发难，让阎锡山和于大师两人都下不了台。于镖师功夫再大也不敢再说什么，可算是一箭双雕之策。李副官被摔出去的面子还能找回来。大厅里鸦雀无声，阎老西也不理会他小舅子的牢骚，眼看着于大师不说话。于大师见此情况，站起来客客气气地说："我们三皇炮捶门是个小门户，只能强身祛病，所以是以练气为主，成仙成神倒不会。郎副官说二指一动就要人命，想必这是位神枪手。不过这完全是趣笑之谈！我既说出口，不妨试试你的二指一动就丧命？"于大师之言，四座皆惊，郎副官要当众杀人，于大师要拿命一试，这件事情可闹大了。双方僵到这里，无言以解，气氛异常紧张。

　　于大师对郎副官说："你如能用枪射中我，当着大家的面，我不叫你偿命！"阎老西这时候随声应和说："不妨一试！"众宾客出了宴会大厅来到院内。这院内四面都是回廊。于大师问郎副官："我站在哪儿合适？"郎副官说："你站在南面廊下，我在北廊下射击你！"于大师说："好！请你开枪吧！"郎副官急忙用右手打开腰间枪闸，伸手抻出手枪，拉开枪膛，上好子弹，说声："对不起啦！"他双手托枪瞄准南廊下的人，在场的人都为于大师捏着一把汗。这人命关天呀！郎副官又是百发百中的神枪手，万一射中，于大师这条命就完了。宾客中有一位老和尚低着头，嘴里反复念着"阿弥陀佛！阿弥陀佛……"只听得"砰"的一声，再看南廊下站着的人没了，从南到北两廊相距不足20米远，神枪郎副官绝对有百分之百的把握射中于大师。有十几位客人跑到南廊下查看，地上也无人，大家四下张望也无于镖师身影。大伙你看我，我看你，猜疑起来。人到哪里去了？郎副官得知人没了，站在那里又纳闷又惊恐。他想，凭我的枪法，这么近的距离，即使是神仙也逃脱不掉！这于镖师人到哪儿去了？正在懵头懵脑的时候，突然，他觉得左肩被拍了一下，赶忙回头一看，差一点吓瘫过去，原来是于镖师在他身后拍了他一下。这时候全场那种紧张的气氛才散去，于大师笑对郎副官说："幸好，郎副官手下留情，不忍心杀我，我这里多谢啦！我无真功，这就是三皇炮捶门的气功！"郎副官的心里有种说不出的滋味，他哑口无言。众宾客围拢过来，查看于大师安然无恙，众口称赞于大师"真乃神人也"！

　　经这一连两番试探，阎锡山目睹于大师神功，为督军府请到一位高人而高兴。要说于大师显露的三皇炮捶门的功夫，先后两次用的不一样。教训李副官用的是快猛巧捷的手法，是三皇炮捶门第二层功夫。郎副官快枪射不中是快枪隐身，是三皇炮捶门第三层功夫，叫作"飘忽轻灵"。可见，于大师功夫已达登峰造极之境。

  此事之后于大师督军府巧摔李德茂，隐身躲快枪的故事不日传遍太原城，几乎全省茶馆酒肆都在传说此故事，三皇炮捶和于鉴大师的名字也随之成了热门话题。这给后来三皇炮捶在山西省的传播打下了良好基础。

于鉴以武会法师，方丈出手遇高人

见证于镜堂于大师在督军府隐身躲快枪的现场众宾客中有位老法师，法号园武，他是山西省太原府晋国寺的方丈。今天所发生的一切他都看在眼里，暗自对于大师产生敬佩。他敬佩于大师武功盖世，胆量过人，是个英雄人物。其实老方丈也是位武林高人，他一心想寻找机会，再探于大师功底。老方丈乘大家议论纷纷时走到于大师面前，双手合十念道："阿弥陀佛！"对大师说："今见于大师高超技艺，让老衲十分敬佩！借今日之缘，特邀大师在九月九日重阳佳节，赏面到小刹一叙，请万勿推辞！"于鉴大师因受命于督军府，不好直接答应，就等着阎锡山说话。这老方丈是阎锡山的替僧，德高望重。阎督军听老方丈当场邀请于大师，看于大师不便直接回答，遂接过话题说："请长老放心，到时候我们都去宝刹！"

园武大和尚，俗名高帆，原籍山东济南府人。自幼习武，侠肝义胆，善结交。因打死济南府恶霸"镇济南"王宏德，为躲避官司，遁入佛门，落发为僧。他天资聪慧，勤奋好学，又善权变。曾在五台山作执事僧，开坛弘法，后应聘太原晋国寺任方丈。

金秋的山西大地五彩交织，分外妖娆，碧透的蓝天上飘着白云，天高气爽。九月九日重阳佳节那天，于大师来到太原府晋国寺。这古寺是山西省著名的庙宇，气势恢弘，寺内外苍松翠柏，古朴典雅，环境幽静。初一、十五庙门大开，香客熙熙攘攘，香烟缭绕，又是一番热闹景象。

于大师来到寺门前，早有执事僧前来接待。于大师通报了姓名，小沙弥跑去禀报老方丈。老方丈亲自出来迎接于大师。这园武大和尚，身材高大魁梧，虽年过花甲，但虎背熊腰，面颊红润，二目炯炯有神。行家一眼就会看出他是不凡之人。老方丈左手执九连环杖，脖子上挂着一大串念珠，健步来到山门前，见于大师在门外等候，急忙上前几步，双手合十，口中说道："施主光临小刹有失远迎！"话音刚落，伸右手与于大师右手相握。他二人虽是第二次相见，却像故友相逢，格外亲热。旁人是看不出这格外亲热中有什么玄机。其实这秘密就在这二人拉手的一瞬间。老方丈有意借此动作用内功大力法紧握于大师手，他边笑边说："欢迎于大师到小刹一叙！"可手里却用上了功夫。于大师触觉极为敏锐，两人手刚一接触，他就疾收右手，老方丈虽抓到于大师手却即刻又像有一缕棉花从手里抽了出去，但他的手还没有来得及收回，却反被于大师的手抓住。这一下可非同小可，于大师以其人之道还治其人之身。老方丈的手被抓握欲抽不成，只好硬撑着，强作笑脸，连声说："请！请！请！到寺内叙谈！"于大师瞬间的大力法用完即放开，只点到为止，却无意伤害对方。老方丈若不是练过内功，这只手非残即伤。他苦笑着，自愧功夫远不及于大师之精绝。并对于大师高尚的武德，由衷地敬佩，待旁人还不晓得其中深意，二人已交手完毕。事后老方丈与于大师遂结成莫逆之交。

附录：于鉴逸事后记

晚清时期，西方列强侵略中国，八国联军攻入北京城，清政府慌忙西逃，洋兵进京烧杀抢掠，无恶不作。北京前门外大栅栏商业区众商号恳请会友镖局牵头组建自卫队，保卫商业区。于鉴率众镖师奋勇参战，经过周密部署，借助有利地形，击退了八国联军的多次进攻，保护了大栅栏商区免遭洋匪劫难！

到了清末民初以后，由于形势的变化和铁路的修建，镖局生意受到很大冲击，业务多转向为达官贵人、银庄票号、巨商富贾护院保镖。于鉴曾先后在北平金城银行、华威银行、华北银行、前门外瑞蚨祥绸缎庄等多处做护院，给中国铁路工程师詹天佑先生做贴身护卫。后应山西督军阎锡山之邀请任山西国术馆总教习。于鉴在临行前将父亲传给他的《三皇炮捶拳谱》传给了弟子"大枪侯金魁"，并嘱咐："当下军阀混战，时局不稳，务必将其刻印成书，永世传习"。因刻印费用很高，侯先生难以承担，于是又将拳谱传给弟子"大枪董英俊"。到了民国三十年（1941年），董英俊先生会同师弟张华甫，共同出资40块大洋刻印了40本，其中张华甫拿走两本，其余则由董英俊传予入门弟子，成为当今三皇炮捶拳的珍贵资料。

于鉴思想开放，毫不保守，在京传播拳艺数十年间，授业弟子颇多。最著名的有誉满武林的"大枪侯金魁""大枪陈友清""大刀刘德胜""铁罗汉王福全""神弹子白云峰"，以及申武、李淳风、刘奉朝、鲍林阁、董永昌、艾振芳等数十人。在此期间，三皇炮捶迅速传播，成为北京地区的一大拳种。于鉴赴山西太原后，又在山西广传拳艺，对该拳种的传播发展做出了积极的贡献！

于鉴尊师重道。宋迈伦大师谢世之后，在民国五年（1916年）桐月，于鉴率领师兄弟袁长顺、卢玉璞、张玉福、刘兆祥及再传弟子侯金魁、王福全、白云峰、焦凤林、孙恒通等39人，给宋大师敬立"神道碑铭"于坟前，石碑正面镌"前清钦加五品衔讳彦超字迈伦宋老夫子之神道碑铭"，石碑背面有颂文，永世歌颂宋老夫子为弘扬中华武术所做出的伟大贡献！

"大枪侯"严惩恶煤贩

北京有句歇后语："门头沟的骆驼——倒煤（霉）的货。"这话是指某人去做了对自己不利的事，自找倒霉之意。早年间，老北京的生活还真是这样，京城里的生活用煤、做饭、取暖都用京西门头沟煤矿产的无烟煤。煤贩子用骆驼、大车将煤贩运到京郊或城里的煤铺（场），经煤铺（场）再加工成硬煤块和煤球卖给用户。这种供销方式一直到民国以后。那时候没有汽车和火车运输，煤的加工也没有煤球机，全凭手工摇煤球。摇煤球是个力气活。用一个口径约三尺左右的大眼筛子座在一只花盆上面，将煤末掺和适量的黄土用水和好，摊在空地上用大铲剁成小方块，上面撒上干煤末。然后铲入筛子内，壮汉双手抓住筛子用力将筛子螺旋摇动起来，把松散的小方块摇成近似圆形的煤球，再将煤球散开摊在地上晾晒，晒干收好待售。

多年来靠贩煤发迹的门头沟地区三家店镇有一大户，主人姓郭，弟兄排行老五。由于他喜欢玩弄火器，不小心把自己左眼打瞎，当地人都叫他"郭瞎五"。他凭着练过几天功夫，摔得一手好跤而横霸乡里，打架斗殴，欺男霸女，无恶不作。自家还有个小煤窑，与大煤窑和当地官府都有深交。家里有数十头骆驼专门往京城里贩煤。他家贩运到京城煤铺（场）的煤，常掺些煤矸石，或过秤时捣鬼，多报重量，以此来倾人。为此与一些煤铺（场）经常发生矛盾。他仗着自己会两下摔跤，带来贩煤的伙计也多，欺行霸市，蛮不讲理。因一两句口角就打砸煤铺，抢劫钱财。一般的小煤铺吃他一回亏，下次就不再买他的煤了，惹不起他。这"郭瞎五"就是靠这倾人害人来发迹的。

这年春天，"郭瞎五"领着20头骆驼贩煤到京城，走了许多家煤铺（场）都不敢收他的煤。他边走边找，来到了哈德门外（现今的崇文门）红桥东边的卧佛寺胡同口内的"晋盛煤铺"。这家煤铺掌柜姓侯，因近日铺子里的硬煤块要脱销，听伙计跑进屋报告说，贩来的是硬煤块，心里挺高兴，出来一见贩煤的是"郭瞎五"，伙计们正从骆驼背上往下卸煤袋子，侯掌柜虽对"郭瞎五"的为人有所耳闻，却没在意。就上前打开煤袋看了一下煤的质量，双方谈妥了价格，就开始检斤过秤。"郭瞎五"热情地叫他的伙计帮助抬煤过秤，让侯掌柜拿笔纸记斤数。从表面上看贩煤人帮助抬煤过秤是热情，实际上煤贩子也利用这个机会捣鬼。例如一千斤煤能多报出二三百斤，煤袋子里再掺些煤矸石，利用傍晚卖给你，光线不好你也看不出来，用种种恶劣手段欺骗倾害不明底细的人。

侯掌柜是个明眼人，刚过称两袋，凭着多年的经验，他就看出这个环节有问题。贩煤的伙计帮助抬煤过秤，煤袋子一角拖在地上那伙计一只脚踩住袋子角，每过一秤暗含着这伙计半个人的重量都在里边。这几十袋煤称下来，多出的虚数比"郭瞎五"带来的六七个伙计的总体重还多。侯掌柜心里明白了"郭瞎五"的把戏。但他并不立刻指出这种做法，他叫自己的伙计过来拿笔纸替他记数，自己伸手要过大秤准备把已过称的两袋煤重新过称。煤贩子"郭瞎五"一看，重新过称不但倾不了侯掌柜，还败露了招数。他火冒三丈，大发雷霆，蛮横地拦住不让重新过称。并反问侯掌柜："为什么要返工？"侯掌柜说："你的戏法你还不知道？过称捣鬼！"一句话揭穿了煤贩子的倾人伎俩，双方争吵起来。侯掌柜退一步说："咱们买卖不成仁义在，如果你坚持不让重新过称，那你另寻买主，我不要啦！"那"郭瞎五"将上衣脱下扔到地上，凶相毕露地指着侯掌柜嚷道："你不要煤不成！不要就得赔我一百块大洋损失费！"正在这时候，一名煤铺伙计急跑到侯掌柜跟前说："掌柜的，您快回到铺子里看看，他们的人不讲理，闯进屋里乱打乱砸，我拦不住，还被打跑出来了。"侯掌柜见这名伙计被打得满脸是血，就将被打的伙计拉到"郭瞎五"面前，叫他看！并说："你们仗着人多砸我的铺子还打我的人？你强买强卖，欺行霸市！"那"郭瞎五"老土匪恶霸的习气上来了，大喊："打他算什么！我他妈的还打你呐！"他边喊边蹿过来照准侯掌柜胸前伸手就抓，被侯掌柜退让闪开。"郭瞎五"急伸右手朝侯掌柜面部就是一拳，他仗着自己人高马大，又练过摔跤，手脚利索，也没把侯掌柜放在眼里。说时迟，那时快，郭的手刚要打到侯掌柜，只见侯掌柜不慌不忙以右手外接郭的来手，同时伸左手托击来手的肘关节，稍一用力，"郭瞎五"感觉不妙，急沉肘向后抽回。侯掌柜两手听准了对方胳膊上劲的变化，乘其势用崩劲一抖，将"郭瞎五"的这支胳膊当大枪杆练了。再看那"郭瞎五"整个人向后飞出两丈多远，像一块肉坨摔在地上。虽然他会摔跤倒地时保护自己，但毕竟这滋味不同，这右肘疼痛不敢再轻易伸手，他从来是占便宜的人，哪里吃过这亏呀！翻身爬起来又奔侯掌柜冲去，伸左手想抓住侯掌柜向右拧身转体使一个倒口袋把侯掌柜头戳进腔子里，摔死他。这手将要抓到侯掌柜，侯掌柜向左转体闪过郭左手，同时起右手照定"郭瞎五"左臂的麻穴上一点，"郭瞎五"手麻无力急抽回缩身，侯掌柜顺势一个拖拉步进到郭五门内双手着在"郭瞎五"的胁下一搓，偌大身材的一个"郭瞎五"又被掷出丈外，站立不住，仰面朝天倒在地上。围观看热闹的群众，早把这一切看在眼里。因开始吵架时大家劝解"郭瞎五"，但他蛮横不讲理，群众都气愤难平，劝架的变成看热闹了。见这个打架欺人的恶棍，被侯掌柜两次摔出去，大伙拍手叫好！"郭瞎五"坐在地上心想："我在京西门头沟三家店一带赫赫有名，无人敢惹，我的跤摔得也不错，今天我的手就没沾到侯掌柜的身，当着我伙计的面两次被摔出去，我这脸没地方放。"一些胡乱的想法在他脑子里闪过。突然他又爬起来，顺手抄起抬煤的杠子朝侯掌柜拦腰抡扫过去，几乎同时"郭瞎五"的伙计见主人吃了亏，也顺手抄起了杠子向侯掌柜劈头盖脸砸下。此时侯掌柜前后受到夹击，且要打中的都是致命之处。侯掌柜没有惧怕，他朝"郭瞎五"的方向快速上步进身，随即向后撤右腿，屈膝下蹲，仆身矮势，让过"郭瞎五"的拦腰横扫，疾转身向左，他已到伙计的杠下，伸右手抓住杠子，左手猛击伙计胁下。那伙计立即倒地口吐鲜血。"郭瞎五"和他的伙计便大嚷："煤铺打死人啦！煤铺打死人啦！"当地的地保赶到现场，随后警察也赶到，阻止了恶人的行为，勘察了现场，向双方和围观的群众了解了情况后，将这伙恶歹徒带走了。

再说说这侯掌柜，名金魁，字松泉。原籍是山西省太原府侯家庄人。年轻时来京子承父业，经营着"晋盛煤铺"。侯先生粗通文理，相貌文雅，性情刚烈坚毅，心地善良，喜欢助人为乐。做事一丝不苟，对人很谦恭。到京城后，喜爱武术，是京都会友镖局著名大师于鉴先生的得意弟子。他身怀三皇炮捶绝技，尤擅长三皇炮捶门的大枪。一条碗口粗的丈八大枪（折合380厘米长）在他手里上下翻飞，如龙蛇起舞，枪杆变得那样的柔软，那样的乖巧。劈、砸、滚、翻、崩、挂、点、扎……一路著名的"三十六点大枪"舞动得精妙绝伦，京城武林界誉他为"大枪侯"。曾在1900年参加了以京都会友镖局为主的前门外商业区自卫队。1912年曹坤兵变，侯先生又参加了前门外商业自卫队，抗击乱兵，使众多商家免遭劫难。

"大枪侯"疾恶如仇，煤贩子"郭瞎五"这帮恶人，今天犯在侯先生手里，他怎能叫恶人得逞？侯只是用了三招两式教训一下恶霸而已！可这件事一传十，十传百，北京四九城的茶馆、酒肆，几乎都在议论这件事。后来人们才知道，原来武术大师"大枪侯"就是"晋盛煤铺"的侯掌柜。北京的绅士们赠送匾额一方，上书"拳师枪侯"；京都会友镖局送侯先生"我武惟扬"匾额一方。1937年众弟子送上匾额一方，上书"古武今传"，以上三块匾额均表现出武林人士对侯老先生的敬重。后来，侯老将煤铺生意交给大弟子王德山打理，自己应会友镖局邀请，保护着当时政府要员往来上海的安全，又保护着京剧大师梅兰芳去南方唱戏。他曾先后在华威银行、金城银行、北洋保商银行做镖师，曾应北平市禁烟局聘请任武术教官。后因年事已高，退隐江湖，在北京前门外刷子市胡同东口开设了一间松泉居茶社，安度晚年。侯老先生将于鉴大师所传的《三皇炮捶拳谱》交给了得意弟子董英俊，并让董设法刊印成书，传予后人。此后董英俊会同师弟张华甫合力花40块大洋，在北京前门外东打磨场一家印社，刻印了 40 本，此版本是唯一的三皇炮捶拳古谱，了却了侯老先生的心愿。

　　侯老先生所传弟子很多，成为三皇炮捶拳传承的重要脉系，最著名的弟子有乔振声、王德山、刘永璧、段庶卿、段友良、张庆云、董英俊、申世茂、徐文贵、张根家、张和、陈玉海、孙德松、倪德良、夏书真、张德全、张华甫、欧锡九等。

白云峰神弹惊歹徒

白云峰（字嵩坡），清末民初武术大家，京都会友镖局的著名镖师。清宣统年间，官任"京都守备"。因酷爱武术，卸官后，拜在京都武术大师"神枪于鉴"门下，习练三皇炮捶拳械，擅单、双、短兵器，尤以弹弓功夫精绝著称。这弹弓十八式中最后一式"犀牛望月"，左腿独立，屈膝低势，右腿向身后左侧屈伸，脚心向上平抬，将一泥弹丸放在脚心上，然后向左扭转身躯，回头望去，张弓放弹将右脚托起的泥丸打碎。白云峰那手精熟的弹弓功夫，无论谁见了都得喊声"绝"！除此之外，他还能连发三弹，后者将前者击碎，取名为"连珠弹"。据说，白云峰的弹弓，白天能打落空中飞鸟，夜晚在百步之遥能射倒香火头（燃好的发亮香火），被当时武林界誉为"神弹子"。

一天，一位壮士来访，想一睹白云峰弹子的神功。白云峰不慌不忙地将一个空火柴盒套在那位壮士的右耳上，随即后退数十步，搭弓放弹，只听"嗖"的一声，火柴盒被打落在地。那壮士虽胆大，但被这突如其来的飞弹吓呆了，好半天才想起用手摸一下自己的耳朵，没想到竟安然无恙。他思量着这一弓要是偏斜一点，轻者耳朵没了，若是打在眼睛上，眼珠子准碎了，若打在头上即便不开花也得被打一个大包，这弹子太准了。其实白云峰这一弹只是打中套在耳朵上火柴盒，弹丸并未接触到壮士的耳朵，壮士只听到"啪"的声响。

白云峰不但功夫好，而且武德高尚。他作为松王府（光绪皇帝的弟弟）护院时曾发生这样一件事。一天夜间二更时分，白云峰正在屋内抽旱烟袋，忽然听见房上有脚步声（做保镖人都非常机敏，环境再乱心里也是静的，对外界有一点异常他也会察觉到而做出反应）。他将灯熄灭，在暗处仔细观察，见房上有一人正探头探脑地向院内各房张望，白云峰寻思："将他吓走算了。"他掏出一颗泥弹丸，待房上歹徒刚一抬脚迈步，他即搭弓放弹，那歹徒听到响声一惊，但为时已晚，抬脚的那只鞋已被打落，歹徒见势不妙，立即逃之夭夭了。倘若他心狠手辣，射其要害，那人不死必伤，由此可见白云峰武功之高，品德之高。

白云峰妙手点狂人

一天，晚饭过后白云峰到街上散步，走到师兄"大枪侯金魁"门前，就顺便进门看望师兄，院中正有几位师侄在练功。白云峰走进客厅见侯师兄同一位50岁左右的男汉聊话，经侯师兄介绍，方知是气功拳家伍香亭，是侯师兄的邻居，做古玩生意。他气焰狂傲，自言是气功专家，有隔豆腐开石的功夫，能一掌将人击倒。白云峰听了只是一笑，并不搭话。伍香亭见来者只笑不语，并不觉得自己说话有什么不妥，坐了一会儿就到院里看侯老的徒弟练功去了。这时一名徒弟正练三皇炮捶中的"通天炮"，伍香亭一时兴起，上前说："这拳打出去不对！"他一边说着一边猛出右手将这名徒侄打倒。白云峰看在眼里，立刻来到院中，问这名徒侄被打伤没有，这名徒弟说："伍师傅说这拳打得没劲，趁我没注意他伸手将我打倒了，还好没有摔伤。"伍香亭在旁夸耀说："你们看，刚才打他这一掌叫'惊魂掌法'，只要这一掌打上神鬼难逃！"白云峰听他口气太大，盛气凌人，且在别人的武术场地狂傲出手，有意挑衅，已犯了武林规矩。今不教训他更待何时？便随口应对伍香亭："不可能神鬼难逃这一掌！"伍香亭心想，在屋里说话你不搭言，我心里就够郁闷了，正好想找个机会发泄一下，心里的劲还没发泄完呐，正好拿你出出气！他并不答话，突然出右掌朝白云峰前额猛地击去。白云峰轻起左手向上弧形引捋，同时出右掌直按对方前胸。伍香亭见势不妙，忙吸胸化解，头向前稍倾，不料白云峰这掌是假劲儿，轻沾伍香亭前胸随即变拳拧旋上冲，正打在伍香亭的下颌。伍香亭急向后退闪，没料到白云峰这一拳又是个轻劲儿，但他的身体已向后倾仰，白云峰向灵猫扑鼠般的"唰"地一步向前，直挺右手顺势点胸，伍香亭站立不稳摔倒在地上，乱了方寸，不知所措。

侯老先生和白云峰笑迎过去将伍香亭拉起，拱手道歉说："失手！失手！多有得罪啦！"那伍香亭尴尬至极，顿时狂傲全无。

俗话说："武术好练，恰手难学。"白云峰所用那一手都是重手，那一手都可以连发二劲将对方打出去，都是顺理成章之事，但他恰住了手，换用轻招轻劲。这样，白云峰既不失高尚的武德，又教训了狂人，给后人留下了极好的口碑。

最后的大镖师焦凤林

有一天，在北京前门外天桥三角地市场的说书场上，一位青年不小心将酸梅汤洒到一位中年人的鞋上，青年人赶紧向那位中年人道歉。但无论这位青年怎么道歉，那位中年人始终都不肯原谅他，甚至站起来重重地打了青年人两个嘴巴。他凭着自己练过几天武功，蛮横地用手指着青年人的鼻子说："我叫傅子，打的就是你！不服，来找我，我等着你！"打完扬长而去。这位青年人叫焦方桐（字凤林），是山东青城人，在北京的绸缎庄做学徒。这天受如此委屈甭提多窝心了。他发奋习武，立志报仇雪耻。他天天晚上焚香祈祷，求遇名师。果然，皇天不负苦心人，因缘际会他遇到了京都会友镖局宋迈伦、张殿华师徒，诚恳地拜在张殿华门下。

张殿华，人称张老殿，在北京前门外珠市口一家铜匠铺学艺，自幼练弹腿，中年时拜宋迈伦为师，尽得宋翁之技真谛，后入会友镖局走华北、西北诸省路镖40余年，名满武林。传说有一群痞子与他群殴，被他一拳打倒7个（七层）人。当时北平摔跤界有位巨子，人称"搬腿路"，他这一搬腿，除了摔不倒"大祥子"以外，人人皆败在他手下，摔跤界公认他是第二把高手。其实就技艺而论，"大祥子"并不比他高。"大祥子"是慈禧太后的侍卫，巨形大汉，力大无穷，他摔跤时只把对方抓起来一掷就算了。但他对"搬腿路"却也没办法，不论他怎么抓起来掷出去，"搬腿路"两条腿一弹站落在地上而不倒。有一天，张殿华给徒弟们说拳脚用法，"搬腿路"在旁搭讪着说："您这玩意儿真不错，可是要抓上了，就没辙了。"张殿华说："那咱们就比划比划着玩玩看，可是我可不穿褡裢呀！扪泥鳅！""好吧！"说着"搬腿路"右手飞速地往前一抄，就抓住了张殿华的右手，立即一转手，转身填胯，臀部向后一顶，使了个"倒口袋"。"搬腿路"这一绝活，只要使出来，没有人不立刻被摔倒在地的。哪知这张老殿顺势沉肘曲臂，使了个"霸王举鼎势"，立肘下沉，

京都会友镖局之镖旗

正顶"搬腿路"上胸部。再看那"搬腿路"，一屁股坐在地上了。"搬腿路"后来才知道张殿华先生的功夫非同一般。

　　焦方桐既遇到这样的名师，自己又怀有报仇雪耻之心，他苦练了三年，初有成效。一天，他又来到天桥原来那个说书场，想寻仇雪耻。可巧那个叫傅子的居然还在。焦氏便故意吐了傅子一口痰，傅子怒不可遏，不容分说，举手便打。可怜傅子这两手，现在哪里还是焦的对手，一顿狠揍，打完了，当众诉说了当年的恩怨，大伙听了鼓掌叫好。傅子抱头鼠窜而去，焦凤林报完仇，扬了威，凯旋而归。经此事之后，他心情爽快，过起了有声有色的游侠生活。焦凤林长得英俊帅气，身材伟岸，人们都叫他"焦大个子"，武林界颇有名气。"大刀王五"王正谊，非常赏识焦氏才具，便以前辈的身份点醒他，说："你这么干下去算是怎么个了局？康小八横不横，结果如何？赶紧收心，走正路做点正经事，到我镖局来跟我做点营生。"焦氏本是绝顶聪明的人，听了王五的话大为感动，立即折节为善，进了源顺镖局，跟"大刀王五"从事保镖生涯。

　　"大刀王五"，名子斌，字正谊，习武排行第五，人们习惯称他为"王五"，

是沧州"盛兴镖局""双刀李凤岗"的得意弟子。1878年来到京城，在北京前门外东珠市口西半壁街住，次年创办"源顺镖局"。虽然该镖局的开创晚于其他镖局，但由于王五的声望和信誉，很快跻身于北京八大镖局行列，房屋也扩大到34间，镖师50余人。焦凤林在源顺镖局里得到了锻炼，常走于华北、华东各省路镖，业绩斐然。

1900年，八国联军侵入北京，大刀王五殉难，经营21年的"源顺镖局"关闭。会友镖局把焦凤林拉回局里为会友镖局做事。由于焦凤林的武艺高超，做事干练，有胆有识，遂受到会友镖局的重用，许多重要的镖，都由他亲自出马来完成。最惊险的一次是保护修建平（北平）汉（武汉）铁路的饷银，镖车走到河南某县境内，落脚住店，忽然来了四五百队伍，打着官军的旗号，在店附近安营扎寨。这支官军的长官也住进同一家客店。焦凤林非常机警，他一看不对劲，"这哪里是官军，明明是要来劫我们的镖银呀！"焦立即指挥镖师们将十几辆镖车车辕朝里，镖银朝外，围成半个圆圈，构成一个防守阵地。那时候已有快枪，叫大家把枪上好子弹，伏卧在车阵内。然后他只身前去会见那长官，说："拜当家的！"那匪首身躯肥大，满脸横肉，眼露凶光，没想到对方突然来了这么一手，识破了他们此行的目的。匪首不禁大喝一声："好个镖浪子，你怎么说吧？"那时候焦凤林气宇轩昂，利用他超群的胆量和口才与匪首讲交情。"请当家的高高手，放我们一马，大家做个朋友！"焦说："你们四五百兄弟，人多势众，要劫一定劫得了。可是我们这银子是官家的饷银，绝不会善罢甘休。而我们镖局的东家是站着的佛爷，赔得起银子，丢不起脸。不要说你们四五百人，就是四五万人也没看在眼里，一定要追到底，那时两败俱伤都不好，不如大家交个朋友。"那匪首在焦凤林这番软中透硬极其巧妙的措辞下，没了脉。江湖道上重义气，服好汉。现在看到他这番英雄气概就服了。于是便叫镖车连夜起程，三更以前离去。匪首说："你们走了，我们再作别的活。"焦凤林拱手称谢，立刻回去收拾行装，连夜出城。而五更时那股土匪便来了个洗城大劫。

焦大镖师正是遵循了三皇炮捶门"所先者，步、理、口"的原则来处置这一险情的。所谓"先者",一是先站好自己的有利位置,不打无准备之仗;二是先占住理,以理服人;三是先用嘴说,说服对方,以理服人,尽量不动手。无论对己有利还是不利,皆要说服在先。镖局是生意行,吃的是朋友的饭,尽量交朋友而不树敌。且即使动手也只见胜负,败而退去即可,勿追穷寇。如若匪人劫走镖,镖局也只是设法抓捕匪人交官府依法处置,追回镖银,绝不伤及匪人性命,这也是镖行的规矩。天下武林好汉重义气,与会友镖局交友而不为敌,所以镖局通行四海,到处有朋友。焦大镖师先布好自己的防守阵地,再只身一人会见匪首,以英雄气魄,与匪首讲理,用巧妙的措辞摆平匪首,化险为夷,既保住了镖银,也给了对方一个面子,两全其美。有一次会友镖局聚会,有当时的"小实报"记者来访,焦凤林谈起往事,"小实报"将这段故事绘声绘色地登了半个版面。

到了民国以后,镖局业务已形同虚设,走镖几乎没有了,镖师多是给大商户、银行看家护院。焦凤林不依靠镖局为生,他自己的经济状况很好,后应"北平军需学校"之请,在该校任武术教师(北平军需学校,校址在北平南城的煤渣胡同。该校是孙中山先生任临时大总统时唯一手令创办的学校),很多教师和员工的子弟都跟他学拳。一次,焦从操场走过,正碰到学生们在练西洋劈剑,他的人缘很好,大家一起欢呼:"焦老师您是武术大家,您也跟我们玩玩这洋玩意儿,劈刺两下好不好?"焦说:"好啊!我可不戴面具、护胸。""那碰到您呢?""你尽管砍好了,砍到了,你不用负责任。"于是学生递给焦老师一把西洋剑,由一位练得好的出来对垒。哨声响处,那人迎头一剑猛劈过来,焦老师轻轻向后方一闪,剑就劈空,那人正在错愕中,手臂上早中了一剑,惊愕不知道怎么回事。原来焦老师是把右手的剑交到左手砍出去的。大家看明白了,哈哈大笑说:"怎么还可以把剑换到左手去使?"焦老师说:"怎么不可以,得罪!得罪!"拱拱手扬长而去。他以高深莫测的武功和超人的智慧,给同学们留下了深刻印象。

焦凤林名满武林,弟子很多,皆不收弟子费用。与今不同,现今把技艺看成是商品,皆掉进钱眼里爬不出来了,从前有句老话"千金难买一艺"。教与学之间凭的是缘分,有缘的跟他练,他不收费,弟子经济情况欠佳的,他还倒补助周济。他说:"跟我学玩意儿么。"焦凤林培养出不少高手,最著名的有高金泉、刘通启、曹德林、何瑞林、郭玉成、张起钧,还有中央军校的陈伯年、金毓陞、翟冠群、杜宝仁等。

京都会友镖局自宋迈伦创业以来,历经百余年沧桑,前后经四代人经营,直到1949年北京解放,会友镖局才停业。1952年正式交给政府,它是中国最后一家镖局。焦凤林是会友镖局重要的"掌班"。因此,他是真正最后的大镖师。

天不言自高，地不言自厚

王连吉先生出生在河北衡水地区，自幼习武，13岁来北京学徒谋生。经亲戚介绍正式拜在京都会友镖局著名镖师王万芳先生门下，习练三皇炮捶拳。他与王万芳是同乡，王老师是京都会友镖局掌柜王兰亭的顶门子大徒弟，独得十二路三皇炮捶拳和夫子三拱手之绝技，在会友镖局工作30余年，功夫相当了得。王连吉非常敬重老师，真可谓"敬之如神"。

王万芳老师要求弟子很严格，无论是套路或单式操练，都要求学生做到身架矮小严谨，并保持同一高度，不得往起钻身。学生练功时他前后平拉一根绳子，让学生在绳下练，头不得碰到绳子。王连吉就在老师的严格教导下练就了一身矮式架的功夫。三皇炮捶讲究圈裆步进退必须擦拉步，即前脚进步，后脚不准离地向前随之擦拉，定式保持不变，向后退步时，后脚向后退步，前脚保持不变形在地上随之向后擦拉，无论前进或后退，还必须保持圈裆步不变，身架高度不变。这种步法的练习是在矮式架（桩步）基础上进行的。为练好这种特殊的步形步法，王连吉在休假期间一天也不曾停止练功。他每天早起去麦田里练习擦拉步。一次，东方刚刚泛鱼肚白，王连吉正在兴致勃勃地专心练擦拉步，身架矮得同齐腰的麦子一般高，衣服被汗水打湿。他刚一转身发现老师站在身后，吓了一跳说："我光顾练啦，没注意到有人来了。"老师说："我知道你连续在这里有些日子了，但一直没过来见你。你走后我过来看你的脚印,你的擦拉步把麦垄都拉成沟了,这功夫很有长进,说明你进退步都做到'不失根节'了。"

三皇炮捶拳的首式,即"抓虎势",又称"紧抱势"。看似简单,其实不然,越简单越不好练。此式要求两腿屈膝下蹲,前腿斜伸,后腿屈蹲,后脚内扣,前重四,后重六,两膝向外撑展,收臀提肛。两手如虎爪,前手前伸肘垂,后手置于前肘内侧或在腹前。收颔挺颈,含胸实腹,气沉丹田。有歌曰:"丹田用力鼓,两手如抓虎,胸中劲要散,两足如掘土。人得此宝不加功,好似土埋铁难明,存心倍练无敌手,修身得道气爽清。"此式攻时,沾手即是力,变手为重手出击;守时,

王连吉老师练功照

前、后、上、下、左、右皆可双手交替成轮状,使对方的手攻不到身上。攻守千变万化,皆可从此式变化开来。

王连吉将此式练得严谨速小,其手上融入了轮手、正反轮、立圆轮、平行轮、平斜轮、单双轮、大小轮、同心轮、多心轮等妙手。攻入他的手很难,能化开他的手就更难了。活滑神速,由此式变化所发出的劲力,既能冷脆快硬,又能运用内气发出强大的爆发力,实可称为绝技。

王万芳老师告老还乡前,带着王连吉拜访京城同门前辈名家,再三拜托关照他,并对王连吉说:"低头的庄稼穗必大,仰头的庄稼穗必小。你要虚心向前辈学习,学会功夫,学会做人。"王连吉牢记老师的教诲,老师还乡后他

经常抽时间去看望各位老前辈，向前辈请教。他的虚心、诚恳和为人厚道深得前辈们的喜爱。老前辈们以自己一生习武的心得、经验和为人处事抚育了他，使他成为一名武功高深、胸怀坦荡、诚恳谦和、宽厚热情、品格高尚的人。

王连吉的老师回故里了，他很是想念，每逢休假或探亲回家，必先去老师家看望，帮助老师做些家务。有时赶上麦收或秋收时节，他先帮老师家里把庄稼收割完，然后再回去收割自己家的庄稼。尽管如此，他仍是在百忙中抽出时间向老师请教。老师每次都不让他白来一趟，总是耐心讲授每招每式的劲道和气道，并将自己所学的十二路三皇炮捶拳全部传授给他。

20世纪60年代，口粮定量时期，王连吉知道老师饭量大，于是他每次回家休假总是先给老师送去自己平日节省下来的粮票。到了70年代，他常将老师接到北京同吃同住，听老师教诲至深夜。老师见他几十年苦苦追求、坚韧不拔，心中格外高兴，遂将三皇炮捶门"夫子三拱手"之绝技传授给他。

1977年暮春的一天，家里来信说老师病重，王连吉立即向领导请假回家探望老师。病床上老师拉着他的手，俩人泪流不止。他询问了情况后，立即骑自行车请来医生给老师诊病。在他的精心照料下，老师的病情竟渐渐有了好转。临回京时，他又给老师留了些钱，并嘱咐家人要精心照料老师。到了隆冬季节，老师的旧病复发，当王连吉赶回老家时，老师已卧床不起。老师叫王连吉站在床前，对他说："这次我真的不行了，你要打起三皇炮捶的大旗来，弘扬中华武术啊！"王连吉精心照料老师，日夜不离左右，劝老师安心养病。但老师最终因心力衰竭医治无效去世，享年84岁。王连吉询问老师家人对老师后事准备如何，家人因经济困难，丝毫没有准备。王连吉心急火燎地回到家中将自己准备盖房子用的木料抬出来，请来木工给老师做了一口非常像样的棺材，将老师安葬。十年之后，他又募集善款给老师在墓前立了一块碑，永世缅怀老师的功德。他常说："师徒如父子，这是一生一世的关系，我做了我应该做的事情。"

王连吉不但对老师敬之如神、待之如父，而且对其他老前辈同样敬重。他听说王宝英老师病了，下班骑车直奔王老住的医院探视。王老病故了，他跑前跑后帮助安排后事。1999年9月下旬，袁敬泉老师百岁华诞，他从河北衡水乘火车专程到河北涿州给袁老祝寿，并做了精彩的即兴表演，时年他已经是古稀之人。

　　王连吉武功高深，思想解放，他遵循老师的遗嘱不断做着发扬光大三皇炮捶拳的努力。20世纪70年代后期，王连吉将他所学的三皇炮捶拳、"夫子三拱手"绝技和他总结的材料无私地拿出来，与杨宝田、张汉文师兄共同研究、切蹉。在20世纪80年代全国武术遗产挖掘整理期间，他将十二路三皇炮捶拳录制成视频资料留传给后人研习。为了弘扬中华武术，他还将十二路三皇炮捶拳无私地传给了宋迈伦先祖的故乡——河北省冀州市赵家庄的同门人。1986年与冀州赵家庄的同人合作编著了《三皇炮捶》一书，由河北人民出版社出版。退休后他非常支持、关心师兄弟的著书立说工作，曾三次从河北衡水老家专程来京为笔者撰写的《三皇炮捶汇宗》一书献计献策。他对前去求教的师兄弟也毫不保留，将十二路三皇炮捶拳精髓耐心细致地传授给他们。武术界同人几乎都知道他功夫了得，可他总是谦虚地说："我还差得很远，大家都是我的老师。"

　　古往今来，习武之人最讲"尊师重道"。王连吉先生用他几十年平凡的实际行动谱写出"尊师重道"的新篇章，成为我们学习的楷模！

忆梁志泉老师二三事

梁志泉是民国时期著名武术技击家。他自幼酷爱武术，7岁拜北京的"磁器李"为师学艺，14岁拜清朝的头等扑户"宛八老爷"和"瑞五老爷"为师学跤技。因与张长祯先生——"醉鬼张三"的儿子结兰，遂追随张三爷学技艺，深得张三爷的喜爱。在这些名师们的培养下，梁志泉的摔、打、擒、拿功夫一流。也正是在这些武林英杰的教育和影响下，梁志泉有副侠肝义胆、嫉恶如仇、扶弱济危的热肠。梁师虽已过世，当年许多义举至今仍为人们传为美谈。

一、学艺承德，严师教诲

梁志泉先生自幼住在北京崇文门外花市下四条，同"磁器李"家的儿子乳名叫"傻友"的既是发小，又是同窗好友。这"磁器李"是一家在花市大街上专门经营各种磁器的大商户，老掌柜夫妻俩都是武林中的豪杰，功夫深不可测。"磁器李"的家在东便门里虎背口胡同北口，与花市下四条相连。这条胡同南北两头低，中间高，自虎背口北口往南是个比较大的坡，故取名"虎背口"胡同。从东便门进来的人力车、马车及行人大多数途经这条胡同到达东花市大街。在某年冬季的一个清冷的早晨，天空中零星地飘着雪花，地面上覆着一层薄薄的雪霜。有一辆满载着大白菜的马车途经虎背口往南行,车上白菜用棉被盖着。这马车爬到半坡,不小心滑倒了,车辕直压在地上,马嘴磕得直流血,车在往下坡溜,车把式急忙刹好闸,两手抬着车辕大声吆喝那马,使出全身的力量,但滑倒的马却怎么也爬不起来。赶马车的把式急出了汗,急求过路人帮他把马救起来。好心人哪能见死不救呢!过路的十几位男男女女前去帮忙,有的抬车辕,有的压车尾,有的向前推,防止马车向下坡溜,大伙一齐叫号,"一、二、三!一、二、三!"但脚下路太滑,不好用上劲,犟了半天怎么也救不起这马车来。人们一看无望,就暗自散去。车把式见此状急得直哭,央求着大家再帮帮他,"马若被压死,一家人的生活就没指望了"。正在这危急时刻,不知从哪家门里出来一位倒水的老太太,看上去有50多岁,身板直挺,行动利索。她把脏水倒入污水口里,放下水盆,走到马车外辕对赶车的把式说:"你抄着车辕吆喝牲口,我来帮你抄起车辕推上坡去!"把式见是一位老太太,忙说:"您一个人哪儿行呀!刚才十几个人都没弄动!"老太太说:"你试一试,兴许我能帮你把车推上去!"过路的人看着一个老太太要帮助救起这被滑倒的马,将信将疑、议论纷纷,有的说:"这老太太大早起来找病呢!救不起这匹马,车往下坡一溜,弄不好再把老命搭上!"也有两位过路的好心人跑过来推马车的后辕,帮助一齐救这马车。车把式见老太太执意要帮他,情急之下也顾不上许多了。他弯下腰去左手拽起缰绳,右手用力抄着车辕,大声吆喝牲口。说来也神了,老太太用一只手抄着车辕向上一直腰,前辕起来了,那马顺势猛地向上一纵站了起来。在车尾的两人弯腰用力向前推,"咚咚咚"!一口气直把马车推到坡顶。车把式吆喝马停下车,他拉上闸,转身给救他马车的老太太跪下叩头。他大声道谢说:"谢谢您了,您救的不只是一匹马,您救了我全家老少六口人,您是活菩萨!您是神人!"车把式只顾叩头道谢,站起来时老太太早已消失在来往的人流中了。车把式一时无法离开马车,他心存感激,再次跪地叩下三个头。

这位神奇的老太太就是大名鼎鼎的"磁器李"的夫人,她的功夫到底有多深,不是一般人所能知道的。

梁志泉自幼就在这位高人的疼爱呵护下，同他的儿子"傻友"一起练"铁砂掌""躲闪桩""腾挪术""通臂拳"等功夫。老夫人对他俩练功看得很紧，既严格又有耐心，每天按时练，按规定的顺序练，必须完成规定的数量，一点都不可马虎。每次练完"铁砂掌"，老夫人都要用煮好的热药水给他俩洗手，然后用温水洗净，再拉住他们的小手用打好肥皂的牙刷，刷净每一个指甲缝。老夫人不怕麻烦，天天看着他俩练功。几年后俩人功夫大有长进，师父打心里高兴。同时对他俩不断地进行武德教育，希望他们长大后成为有用之才。

一天，梁志泉和"傻友"在下学回家的路上遇到几个阔少学生在街上寻衅闹事。这几个阔少以强凌弱，仗势欺人，见他俩衣帽不扬，拦路挑衅，没说几句话举手就打，边打边骂。本来他俩若还手的话，这群人根本不是他俩的对手。他们心里想还手教训这几个阔少，但又想到师父的戒律森严，所以不敢还手，只好左躲右闪。俗话说"一人难抵二手"，更何况阔少人多，年龄又比他俩大几岁，他俩躲来躲去到后来体力就顶不住了。"傻友"躲闪不及遭到几个人的围殴，鼻子被打流血，脸上挨了好几拳，可这群阔少下手狠打起来没完。梁志泉脱身去救傻友，这时两个大个子阔少挥舞着拳头朝梁志泉扑来，一个阔少伸出两只手去掐梁的脖子，梁手疾眼快，转身到对方侧面，另一阔少又扑来，他躲闪不及又忍无可忍，便抬起右脚绊住对方双腿，两掌在大个子背后一推，那大个子蹿出丈余摔了个狗吃屎。这时又有几个阔少向梁蜂拥而上，梁见势不妙，拔腿就跑，边跑边呼救，阔少们在后面穷追不舍。临街的住户听到呼救声跑出来，阔少们自知理亏，见有大人出来，他们一哄而散。众街坊围拢过来见"傻友"被打得鼻青脸肿，忙帮"傻友"止住了血，梁志泉虽挨了几拳却无大碍。他给众人道过谢，将受伤的"傻友"搀回家里，向师父如实讲述了被打的经过。师父听后大怒，不但不心疼儿子被打，反而严厉斥责了他俩不该惹是非，与人动手。师父申明戒律，令二人跪下认错，并将儿子"傻友"的右肩摘脱位，以示惩罚。梁志泉因还手打人牵连了好朋友，心里非常内疚，好不容易跪到天黑，师父才放他回家。他边跑边想：我的朋友受罚，我得想办法给他解围。他想起义父张三爷与"磁器李"家有很深的交情，就一口气跑到义父"醉鬼张三"家，请张长祯先生出面为"傻友"说情。张三爷听梁志泉说完事情的经过，就跟着梁来到"磁器李"家。寒暄了几句之后，问明了情由，给"傻友"说了情，并顺手将"傻友"脱臼的右肩关节牵引复位。张三爷严肃地对他俩人讲述了武以德彰的道理，期望他们长大后成为中华民族有用之才。梁志泉把师辈们的谆谆教诲深深地铭刻在心，并将其作为他后来闯荡江湖为人处世的信念。

二、大学生巧摔洋力士

梁志泉 14 岁时由义父张长祯介绍，拜清朝"善扑营"首领宛八爷和瑞五爷为师习练中国跤术。宛八爷是晚清时期"善扑营"的掌营。善扑营中几百号人都是全国精选出来的摔跤高手，宛八爷和瑞五爷都是头等扑户。

中国跤术是传统的民族文化遗产，历史悠久。早在原始社会就产生了摔跤，不过当时的摔跤名叫"角抵"。到了周代叫"角力"，秦汉时叫"角力戏"，唐宋时叫"角抵""相扑""争交"，这些都是不同时代的摔跤称谓。在宋代有专门表演摔跤的民间组织"角抵社"，到了清朝称之为"摔跤"。民间摔跤练习叫"私跤"，比赛叫"私撂"。由于当时清政府重视摔跤，所以专门由八旗子弟组成的"善扑营"的摔跤叫"官跤"。这"善扑营"是清政府一支特殊的侍卫军，跤手和教练都是终生职业。当年清朝康熙帝年少继位，四大臣辅佐皇帝，鳌拜欺康熙年少，把持朝政，挟持天子，胡作非为。康熙机敏聪慧，佯作玩耍，不理朝政，自己却在宫中精挑细选了 18 名身强力壮的小太监，每日习武练撂跤，借以麻痹鳌拜。终在一次鳌拜没带侍卫，毫无防备的情况下，18 名摔跤手蜂拥而上，连摔带砸，将鳌拜拿住，当场处死。这其中，摔跤高手起了大作用。慈禧太后的贴身侍卫中有个叫"大祥子"的就是当时撂跤的第一把手。在清光绪皇帝"戊戌变法"时期，宛八爷是光绪皇帝的护卫。清政府被推翻之后，"善扑营"就被解散。这宛八爷在天坛西北边的精忠庙街设场传艺。"精忠庙"就是精忠报国的"岳飞庙"，因围墙是朱红色的，所以又叫"红庙"。梁志泉每天下学之后要跑几里路到宛八爷的跤场练功。跳蹦子、拉擦儿、钻子脚、蛙跳、摇膀、熊跩、踢空、抢手、撕手、抻筋、蹓腿,这一系列的功法和推子、拧子、石锁、大棒子、小棒子、麻辫子、皮条子、霸王砖、扔沙袋、踢桩子、天秤、地秤、更绳等一系列的器械都要逐一训练。三伏天别人扇着芭蕉扇还热得不得了,可练摔跤功夫身上一出透汗,立马就凉爽。三九天别人穿着棉袄大衣,脚上再穿上毡窝靴子嫌不够暖和,可练摔跤人就是天上下着雪,西北风骂咧子也照样练,功夫就讲"冬练三九,夏练三伏",这就是"宝剑锋从磨砺出,梅花香自苦寒来"的道理。

在名家的培育下,梁志泉凭借着扎实的武功和极强的悟性,功夫很快就上身了。宛八爷和瑞五爷都非常喜欢他,因为他的跤劲和跤路子不同于一般人,他是"功夫跤"。俗话说"功夫加跤,越练越高",他的披、揣、勾、别、切、查、撤、闪、拧、空、挫、拿、搋、让、挤、川、憋、装、撕、搬……跤中大绊子三十六,小绊子赛牛毛,只要得手他都能用上这些跤劲和手法,各种绊子精熟,宛八爷视他为掌上明珠。他到哪儿去都是一身学生装,戴着近视眼镜,年轻英俊,举止文雅大方,从无粗野习气,身怀绝技却不露声色。到了跤场上人们都管他叫"大学生"来了,但只要他脱掉衣服穿上摔跤的褡裢,那身手就非同一般了。宛八爷经常教导他:"要尚武爱国,为国为民多做好事。中国近百年来屡受欺辱,鸦片战争中国割让了香港、澳门,甲午海战日本毁了我北洋舰队,侵占了我国台湾。八国联军两次侵略中国,德国占领了胶东半岛。辽东半岛以及沿海的商埠口岸,全让西方列强霸占着。更可恶的是俄国,有史以来不断蚕食我国土,每次与列强之间的斗争,俄国既是参与者,反过来又当说客'和事佬',不断地占便宜。大、小兴安岭以南,黑龙江以北,贝加尔湖以东一直到海边,一百多万平方公里的国土全让老毛子抢去,那是我满族的祖先发祥地呀!大清国朝政腐败,西方列强都看中国是块肉。现在民国了,各地军阀混战,民不聊生,洋人还在中国这块土地上耀武扬威。国人当自强,民族当自强!"有几次他说到激昂处泪流满面。师父的言语影响着梁志泉年少的心,他立志为国为民效力。16岁他报考中央军校未能及第。因家境贫寒,他只好去学西厨,三年的学徒生涯使他懂得了许多事理。在六国饭店里屡屡遭到同行的挤兑、洋人的傲慢和白眼,他感到太压抑了,学徒届满他毅然辞去了这份工作,决心出去闯荡。

  那时的北京,西单、东四、鼓楼前、西庙(护国寺)、东庙(隆福寺)、五牌楼(指前门,外商业区),都是四九城最热闹的地方,梁志泉到处看市井。这天,他来到西四的护国寺前街,见围着一个用木头搭起的台子,台上一名粗壮的洋人光着膀子,胸前、两臂长着一层长长的毛,腰板粗健,足足有300斤体重,挥动着带毛的大拳头,在台上晃来晃去,耀武扬威,嘴里嘟囔着外语。一会儿翻译说:"这位加德洛佐夫大力士说了,还有敢上来比试的没有?中国人都是懦夫,不敢上台比试,我们俄国人才是真正的英雄!"梁志泉挤进了人群,问一位年长的先生这是怎么回事。先生告诉他,这个老毛子号称天下无敌,自设擂台在这里比赛两天了,打伤了许多参赛的人。他力大如牛,还没人赢过他,今天是最后一天,他在台上称霸呢!正说着话,只见一位中年男子与这洋人较量,没转两个回合,那男子便败下台去了。梁志泉正值年轻,血气方刚,遂提腰纵上擂台,大声止喝道:"且慢,在下愿与你比试!"那翻译让他报上姓名,梁说:"我比试完自会告诉你!"大力士抬眼一看来者是个瘦高个子年轻人,他没放在眼里,心想我抓起来把他掷下台去就齐了,用不着跟一个瘦小子费劲。肚子也饿了,收摊吃饭去。他想的真美,可事情往往会发生突变呀!眼看就要大获全胜的力士没等翻译再问来人话,就自信地点手叫梁与他比试。大力士急步向前伸右手来抓梁,梁不躲不闪,用左手走里圈沾上对方粗壮带毛的胳膊向下拧劲,右手也走里圈,化开对方向他抓来的左手又向前上翻起,同时右脚向前勾绊对方右脚向回耙,右手向胸前一捅,力士以为梁手去打他面部,猛地向后一仰身。梁右手直推对方胸上,顺势猫腰,左手一把拿起对方前脚向前上方一扬,可怜这头熊呀一步也没动了就仰面朝天翻倒在台上。全场叫好!喊声震天动地!好像被压抑了两天的愤懑,今天一下子迸发出来了,好爽快。那力士还没弄明白自己是怎么倒下的,一骨碌爬了起来,火冒三丈!瞪着包子大的碧眼,紧握着两只大拳吼着冲了过来，想一拳将梁打碎方解倒地之耻。梁知道一上手就杀了对方的威风，他肯定红了眼会凶猛地反扑过来。大力士两拳雨点般地击来，梁故意躲闪，转到对方身后，三转两转与他周旋。动手的经验告诉我们，"高怕搂腰矮怕薅，胖子怕转瘦怕刁"，这只狗熊被转得气喘吁吁，身子不太灵便了。梁志泉身轻如燕，用闪、展、腾、挪功夫来消耗对方体力，引诱他失控，对方摸不到梁反被梁转晕了。梁刚一定步，对方直臂扑了过来，梁见对方出手无序也无力度，自己出手的时机已到，双手打花反接对方右臂向自己右后方导拧，同时抬右脚踢绊，这一招"导胳膊踢"的小绊子用的借手非常轻巧，只见那只熊像喝醉酒似的，探着身子向前咚咚咚跑到台边，一头钻到台下去了，全场乱作一团。幸好台下观众躲闪地快，没被砸着。观众高呼："好哇！真为中国人争气！"

这时候翻译跑过来拽住梁志泉不放，非要叫他留下姓名。梁志泉心生一计，脱口而出："我叫大学生！"说完一把摘开了翻译的手，扬长而去！

民国初年，这个初出茅庐的英俊青年巧摔洋力士的故事很快传遍北京城。宛八爷听到这个消息，心里正猜疑是否是他干得这么漂亮，除了他还有谁叫"大学生"呢？正想着去核实此事，梁志泉就来面见师父。师父询问，他不敢不说，但只是轻描淡写地叙述了一下，把宛八爷高兴得仰身大笑，鼓励他说："师父没白教你，就得这样长中国人的志气！"

三、救同胞赤手惩俄熊

梁志泉的老师和张三爷经常给他讲江湖上如何凶险和江湖上的一些规矩，介绍些闯荡江湖的宝贵经验，这一切都深深地影响着他少年的心。18岁那年他闯荡江湖，临别时师父向他赠言说："匡扶正义、除暴安良、扬我中华、强我民族，要永志不忘！"梁志泉把师辈们的叮嘱教诲铭刻在心，英姿豪放地走上了新的道路，他以西厨手艺为生计。这年他只身来到山东青岛海港码头寻找工作，可巧有一家俄国商船雇用了他。因为他厨艺精湛，老板每日给他五块大洋薪酬。在那个年月,洋人在中国的国土上胡作非为、横行霸道,梁志泉看在眼里,时常愤愤不已。他想堂堂中国人怎能容忍外国人欺辱?国政腐败,军阀混战,自己报国无门。这一切激起了他强烈的尚武爱国之心,他决心以武洗国耻,以武振国威。

一日,两名俄国大个子海员喝得醉醺醺的,架拖着一名中国少女来到船上,百般调戏。那少女极力挣扎,凄惨的呼救声撕裂着梁志泉的心。他从船舱里急步赶到甲板上,见两个俄国熊正在撕脱少女的衣服,俄国佬敢在我们国家里欺辱我同胞姐妹,梁志泉怒不可遏,大喊一声"长毛子休要欺我同胞"。他冲上去飞起一脚将其中一个踢翻,命令另外那个老毛子放开少女。那个老毛子不但不听,反而向他挥起西洋拳,跳来跳去,凶猛地朝梁志泉扑来。梁施展躲闪功左右晃闪,使俄国熊醉眼迷乱,梁趁势一把叼住他的腕门顺劲一拧,老毛子站立不稳,梁横掌一抖,他便像大石碑似的倒在甲板上。这老毛子打了个滚,爬起来与另一个老毛子合在一起,嘟囔了两句就拼命地合击梁志泉,将梁逼到右舷边,妄图将他打下海去。梁志泉非常机警,早已猜透老毛子的杀人之心。当两只蠢熊扑来时,他突然闪转到他俩身后,俩俄国佬扑

了个空，待他们回身再寻找人时，梁志泉风驰电掣般地向其中一人前胸猛插一掌，钢条般的手指插到他胸上，只听得"哇"的一声，老毛子便口吐鲜血仰面朝天地被打起三尺多高，飞出甲板掉进大海。另一个老毛子红了眼，从腰间抽出匕首像饿狼似的朝梁扑来，梁施展腾挪术避开对方急如雨点般的戳刺，把对方引到甲板左边，老毛子见梁无路可退，正是杀死他的极好机会，急举拳持刀直冲过去，就在匕首即刻戳进梁志泉心脏的刹那，梁灵巧地闪到对手背后，猛挞一掌，这只为非作歹的俄国熊，头朝下，脚朝上，手里拿着刀子"扑通！"一声，倒栽葱钻进海里去了。

梁志泉走到那缩成一团的少女前，说一声："姑娘不用怕！我们走吧！"那少女如梦惊醒，忙跪下去给梁志泉叩头，感谢他的搭救之恩。梁忙上前去一把将少女拉起，跳上舢板划回了码头。他抛弃了日薪五块大洋的工作，义救了少女，大步走在街上，感觉到心里出了一口怒气。

四、天津码头威震地恶

1945年，梁志泉来到天津码头寻找生意，当下正是兵荒马乱，外商少，西餐行业萧条。梁在港口码头等了许多日子也没找到工作，身上带来的盘费已经花光，被困在天津。他出于无奈，选了一块热闹地界打了个场子，向观众拱手道："各位此地老少爷们，在下梁志泉乃北平人氏，因没找到工作被困在此地，今暂借宝地给父老乡亲们表演几路粗拳笨腿，讨几个钱混口饭吃，有钱的您帮个钱忙！没钱的您站脚助威！我这里先谢谢各位啦！"梁志泉终归不是走江湖打把式的卖艺之人，没有更多的话来垫场子，话说完稍做舒筋伸腰，耍了一趟拳脚，到底他是受过高人传授、名家指教的武林高手，出手不俗，拳打出似流星闪电，虎虎生风、气劲合一、形神贯通，围观群众喝彩不止，纷纷解囊相助。正在这时，场子里闯进两个汉子，歪戴着帽子，衣服扛在肩上，一个长的扇风耳、高个头，一个中等身材、紫青脸，口口声声要帮场，扇风耳嘴里不干不净地骂观众，梁志泉一看这俩人的举止言行就知道是找茬的,还没等他说话那个紫青脸的汉子却在场子里耍起拳脚,三招两式追到梁的跟前,突然朝梁就是一个"饿虎掏心捶"。梁志泉手疾眼快,让开这一招,他耐着性子,好言解释道:"我一时困在此地,暂借宝地献丑了,请二位朋友高抬贵手。"扇风耳咧着嘴说:"你借宝地跟谁说了?也不打听打听这是谁的地界!"紫青脸晃着大拳头扯开嗓门喊道:"在这儿摆场子你得先问问'它'答不答应!"话音落时紫青脸的右拳已朝梁志泉的下巴打去,这招"通天炮"若是被打中,必会翻倒在地满嘴牙齿都难保住。只见梁志泉轻移脚步,向右后方旋转,右肘正顶在紫青脸亮开的右肋上,紫青脸右拳打空,正要换式再击时,梁的肘上一顿劲,"啊"的一声紫青脸趴在地上了。扇风耳一瞧自己同伴被打倒,怒火上升,一个"跨虎登山"跳将起来朝梁胸前蹬来,梁向后抽身闪开。那汉子脚刚落地右掌猛地向梁面部打来,梁志泉伏身下势转身转体,再次让过这一掌,俗话说"事不过三",那扇风耳实在不知趣,凭他这两下拳脚,对方一再闪让,他连人都没摸到,本不该再打下去,可他心狠手辣,取胜心切。诡计多端的他立即改招换式,伏下身去使出左右扫堂腿,梁志泉腾挪闪转并不惊慌,扇风耳起身"饿虎掏心"右爪直朝梁胸窝抓来,梁刚要接手,那扇风耳长手变短手,向前一拥身翻掌朝梁的咽喉掐去,同时,左膝向梁的裆部猛撞去,这一招上下齐攻的"提膝黄鹰掐嗓"是非常狠毒的杀手。梁看得真切,右手叼住对方右腕门,右脚向后走了一个车轮步,同时揉腰转体,使了个"怪蟒翻身",将对方的右臂扛在左肩上,猛向前弯腰,这一招撅胳膊过肩摔,把扇风耳从后面摔到前面,仰面朝天躺在地上。两个汉子见不是梁的对手,从地上爬起来扒开围观的里三层外三层的人群,回过头来骂道:"有种的你等着!老子回来再跟你算账!"看热闹的人们哈哈大笑,梁也不理睬他俩,人们议论纷纷。好心人过来劝梁说:"好汉子,你打的那俩人是天津水旱码头三十六友中的人。这三十六友是一伙地痞、流氓和武林中的败类,他们作恶多端,没人敢惹。你赶快离开这儿,不然要吃大亏的。"梁志泉听后寻思自己出来闯荡江湖不正是为匡扶正义,除暴安良吗!我若一走,这伙歹人就会伤害别人。他拱手谢过大家,心中十分感激人们发自内心的劝告。他重新整好场地，刚要演练时，场外一个黑大个子喊道："朋友，明早晨在法国桥下会一会你！如果你想溜，可溜不出这天津地界！"说完黑大个子朝右边走去。

次日，晨曦微露，天刚破晓，梁志泉只身赴约。他来到约会地点观察地形地势和周围动静。不一会儿，人群拥着一个40余岁、中等身材的黄脸汉子来到梁的面前厉声说："我乃天津水旱码头三十六友中的大爷，外号人称'黄面虎'，天津水旱码头我兄弟跺脚乱颤，你这个刚出窝的毛小子，昨日竟敢打伤我两名弟兄，今天我岂能饶你！"话音刚落"唰"地从腰间拉出两条九节虎尾钢鞭，在那握柄的末端还特意安装了两支匕首。梁审视着对方因贪多酒色而气色蜡黄的阴险面孔，寻思道：他今日人多势众，手中又有兵器，我若与他硬拼，必是凶多吉少，很难取胜，不如先用个缓兵之计将这个恶霸首领镇服，其他恶徒也就不敢轻举妄动了。于是他从容不迫地向前走了两步，拱手说道："在下昨日失礼，多有得罪，今愿领教一二。可是要拼命，你人多势众，我孤身一人，若要比武，我赤手空拳，你就是杀了我或赢了我，也会被江湖人耻笑！算不了什么英雄！"黄面虎经不住这番软中透硬的话所激，扬手将两条九节虎尾钢鞭抛向身后，皮笑肉不笑地说："我一人和你动手，若输给你，众弟兄服了！可你若赢不了我，哈哈！就休想活命！"话音没落他早已使出"双龙出洞"的招式朝梁的心窝打来，梁转身闪过。黄面虎变换身形，左缠右转突然左掌插向梁的双眼，梁志泉心如平湖，脚下轻移九宫躲闪桩步好似紫燕抄水。这第二招又被他闪过。黄面虎突然两臂分开，向前猛起一脚撩踢梁的裆部。他这上、中、下连环绝命三招使得极其精绝，高手也难逃脱。今天，却没沾到梁的半根毫毛。那黄面虎见此情景心里有点不安，可他求胜心切，又连出数招猛攻梁志泉。梁志泉依然不还招。黄面虎心想，对方胆怯了，不敢还手，可他哪里知道梁的功底深厚。他连连躲闪不出招术，一是为诱使对方产生轻敌心理；二是消耗对方体力；三是观察对方破绽。黄面虎连连进攻，着实身手不凡，出招狠毒，疾如闪电。两人一攻一防、一起一伏，如双蝶起舞，忽缠忽转，忽聚忽散，盘旋进退，众歹徒看得眼花缭乱。正待黄面虎用双峰贯耳一招猛击梁的太阳穴时，突然梁低身矮势拥身直取对方肋下，梁没用铁砂掌功直插，只是将两掌张开按在对方软肋上使了个"双挫"，黄面虎不及躲闪被挫出丈外，晃了几下身子勉强站稳，倒吸了一口长气，定了定神。梁这招双挫没有发二节劲，也没用指插肋下，若用铁砂掌插对方肋下，必死无疑。若双挫再发二节劲，对方必受内伤。他手下留情，是要警告对方，不是我不敢出手，是叫对方不要得寸进尺。我发了你一手，既不害你，也不伤你，你认输就算了，不要不知趣！可那黄面虎当着众弟兄的面怎肯认输？在天津称霸惯了，也确实不识趣儿。他眼珠一转，心生诡计，妄图一招将梁置于死地。他反扑过去，梁志泉一招"白猿甩臂"朝对方抖去，黄面虎急停步，旋转身形，两爪随旋转身向梁的肋下一掀，这招"螳螂摇臂"相当疾速狠毒，若要被扒到肋上就会皮开肋断。梁看得真切，急含腰收肘，对方的双勾手正好掀在梁下收的大臂上，他肩胛骨的关节处感到一阵酸麻，激起他胸中一股怒气。黄面虎见已经击到对方，他急于求胜，又急出手进攻，刚转过身还没来得及换式时，梁志泉像神箭般地将右掌戳向他的锁骨，这一戳点非同小可，他只觉得插入沙中，黄面虎哪里还躲闪得开，锁骨被戳断痛不可忍，本是蜡黄的脸上又添了土色，黄豆大的汗珠从脸上滚了下来，他用左手捂着右肩锁骨塌陷处，说不出话来，半个身子也不能动。歹徒们被这风云突变的局势惊呆了，好一会儿才醒过神来。有几个歹徒"哗"地将梁围住要动手，可回头环视一下其他人，有的围过去看他们首领的伤势，有的见他们武艺高超的老大都不是对手，被人两招致伤，自己这两下子还上得了前？心里胆怯，悄悄溜走了，本想围攻梁志泉的几人也像泄了气的皮球，自动地软了回去。此时歹徒们乱作一团，再没人敢动手了。梁严惩了恶霸，他整了整衣服，龙骧虎步地朝市里人群走去。

五、英雄虎胆会群魔

这三十六友是天津码头上有名的帮会组织。今日，他们的老大出面却栽了个跟头，哪能就此善罢甘休？梁志泉整了整衣服先回旅店，冲了个澡，坐在沙发上脑子里像放电影似的回放今天所发生的一切。他暗自提醒自己："江湖险恶，不可掉以轻心"，他两眼微眯，做调息休息，这种积极的休息法很有效。到了晚上，他用过晚餐到街上看一看夜晚的市井，买了一份小报，在旅店周围的街上转了两圈，一为熟悉地形环境，二来侦察一下是否有可疑之人。然后他回到旅店房间，边翻阅报纸边寻思着，预料今晚这伙人会来行刺，自己需早做防范。大约十点多钟，他将被铺好，将屋内的挂衣架放进被窝里，又将报纸揉成一团放在枕头上盖上被单，做出有人在床上睡觉的假象，自己拿了一块毛毯，熄了灯，钻到床下合衣而卧，从床下可以看到屋内的动静，从外面却看不到床底下情况。梁志泉心里琢磨着：这伙人什么屎都拉得出来，自己一个人出门在外，明枪易躲，暗箭难防。倘若他们夜间来袭，定叫他们扑个空，对我心生恐惧，不敢轻易来行刺。由于下午休息了一会儿，他也不困，静静地躺在床下又做起了调气静养，神虽然守在丹田处，对室内丝毫变化都能警觉到。时间嘀嗒嘀嗒地过去，不知到了什么时候，听到有开他房间门的微弱声音，梁机警地睁开了眼睛盯着房门，右手拿着一条行李带。这时门被打开了，昏暗的房门口有一个黑衣人，右手拿着一个不知是什么的器械，一只脚踏进屋内四下环顾，见无动静，便矮身躯，蹑手蹑脚地侧行至床头，不容分说举起手中的器械朝床上睡觉人头部砸下。若真被砸，轻者身体必残，重者一下子脑浆迸裂一命呜呼。"噗"地一声，黑衣人愣住了，他听着声音有点不对头，像是打在纸团上，便伸手一摸，没人。这时他脑里一片空白，吓出了一身冷汗，半天才猛地想到，对方就藏在屋内暗处，自己得赶快逃跑，于是拔腿就往外跑。正在此时躺在床下的梁志泉一抡行李带，正好缠在刺客的左小腿下面，黑衣人不料想左脚被什么缠拽了一下，整个人斜着扑倒在地上，右手的器械摔出门外，他急爬起挣脱左脚，情急之下一只鞋被拽了下来，他顾不上这只鞋，拼命窜出了房门，脑里疾快地闪过，若被当场抓住，即便在这儿不被打死，回去之后也会被当家的处死。当梁志泉从床底下爬出来去抓那刺客时，黑衣人已跑远了。梁见刺客逃远也不去追（因为怕外面暗藏刺客的同伙偷袭自己），随手就拉开了灯，见一只黑色薄底快靴被行李带缠拽下来，他走到门外捡回黑衣人摔掉的器械，是一根二尺多长的棒槌，上面转圈有几层钉针。梁想这家伙真够凶狠的，用这玩意砸在头上，必死无疑！他仔细端详了一会儿，把这两样东西放入背包里，关了房门，又回到床下睡觉了。

　　再说那黑衣刺客，原是天津三十六友的伙计李三。因白天恶斗丢了面子，心生歹意，当梁志泉回旅店时，他尾随在后，摸清了梁的下榻房间，当天晚上他乔装打扮，拿了万能钥匙夹着钉针棒槌溜进旅店对梁行刺。没想到梁志泉早有防备，自己偷鸡不成反蚀了一把米，一只靴子和武器都丢下，成了梁的把柄。

　　次日，将近中午梁正准备出去吃饭，忽然有人敲门，梁开门后见是旅店的伙计，那伙计说："有位先生让我转交给您这封信。"伸手把信交给了梁。梁接过信问："是哪位先生？他人呢？"伙计说："那先生说您看了信就知道了，说完他就走了。"梁谢过伙计，进屋拆开信封见一份大红请柬，这请柬上写道："梁壮士，我等江湖众兄弟，亲眼看见壮士武功盖世，义重如山，愿与壮士交为朋友，决定今晚在天津大世界宴会厅设宴，届时敬请光临。三十六友吕伯良叩请。"梁志泉看完请柬心想：这黄面虎叫吕伯良。他硬招没得逞，又来软的。我若不去赴宴，说明我怕了，没有胆量，这招棋我输了。我若去赴宴，常言道"酒无好酒，宴无好宴"，还不知他葫芦里卖的是什么药。这名为宴请我交友，实为通知我与他们见面，另有企图。天津地面上全是他们的人，即使不去也是走不掉。想到这里，他决心赴会群魔。

　　晚上路灯初亮，梁估摸着时间坐一辆洋车，来到天津大世界门外。这儿里里外外早已安排了黄面虎的人马。大堂门口有认识梁志泉的，就迎上去打了招呼，请他稍候，飞快地报进去，片刻一名彪形大汉跟着一位中年汉子来到大堂，见到梁便自我介绍说："我是三十六友二当家的王保生。我们大当家的在上面正候着梁先生呢！请随我上去吧！"说完，他陪着梁志泉走进酒店，经过宴会大厅，那里人群嘈杂，乱乱哄哄，见二当家的陪着一位身材魁梧穿着西服，戴着眼镜，凸显文雅，一身正气的英俊中年男子，一下子变得鸦雀无声了。梁在众目之下走进包间。包间里与梁昨日交手的黄面虎吕伯良正与几个人聊话，见梁进得房，见面头一句话就说："咱俩不打不成交，虽然是第二次见面也算是熟人了。来！坐在这里！"吕让梁在他右手边坐下，几位坐定之后，二当家的王保生操着天津卫口音做开场白说："我大哥跟我们弟兄说了昨日情况，真是'不打不成交'。今日设宴一来表示道歉，二来想就此交个朋友，大哥是诚心诚意的。"说着话的工夫，有人将酒斟满送到每人面前。那老大吕伯良接过话题说："梁老弟好功夫，身手不凡。昨日我紧攻你几招都被你化过，你不还手，最后被我逼急你一出手我就输了。我不但没恨你，心里反倒佩服你，让我们以酒化解两天的误会吧！"说完端起酒杯欲与梁碰杯，梁不去端酒杯，推说自己从来不会喝酒，心想这两句好话，听起来实在爽快，可是这酒中未必"实在"。黄面虎见梁不肯端酒杯，猜到梁心中的疑虑，对梁说："你不喝难道怀疑给你酒中下药不成？那我就先干一个给你看！"说完举杯一仰脖干了一杯，又把酒杯撂在桌上，两眼盯着梁，意思是说酒里没放药，你不必怀疑。我先喝干了看你的啦！梁依然沉着脸不端酒杯。黄面虎进一步解释说："我真心想与你交个朋友……"梁打断他的话说："既然你们真的把我看作朋友，我就拿两样东西给你们看！"他随手从背包中掏出那只薄底快靴和那根钉针棒槌，问道："这就是对朋友的见面礼吗？要不是昨晚我有所防范，恐怕今天就用不着设宴了吧！"梁这一突如其来的物证和反问，在座的人目瞪口呆，大家你看我，我看你，没人敢说话。黄面虎知道事情败露了，想回避不谈却回避不了，怒道："把李三给我找来！"按帮规行刺未遂露了马脚当是重罪，甚至处死！不一会儿工夫，李三来到包间，见大当家的陪着梁志泉，一下子筛了糠，扑通跪地求大当家的饶命，嘴里连连央求："我该死，我知错了，求当家的留我一条性命，家中还有年迈的老母无人照料……"吕伯良虽怒却没有处死李三之意，见李三这副德行，说："你昨日行刺我朋友梁老弟未遂，梁老弟给你送礼物来了！"他伸手抓起那只靴子和钉针棒槌掷到李三面前说："这是你干的好事！按规该怎样处置你知道！"李三被吓出一身冷汗，像鸡啄米似的连连磕头求饶。黄面虎吕伯良说："你求我不管用，你行刺的是这位梁兄弟，他说怎处置就怎处置！"李三精明得很，经大当家的这么一点化，心里明白了，立即给梁磕头求饶。梁寻思昨夜已化险为夷，今日又何必借刀杀人。若说处置了李三，话从我嘴里说出，我树了敌，黄面虎倒落个干净，倒不如我来个顺水推舟给个人情。梁说："看我今天还活着，你们大当家的也高兴，就请你们大当家的免去你的罪吧！"黄面虎将气氛缓和下来说："梁老弟大仁大义，不计前嫌，看在梁老弟为你求情的份上，今且饶了你！"二当家的喝道："还不快谢谢大当家的和梁老弟！拿了这丢脸的玩意赶快滚！"李三边磕头边喊着："谢谢梁老弟，谢谢大当家的不杀之恩！"然后抓起靴子和棒槌像从鬼门关里逃出来似的爬起来扭头就跑出去了。

　　黄面虎吕伯良喝走了伙计李三，他转过身来从包里掏出一个精美的首饰盒，打开盒盖一件件往外拿给梁志泉：白金钻戒，翡翠的大扳指，粗大的黄金项链，镶着大块蓝宝石的领带夹……这大盒中一小盒一小盒的算起来价值足有几千块大洋。黄面虎满含歉意地说："这些就算向你赔个不是吧！请你收下。"梁志泉郑重地说："无功不受禄。这些虽价值千金，我却不需要这些，谢谢你的美意！"梁心里明白，黄面虎想借此用金钱收买他，他却视金钱如粪土，不出卖人格，不上他的当，便伸手把这堆首饰推到吕伯良面前。这弄得黄面虎好没面子，他寻思这家伙酒不饮，礼不收，软硬不吃，还很难对付。梁不收这份重礼，他也不强迫，顺水推舟地说："也好！既然梁老弟不看重我这点心意，待日后再说吧！"吕向他在座的手下使了个眼色，一个人站起来走出了包间。包间外的大厅里嘈杂的说笑声伴随着舞曲，一对对男女缠搂的紧紧地在跳舞，有的较文雅，有的不堪入目。不大工夫，那个手下人带来一位花容月貌的女子，身材高挑，端庄秀丽，身着半胸礼服，气质不俗。她一进包间，一股茉莉幽香扑鼻而来。那位手下人说："见过大当家的！"这女子左脚向右腿后一插，两手提着礼服下摆裙，双腿屈蹲做了个西方女子礼，口称："大当家的万福！"黄面虎吕伯良满心欢喜，朝着梁志泉说："今天，特意请来咱天津最漂亮的美女芳芳小姐来陪你，日后你就住在这里，跟我们一起干。我这三十六友就改成三十七友，你就是三当家的，金钱、美女任你享用，梁老弟意下如何？"梁志泉寻思，昨夜你的人对我下手想除掉我，见事情败露之后，又用金钱美女引诱我，目的就是拉我入伙，我且能与你们同流合污！你软硬招儿我都不买账。面对吕的真实用意梁志泉说："大当家的美意我心领了。我在天津逗留是暂时的，过几日就会回北平。家里上有老父老母，下有妻小，与众位交友不敢高攀，只请诸位日后不再找我的麻烦，我就阿弥陀佛了。"黄面虎被梁软中带硬的话又给回绝了，他感到非常尴尬。大当家的对梁这种安排，二当家的本来就不满意，他趁吕老大下不来台的时刻乘势把事情搅黄说："天津这个地盘是我们大哥的，有我们大当家的在，梁老弟你就放心好啦！不会再找你麻烦了。别的事情慢慢再说吧！不着急。"他又转了个话题说："这样吧，先让芳芳小姐陪梁老弟跳一会儿舞，轻松一下吧！"吕伯良见有台阶下就顺口应允说："那也好！咱们都去跳舞吧！"芳芳小姐是个非常聪明的人，早领悟了大当家的和二当家的用意。她印堂含春，双眸之中情波闪闪，朱唇之上点点含情，见了梁志泉满脸飞红，是天津著名的交际花。她见这位梁先生文雅正派，谈吐进退，有分有寸，不由得产生几分敬佩，收敛起娇媚之态，只是甜甜地说："请梁先生赏光！"梁志泉想：我与这女子无冤无仇，她只是黄面虎利用的一颗棋子，我不必与她过不去。况且在这种场合，不能失掉身份。梁站起身来礼貌地对小姐说："对不起！我与吕大当家的还有话说，请你原谅。"芳芳见梁推辞也不强求，转身看着吕伯良。吕意识到梁想和自己单独谈谈，他苦着脸无奈地微抬左手向外一摆说："你们先下去吧！"在座的几个人和芳芳便走出了包间。

  房间里只剩下梁、吕二人。梁志泉他既不跟这伙人同流合污，又不想得罪他们，怎样才能使自己脱身呢？他想，只有把黄面虎吕伯良摆平，问题才能解决。这黄面虎虽说是帮会老大，却也是个性情人物，久在江湖上闯荡还是讲义气的。昨天交手他吃亏，昨晚李三对我下手看来未必是他本意。俗话说，"退一步，海阔天空。"梁志泉说："昨日我出手稍重了些，不料伤到你，见你刚才举左手还有疼痛感，实在抱歉！"吕听梁这么一说，满心的烦恼也轻了许多。对梁说："你好身手，我的锁骨被你戳断。今天我强忍着不想让你看出来，可到底还被你看出来了……"说着话用左手撩开衣服让梁看。梁见他右侧锁骨依然塌陷，便手疾眼快地伸出右手捏拿到塌陷的锁骨轻提即捋，吕被这突如其来的一手吓得一惊，上体略向后一仰，俩人的动态力刚好将塌陷的锁骨提平。等吕醒过味来梁已将断骨接好收回手，并对吕说："好啦！你别再动它，有十多天就长好。"吕暗自佩服梁这妙手神功，只可惜自己没能留下这位高人。他爽快地对梁说："你是我当今见到的一不沾酒，二不贪财，三不近女色，胸怀坦荡、不计前嫌、武功超群的真正英雄！能与你相识我很高兴，我不再难为你了。"说完二人面面相觑，哈哈一笑泯恩仇。

忆杨宝田师兄

一、跟山西神力王试功

1974年春天的一个星期日，我和杨宝田师兄在东单公园（北京崇文门内）练完拳之后，骑自行车路过中央美术馆东侧的小花园，见有一大群人正围在一起看推手切磋，只见一位膀大腰圆身高约一米八几的汉子把另一个人推得满头大汗，全场打转。听别人谈，此大汉是山西太原的神力王，力大如牛，趁在北京出差的机会，来这练推手，不一会儿场上的俩人住了手。大汉仰面大笑，带着浓重的晋中口音说："你们的推手对我不大管用呐？四两拨千斤也用不上了！"周围的人都没搭话。俗话说，"满招损，谦受益"，出门在外，说话做事都讲究个分寸，过了就可能"露多大脸，现多大眼"。神力王得意忘形，围着场子转着喊："谁还想试试？"话音刚落，"我来！"在我前面站着的杨宝田应声走入场内。我知道他一直在找机会试试自己的功夫，而今天的机会最合适不过了。因为我们俩几乎每天在一起练推手，我攻他守，已经练了将近一年时间，我无论怎么推他、抱他，甚至跑起来冲撞他，他都能站立得纹丝不动，两只脚就像生了根似的。可是我的力量有限，体重也只有70公斤，所以宝田师兄总想找一位份大的（体重大、力气大的）来试试自己的功夫到底到了什么程度。今天遇到了，他怎能交臂而过呢！

武林杂谈

那大汉瞟了杨宝田一眼，看样子他心里一点都没在意。这俩人站在一起，大汉比宝田只高出一头，身子板几乎是宝田兄一个半宽，体重有220斤左右，俩人相比差距相当大，无论从哪方面对比，杨宝田都差着几个级别呢。大汉问杨："你行吗？"宝田说："我听说你叫'神力王'，今天你若能把我推动一步，或把我抱起双脚离地，我就算输了。你若不能，就是你输了。你说了大话，输了要向老少爷们赔个不是！认个错！"大汉毫不犹豫地答应说："就这么定了！"他寻思着：前面几位比这位块头还大呢，没费啥劲就被我推得满场子跑，推这位十拿九稳，不在话下。二人搭手就推，山西神力王右手在宝田的左前胸上，左手抓住宝田的大臂往前用力猛推。宝田两手扶在大汉两臂外侧，在大汉的猛力将到未到的刹那间，双掌同时向前发暗劲儿将大汉的猛力截了回去。大汉没有推动对方，他猛力又一推，谁想这次宝田早已将左手迅速移到大汉右下臂里侧，右手移至大汉的左肘下。突然，他左手向左采捋，右手弧形向左一托，腰似轴承向左旋转。只见大汉向前跑了一步身体向前扑倒，杨宝田手疾眼快，从身后一把将大汉抓住。大汉脸都吓白了，他定了定神，并不服输，认为自己用力过猛了。大汉再次与杨宝田搭手，这次他改变了招数，四只粗臂拦拨缠裹，推按解化，突然，大汉双臂抱住杨宝田的腰，两腿下蹲猛力向上，想把杨宝田抱起。宝田气沉丹田往下一松，大汉感觉对方两脚像生了根似的长在地上，他努了三次劲还没将对方抱起，他又憋足了一口气使出全身的力猛地往上一抱，杨宝田沉气向下一坠，大汉觉得好似抱着一块千斤重铁砣，他两腿酸软扑通一下坐在地上，呼哧呼哧地大口喘气，汗珠如雨。他挥动着右手断断续续地说："你也…太…沉…了！我越往上…抱…抱你，你越…往下坠。你有千…百斤…重，我用了九…牛二虎的力量往上抱你，没想到还是抱…不起来，反累得我两腿酸软，一点劲都没了。我认输了！"大汉擦了擦脸上的汗，用力站起来，毕恭毕敬地站好，转着圈给围观的人们边鞠躬边道歉地说："我说了大话，对不起大家！我对不起……"大伙看着大汉瞬间的变化，觉得他既好笑又可敬。笑他刚吹完牛就破了，敬他言而有信，知错就改。杨宝田上前拦住他，说："算啦！算啦！开个玩笑，你倒认真起来了！""男子汉，说话算数。"大汉认真地大声喊着。杨宝田对大汉说："咱俩今天只当给大伙做个游戏，你站住了，我来推，试一试能否推得动！"大汉同意，弓步站好，说："我可有230斤重呐！"杨宝田没有答话，双掌扶在大汉的肚子上，收臀实腹，一拱腰往前迈步就走，大汉两脚向后退了十几步，像被推土机推着一样走了半圈，怎么也站不住。大汉叫着"停！停！"宝田住了手。围观的人哈哈大笑，有的人羡慕杨的功夫，有的人说"北京这地方藏龙卧虎，净是高人"。

二、同道交流相互促进

　　说实在的，山西神力王力气再大，也只是个没练过功的笨汉子，对于劲的变化他掌握不了，用千斤坠的功夫做个试验使他服输这也不足为奇。可这件事不胫而走，在练功人圈里传得沸沸扬扬，杨宝田心里想，真要和一位比自己功夫高的人切磋，结果将如何呢？他脑子里一直在思考着这个问题，他盼着尽快能遇到这样一个人。每逢休息日，他经常到各大公园的练功场所与同道交流。一日，他来到正阳门棋盘街松树林的晨练场地（1974年北京的正阳门，北临天安门广场，那时，这里还没有纪念堂，是老北京的棋盘街。后植了一大片松树林），有许多武林界人士在那里练功，场地虽不大，但能人却不少。有一位姓刘的拳师，是练"白龙拳"的，因患慢性肝炎，常年休假在家养病，人们叫他"病鬼刘"，手底下功夫很好，还有位姓宋的中年人，因身材矮小，人们都叫他"小宋"。你可别小瞧这位小宋，你若跟他搭手听劲，他就像黏猴一样黏在你身上，既发不出去，又放不下，在你身上缠摽着，弄得你无奈心烦。你甭想甩掉他，只要你往地上一放，他立即一脚把你蹬出去，自己一个鲤鱼打挺"唰"地站立起来，动作干净利落。十人与他动手，十人上他这个当！真可谓"人不可貌相，海水不可斗量"。在那里最出名的是一位姓王的老师，50多岁，功夫很好，特别是他的肚子有功夫，他会蛤蟆气功，大大的啤酒肚收放自如，你若推他肚子，有时他会收缩化掉你的劲儿，有时又会用肚子猛地发力将对方打出。许多人与他推手都难以把握住他的劲儿，大家都叫他"气功王"。经"病鬼刘"介绍，杨宝田与"气功王"相识，俩人初次见面都很客气，互相听劲很准，化得很轻，站得也很稳，俩人功夫旗鼓相当，相互试探，不敢大意，推了很长时间，未分上下。第二次切磋，"气功王"使出了蛤蟆气功，杨宝田单掌推住王的肚子，"气功王"刚一收腹化力，杨宝田拿捏得极准，用整劲控制住对方，瞬间推着他往前直走出去四、五步。"气功王"来不及沉气，脚下失根不稳，被杨推着两脚在地面上滑行。当杨宝田刚一站定，他疾速沉气伸手扒住杨的腰向右转，想乘势把杨宝田抛扔到身后边去，宝田松软下沉，"气功王"连发三次，杨宝田像一块热年糕似的黏在地上没动。"气功王"松开了手，俩人哈哈大笑！

　　当天晚上我和宝田一起练功时他跟我介绍了这件事，他叫我有机会去和那位王老师切磋切磋。又赶上一个休息日，我随宝田师兄见到了"气功王"，宝田介绍我与他推手，王老师见我瘦瘦的、年纪轻轻的，刚要跟我搭手，就转过头问杨宝田："这个行吗？""没问题！你随便"，杨回答。我听着心里不是滋味，心想："气功王名声大，自生傲气，还没动手就先瞧不起我这无名小卒。"我暗下决心，今天我这小卒要过河！王与我搭手后连发我三下，却未能把我发出去。我右手扶在他的肚子上，他也根本不介意，使出了蛤蟆气功引我上当。我推他用整劲又似推非推，力到而不过。当他肚子收缩时我粘黏着不发，避免上他的当，而用手指逗他鼓肚子，趁他鼓起肚子来我将手指屈起成梅花状，指力透过他肚皮拨弄他的肌膜，他一松劲，我的手劲就往里入，闹得他又不敢松劲，只好用力鼓肚子顶我手指。我见他沉着脸，皱着眉头，心里急躁，用左手拨化我的右手，于是我轻灵缠化反复点按在他的肚子上，手指整劲不断地抠拨，不一会儿他就叫停了，质问我说："你这叫什么招？要推又不推，光用手指头抠点我肚子，都快把我的肚皮抠破啦！这坏主意是不是杨宝田教的？"杨宝田笑说："我师弟听我说你的肚子有功夫，他想让你的肚子听听他的手指劲儿！""气功王"撩起衣服叫大伙看，我见他肚皮上确实有五个紫点儿，赶忙向他道歉："对不起！对不起！我以为您能化这种劲呢。"

其实他若不小瞧人，我不一定用梅花指来破他的蛤蟆功。此次之后，气功王与我交成朋友，我们经常在一起切磋交流，功夫提高得很快。

三、与天津"硬功宋"切磋

1974 年 9 月初的一个星期一早晨，有一位 50 多岁的小老头，身高大约有 170 厘米左右，穿着半袖衫，身上的腱子肉把衣服撑得满满的，抱着一大块十几斤重的鹅卵石，来到正阳门（前门原叫正阳门）里的棋盘街松树林晨练的人群里，操着浓重的天津口音边走边喊："谁有功夫？跟我比试用手把这块石头砸开！"人们面面相觑，认为他是找碴儿的，没人搭理。一连三天还没人和他比试，他沉不住气了，找了一块空地，自报家门说："我是天津来的，姓宋，到北京找真正有功夫的人来了！几天没见到一个有功夫的！我来开这块石头，叫你们见识见识真正的硬气功！"说着他蹲下身去，把石头放在地上，一手托起石头一端，将石头斜立起，举起右掌向石头猛切，嘿！嘿！几下子把石头砸成两半儿。他站起身来，拍掸着两手问那些练功的人："你们谁敢跟我比试？"人们都冲他摇头说："我们没练你那功夫，不会开石头。"这位宋先生傲气地说："我在北京各公园里的练功场地转悠，发现没有一个真正有功夫的人。"话说完转身晃着膀子大摇大摆地走了。

第二天早晨，天津宋抱着鹅卵石又来到正阳门里的棋盘街松树林练功场地里叫份儿！事情传开了，许多练家子也过来看热闹。硬功宋是人来疯，看的人越多他越是叫嚷的欢实！他大声地叫喊："有没有敢和我比试的？有没有敢和我比试的？"话音刚落，有一人喊道："你先别牛！这儿来了一位跟你比试比试。"说这话的人是老何，他见杨宝田走过来就喊道："宝田！有位朋友找你好几天了，快来！"宝田被老何拉进人群，说："这位是天津老宋，说北京没有练真功夫的人，开不了这块石头，今天好不容易等到你来了。"还没等杨宝田弄清楚怎么回事，老宋就上前去主动做了自我介绍，然后从地上搬起两块早已准备好的鹅卵石，手里抱着一块，另一块交给杨宝田，说："咱俩看谁能用手把石头打开。"话无二句，说完转身去开石头。一会儿他两手托着砸开的石头来找杨宝田，得意地说："我的石头已经打开，你的那块石头呢？"杨说："我扔了，手掌子开石头没用！真动起手来要看你身手能不能接得住对方的劲力！谁抱着一块大石头跟你动手啊？""听你这么说，你是想比一比手掌和胳膊啦？那好！我们就先比手掌子吧！然后再比比胳膊。来！怎么个比法？"宋满不在乎地问杨。杨伸出右臂说："你的手掌能开石头，打打我的手掌怎么样？"这老宋也真够愣的，没说话，抡起右掌就往杨的掌上劈切拍摔，打了几下他停住了，说："这样不行，你的手伸在空中，我一打，你的胳膊往下一松，我的劲全被你卸了。"杨看见旁边有块石头，走过去把手平拍在石头上，说："这总可以了吧？"宋还是不说话，举掌便砸，切拍了几下，他又握紧拳头使足了劲用肉锤子往下砸"一！二！三！——"旁边看热闹的人大声地给数着数。一连砸了十下，宋停了下来，松开拳头抖了抖手腕不砸了，也没说什么原因，要求比搛胳膊。俩人相向而立，左一下，右一下，四条胳膊相搛撞。"一！二！三！四！五！——"围观的人还是起着哄的大声数着数，一直数到101下，宋叫停！有个热情的小伙子上来捋起杨宝田的衣袖，检查他的胳膊，不红不肿，光滑如初。再拉过宋的胳膊检查，小伙子两只手来回捋着，风趣地说："这胳膊没肿，就是变粗了点，还有点疙疙瘩瘩的，看上去有点变青了！"弄的老宋脸上一红一白的，说不出话来。

四、引来高手名家试功

对于宋、杨两人比试的结果围观的人都觉得新奇，天津宋的胳膊都变青了，可杨宝田的胳膊、手掌愣没事，一时间这件事成了新闻。人群中走过来一位练家子，是西单铁胳膊杨，他练功讲究常操手，两只手和胳膊操练出一层坚硬如铁的老茧因此而得名。今天，见宝田跟天津宋刚比试完，他想捡个乏龙。对宝田说："咱们认识多年，没想到你功夫这么好！我来跟你试试！"宝田没有拒绝，只是说自己初学乍练，还谈不上好。俩人说着就站好搛上胳膊了。围观的人仍然大声地数着数,搞撞的劲起初是沾衣发力,随后一下比一下劲大。要知道这二人胳膊都非常硬,然所练的功夫不同而各有特色。铁胳膊杨的胳膊上如穿了一件铠甲,外硬里软,一般的力根本攻不透,而杨宝田的胳膊如棉裹铁,外柔内刚,对方硬力击上被柔软化掉,而内中的铁骨劲力透过对方肌肉直杀骨头。俩人一直搞撞了200下,铁胳膊杨叫停了,说:"你的胳膊真可以的,我还得练。"宝田哈哈地笑说:"你是名家!我向你学习。"几个年轻人上来又是挨着个检查俩人的胳膊。每人嘟嚷着:"没事!没事!"事后宝田对我说:"老宋的两只胳膊是肉棒子。西单铁胳膊杨的胳膊就像铁杠子,俩人功夫都不错,不过老宋伤得小;铁胳膊杨可能要伤得重些,再搞一会儿他就会接不住了。"

这时又走过来一人,是专门练脚上功夫的,人称"戳脚石"的石怀普老师,高高的个子,剃得光光的头,脚上功夫绝好,在武术界颇有名气,跟杨宝田也是多年相识了。不知道今天怎么了,都凑在一块了。石老张着只有几颗门牙依然守卫的大嘴,笑嘻嘻地走过来对杨宝田说:"宝田!你胳膊和手掌的功夫可以的,不知你身上的功夫怎么样?"杨宝田心想:这老头是专门练脚上功夫的,想试试我用身体敢不敢接他脚上的功夫,真是有点趁火打劫。自己心一横,豁出去了,看看他脚上到底有多大功夫。于是他对石老明说:"您是练脚上功夫的,今天我犯回晕,就让您蹬我胃嘴三脚,这里不是最怕打吗?咱就用这儿试试,看我能不能接!您若把我蹬出去一步,我就算输了!"说完,横步站好,说声"来吧"!"戳脚石"心想:一般功夫的人我要用戳脚功夫赢了他,显不出我脚上功夫的厉害,今天要是把你杨宝田蹬出去,不但证明你宝田功夫还不算高,反过来更体现出我功夫更高。他暗自叠好了谱,俗话说,"比武当场不让步,举手不留情",虽与杨相识多年,相识未必都相知。石怀普向后退出几步,然后快速抢步起脚,照定宝田的胃嘴猛蹬一脚。这一脚蹬去,非同小可,若是没功夫的被蹬上,不但站立不住,连胃里吃进去的东西都得吐出来!再看杨宝田,站立的纹丝未动。那石老头的脚却像蹬到弹簧上,蹬出去又被弹了回来。石老寻思着:这么多年来还没有遇到能接住我脚的人，我就不信他能接。他又退后几步，憋足了劲，疾步上前起腿又是一脚，这一脚用了前一脚双倍的力量。可这脚触到杨的身上刚要发寸力，只见杨宝田略向前一迎，石老脚上的劲被堵了回来，反堵回来的劲从右腿唰地串到头颅，瞬间头晕眼花，全身憋得难受，脚像蹬到泰山上，整个人被弹出去两三步远，身体歪斜，跌跌撞撞，险些摔倒。半天他才站稳，定了定神儿站立不动，脸色有点苍白。宝田说："来呀！您还差一脚呐！"石老向杨宝田摆摆手说："算啦！你还真行！我不蹬了。""您不蹬了？也好！您若再蹬，我就把您的脚脖子崴折！不信您就试试！"石老诙谐道："真蹬啊！你把我脚脖子崴折，好叫我老头儿瘸着回家呀，我不蹬了！""这只是开个玩笑！您这第二脚有几百斤的劲力，人虽年岁老了，可功力越发刁钻啊！"宝田佩服地说。石老张开没有几颗牙的大嘴，哈！哈！哈！笑得两边脸颊上挤起了三道弯弯的深皱，问杨宝田："你怎么练成这功夫的？"宝田风趣地说："这是秘密。"说完俩人都放声大笑。围观的人们议论纷纷，弄不清楚到底谁输谁赢。

五、以功会友真诚待人

杨宝田忙着和这几位高手、名家试功夫，看热闹的人都围过去看这边比试。那边，天津老宋独自一人站在那里，望着背向他的人群，心乱如麻，往日的风光瞬间灰飞烟灭，自己失落地站在那里不知所措。杨宝田忽然想起天津老宋，他转身巡视，发现老宋一人愣愣地站在那里正望着这边。宝田想：切磋无胜负，老宋远道而来能相识就是缘分，不能冷落了人家。他赶忙走过去跟老宋叙话。

这一折腾已经到中午时分，他们各自回家。杨宝田骑着自行车走到天安门广场东侧，忽然听到后面有天津口音的人叫他："杨师傅！杨师傅！"他靠边下车，叫他的人也骑车追到，是天津老宋。老宋非要跟杨宝田回家认认门，交个朋友。宝田高兴地说："那好，既然咱俩交成朋友，你跟我回家，今天已经到中午了，也来不及准备了，家里有什么饭就吃什么。下星期三我休息再另请你一回,好吗?"老宋愣了一会儿,说:"要不您把地址和电话给我,等下周三您休息,我再去拜访您家好吗?""也好。"宝田说着从夹包里取出笔纸,写好地址、电话和乘车路线交给了老宋,二人这才分手。

转瞬间已是又一个周三。上午十点钟,杨宝田见老宋拿着礼物真诚地来拜访,热情接待了老宋。谈话间双方介绍了自己练功的历史,然后,老宋说:"我到北京确实来访有真功夫的人。我功夫不行,总想和高手、能人再学一学。找了好几天也没找到,心里一急想出个怪招来——说大话用激将法。果不其然把您给激出来了,和您一比功夫,手也肿了,胳膊也肿了,我才深知我不行。不过,总算让我找到有真功夫的人了,我一定跟您好好学学。"老宋这席话说的杨宝田倒不好意思了。他连连说:"我算什么有功夫的人?北京武术界藏龙卧虎,能人多的是。他们深藏不露,我只是刚入道的小卒,还不知深浅。和你搕完胳膊之后,西单铁胳膊杨又找我搕,他的胳膊就像铁杠子似的,每一下搕撞的劲都杀骨头。那才是真有功夫呢"!"他的劲您都能接,说明您有真功夫!"老宋接着宝田的话茬肯定地说。宝田拉起老宋胳膊帮他按摩输散瘀血,二人越聊越近乎。他们相互感到对方很诚实,同时开口说:"我们俩交个朋友吧!"二人哈哈大笑,起身握手,前日之事烟消云散,此时此刻俩人的感情开启新的篇章。俩人同时又开口说:"咱俩想到一块啦!"

光阴荏苒,十一国庆节即将来临,杨宝田要到天津去看望姐姐,他多买了一份礼物,顺便看看新朋友老宋。

六、痴心习武终成大器

杨宝田出生在北京市通州区,1945年日本投降以后,13岁的他到通州城里一家糕点铺当学徒,自己岁数小,长的个头又矮,净受欺负,吃尽了学徒的苦。他暗自下决心:"要习武自强!"可是,哪儿能拜到师父呢?一时拜不到老师他就自己瞎练。待晚上没人了自己到外边用手指戳墙,他咬紧牙关忍住右手中指和食指戳砖时的疼痛,每天坚持练。手指由痛到不知痛,由不知痛逐渐变粗了，练的时日一长，他用手指对墙一戳竟然把一块砖戳进半截。但他知道这还不是武术，他决心一定要找到一位真正的武术老师。1948年底北京和平解放，第二年他毅然辞去了糕点铺的工作来到北京城里一家工场学钳工。他工作认真，勤奋好学，再加上他聪慧过人，进步很快，不久成了工作骨干。在与同事聊天中他得知前门外西珠市大街有位董英俊老师是京都会友镖局的传人在教武术。他喜出望外，求师心渴，便请他的经理介绍和担保，于1952年正式叩头拜到董老门下，习练以气为主，气劲合一的三皇炮捶拳。他相信勤能补拙。他每天跟师父习武，早晨总是第一个到场，晚上总是最后一个离开。由于他刻苦精进，深得董老的赏识。数十年来无论条件和环境如何变化，练功之事雷打不动。最终功夫不负有心人，他打的拳，沉稳刚劲，内力充实、气势勇猛、刚柔相济；他练的大枪，长3.85米（枪头35厘米长），是特意制成空腔的，里面装着几斤重的铁砂，两手握住一端舞动起来需要周身几百斤的功力，可他耍弄起来，如游龙戏水，上下翻飞，劈砸滚翻，崩挂挑扎，劲力冷脆惊炸，沉长准巧，随心所欲，没见他有费力的样子。

　　为了使自己能在推手中站得牢固，每天晚上我们俩在一起练功时他只练防，我专门攻他。起初我总是能推动他，随着练功日子一久我逐渐推他就费劲了，百日之后，他不管是站什么步型，两脚就像生了根似的。我无论用什么招数，使什么功夫，都难以撼动他了。他身上松柔沉黏，和你搭上手他如胶似漆，粘住不放，任凭你用多大劲，使什么高招妙策，对他都无济于事。为了腿上练劲，我俩专门练跑城功，他弓步站好，我从后面跑去，用一只脚站在他的后腿膝窝上，他的后腿不会弯。这种功夫看似简单，练成实不容易。我体重140多斤，从后面猛地跳在他的膝窝上，可想而知他的腿要承受多大的冲力和重力！我俩还练一种功夫，他仰面躺在地上，两手交叉枕在头下，将一根直径3厘米粗的白腊杆立直夹在大腿裆中，两腿摽住，上体放松。我用两手握住白腊杆向上拔，起初我用力即能将杆子拔出来，经过两个多月的反复练习我渐渐地拔不出来了，到后来不管我用多大劲也拔不出来了。即便连100多斤重的人能提起来，那白腊杆子也依然紧紧地夹在他裆里。功夫练

杨宝田与作者练"单刀进枪"

杨宝田与作者推手

成之后，经许多人尝试，即便你力过千斤，最后皆是摇头而去。他体重只有75公斤左右，并没有多重，但是他若躺下，三个小伙子都抬不动他；他和别人搭手，松活沉黏，足下生根，任你用什么方法，使多大力气推他，他都稳如泰山，纹丝不动。他若推人，就像海浪整体向前拥着不停；他练成的大操功，全身上下，外柔内坚，如绵裹铁；武术界许多人都知道杨宝田功夫了得，是董老师的顶梁柱。

七、尊师重道不离不弃

他学了一身功夫，对师父感恩倍至，情同父子。师父说话，一言九鼎，师父家里的大小事他都协助处理。公私合营前，董老家里开洗衣房。徒弟们来先帮老师洗晾完衣物再去练功，杨宝田总是第一名去帮助打理。在那"说你是，不是也是；说你不是，是也不是"的动乱年代，老师和师娘被歹人诬陷家庭成分是"地主"出身，双双受到冲击，师娘被剪头发戴高帽拉去游街，师父在单位被隔离审查。杨宝田得知师父家里遇到麻烦，在这危难时刻，他不弃不离，下班后到单位去看望师父，然后又到师父家里安慰师娘。在那样的岁月里他一直这样坚持着，杨宝田做到了师徒患难相依、休戚与共、荣辱不分、不离不弃。他知道师父的大儿子在部队里是团级干部，相信部队里掌握的清楚，师父和师娘的冤案总有一天会洗雪，还师父一家清白的，挨到"文革"后期问题终得到澄清。

十年浩劫过去了，武术迎来了春天。宝田和我商量，春节想请同门老前辈来家里团拜，随着时代的变迁，老一代人已经不多了，他们每个人都是功夫的宝库，都有丰富的练功经验和许许多多的故事。我们要珍惜他们，尊重他们，认认真真地向他们学习请教。我们搞春节团拜，一为孝敬老师，二为加强团结。在那个时代，工资收入不高，口粮还是定量供应，杨宝田家里男孩子多，口粮较紧。而我家经济虽不宽裕，但孩子小口粮稍有结余。我们俩商定由他筹钱，我筹集粮票，在他家举办春节团拜会。这年春节请来十几位老师，每位老师又带来一二名学生，第一次春节团拜会有 30 多人参加，搞得热热闹闹，大家非常高兴，我们坚持搞了 6 年，老师们对此评价说："他们哥儿俩组织这团拜会不容易，俩人不但功夫好，人品也好，待人诚心诚意，尊师重道始终不渝，是董英俊老师的好徒弟。不像有的人，待人虚伪，食紧财黑，做什么事都只想自己占便宜，无利不早起。杨宝田的为人处世，是你们这一代人学习的典范！"

通过春节团拜会，进一步推动了尊师重道之风，增进了友谊，加强了团结，凝聚了人气，所取得的效果正是我们的初衷，也为我们诚心请教每位老师打下了良好的基础。

1986 年，师父已是高龄老人，宝田时常到家里去看望师父，后来师父病卧在床需要有人照料，家里人手不够，宝田让爱人到老师家精心看护师父，直至师父康复。

虽然已过去 30 多年，但许多事情依然如初。关于杨宝田的故事和人品，无论是在武术界，还是在朋友、同事之间，提起他的名字，大家都交口称赞。

忆七十年代练功的那些日子

20世纪70年代许多北京的拳师都受到"文革"浩劫的冲击，只有一些历史清白、家庭没问题、身心无碍的人还坚持锻炼。

在崇文门城楼北侧是有轨电车总站，电车到这里转弯调头，轨道中间有一块狭长的环岛，我老师董英俊先生，从20世纪50年代就一直在这个环岛练功。还有两位老师带学生在这儿练，东侧是练杆子鞭的张文平老师，西侧是练形意拳的董子英老师，那时候我也在那儿跟老师练过功。后来北京道路改造，把有轨电车道全拆了。因此，董老师等人坚持了20年的练功场地也不复存在，只好转移到同仁医院北侧的东单小树林内。这片树林新中国成立前叫"东大地"，是个可以起降小飞机的飞机场。新中国成立后植了许多树，成了一片树林。林内造景通幽，围栏成园，其中有许多打拳跳舞、休闲娱乐的场地。我记得当时常见的有通臂拳的王侠林、形意拳的董子英、练杆子鞭的张文平、螳螂拳的单香陵、戳脚拳的石怀普、太极拳的崇焕文，还有练气功的侯树英，传授抗癌气功的郭林，练八卦掌和练太极拳的就更多了。在"文革"运动中，北京城里练武之人多集中在天坛、龙潭湖、文化宫、中山公园、北海、美术馆、东单、宣武等地的公园内，东单公园是练功氛围比较好的。练三皇炮捶拳的老师就有好几位，董继荣老师、刘凤轩老师就在我们旁边场地练，就连袁敬泉、崔廷忠二位师伯在龙潭湖和天坛公园练完，也时不常赶到东单公园练功场地来给我们指导。我们老师的练功场地来的人比较多，常来的弟子有侯德山、李清秀、李炳尧、侯春明、王联铭、杨宝田、姚兴茂、邢兆禄、王少亮、滕贵瑞、张汉文、张宗义、张树庆等人，每天十多个人练，场地非常活跃。基本功练完之后，老师带着我们一口气儿打完五趟三皇炮捶拳，然后练刀、枪、剑、棍，各种器械练完之后，俩人一组再练操手、三手、四手、搧捶、挑掌、双挫、对练，平日每天两个小时练完，没一点闲空，练完立即换好上班衣服，骑自行车紧赶着去上班。赶上星期天，抓住机会追着老前辈学东西，这帮武迷们聚在一起似乎没有时间概念，一练就是半天。大家都练得差不多了，有时候德山师兄余兴未了，又练起他的狗熊爬、横竖叉、前滚翻，又是熊跑，又是熊打滚，然后围绕着一棵树爬上爬下，效仿狗熊的憨态，惟妙惟肖，逗得围观的人哈哈大笑。练到中午还难舍难分，非得老师催着赶着才散摊子回家。

有一天早晨，我到东单菜市场早点部买早点，买早点的人排着长队，我自然排在后面。忽然跑进来一位年轻人挤到前面加塞儿，不排队就要先买。排队等了老半天还没买上的人们七嘴八舌地喊着叫他去排队，他当没听见。这个年轻人有20多岁，高个头，块儿挺壮的，穿着一身军绿，正好在一位70多岁的老头前面加塞儿，老头说："大家都排了半天队了，你也到后面排队吧！"年轻人听着大伙冲他喊早就不耐烦了，眼前这位不起眼儿的老头直接叫他去排队心里的火往上翻，耍起赖说："老子从来就不知道什么叫排队！"老头说："你睁眼看看，排队买早点的哪位不比你岁数大呀，还充老子！跑进来就加塞儿，这也有点太不像话了！我这儿不许你加"。那年轻人抬手推搡老头两下，嘴里不干不净地骂："你这老不死的，活腻了吧"！老头说："你这年轻人怎么一点理都不讲啊？还伸手打人！"排队的人纷纷指责年轻人，我也跑过去看个究竟，围观者都是老年人，眼看老头被打没人敢过去拉。我实在看不下去了，上前一把抓住年轻人的胳膊拉到一旁，阻止了他再动手，让他消消气儿。那老头走到年轻人面前说："你利害！我惹不起你，我不买了，这个位置让给你，你买吧。"说完伸手轻轻拍了两下年轻人的右肩膀，转身出了大门。后面排队的人一看老头自己不买了，把位置让给了这个不讲理的年轻人，这事也就过去了，吵闹的市场也静了下来，还差两人就该到那位年轻人买了。突然这位年轻人哎哟哎哟地叫起来，左手捂着右肩膀，腰向右侧弯着，叫喊声越来越大，也顾不上买早点了，在屋里疼得转腰子。大伙见他刚才那么豪横，现在又变成这样子，觉得他又可气又可笑，没人理他。可他疼得满头大汗脸色都变了，他猛然想起刚才那个老头拍了他两下肩膀，便大声喊："刚才那个老头呢？老头跑哪去了？"他满屋子找，一直找到大门外，老头早没踪影了。

我亲眼看见了这一全过程，一头雾水，脑子里全是问号。买完早点来到东单公园练功场地，向老师讲了这件新闻。老师说那老头是位武林高人，这只是教训一下那个年轻人，无心伤害他。董师说："在外场地练拳，有旁人围观是不给学生说手的，这是老前辈们约定俗成的规矩。一般是单独在家里或在外面没有围观人的情况下才给说手。在外面若给说手，围观人群中什么人都有，学员还没弄明白，围观中的有心人学会了，连句'劳驾'都不道。不论哪天他跟人动起手来突然用上了，把人打伤打死，吃了官司，他说这招听你说的，既坏了你的名誉也害了他，若歹人学去了会给社会带来祸害。今天你遇到的情况正说明这个道理。所以，在外场地只是练练。这是现代了，搁过去镖局子这拳都不许在外面练，你想看都不让看。所以说只有背地里下功夫，老师都是给单个说手，这叫'艺不轻传'。学到点东西真不容易，你若得来的容易，你也就对它不珍重了。"

我们特别爱听老前辈讲拳理，说功法，讲过去的武林故事。可人和人不一样，有的开明，愿意给说，例如袁敬泉师伯就传给我们第六路三皇炮捶拳；崔廷忠师伯在没有人围观的时候就常给我们说说拳里的劲，手上是怎么操练功夫的。有的老前辈就比较保守，外号人称"炮捶刘"的刘凤轩师伯就是这样，刘师伯是京都会友镖局焦凤林大师的得意弟子，在会友镖局工作30多年。大伙都知道他功夫好，老先生就是脾气古怪，传拳不按拳路顺序教，他传三皇炮捶先教第二路，学员把这趟拳打好的同时还需练会横竖劈叉，以后才教第一路拳。他说第一路拳中手法太多，没磨磨你的性子绝不先教。学员练好二路拳，再练好横竖劈叉，至少也需半年，在这段时间里他在考验你的毅力、决心和身体素质，你经得住考验了，而后他才慢慢往下教。他是个怪老头，是个出了名的老保守。我们为向刘师伯求教，多次追到他家里，老先生就是背诵几句三皇炮捶歌诀，然后问你记住没有？你若说这歌您说了好几遍了，早就记住了。他叫你背一遍给他听，当你背完一遍后，他说："你行了，练去吧！"什么拳理、拳法、技法、功法、劲路一概不讲，要想得着他点东西太难了。

董师说："虽然现在社会不同了，但是在这方面还是老规矩，不过，作为同门的老师传授东西就不应太保守了。当年，我们一帮小师兄弟练的还不算好的时候，大伙追着大师兄王万芳，问他练拳时脚下如何站牢固？气劲怎样才能上来？王万芳拿糖，不给哥几个说。后来这帮子人自己练成了，万芳反过来追着这哥几个想给说，这哥几个谁也不稀罕了，万芳很后悔。所以，对自己门里人不要太保守了。像王联铭、杨宝田和你们几人，家庭条件都不太好，真心爱武术，坚持这么多年，作为老师这辈人没有不给说的道理。"我学大枪就是在董老师家院里，一招一式，气如何蓄放、劲儿如何发出、哪块骨头发的劲儿，都是老师手把手教的，边教边讲内经外形是如何运化，不同的劲力是怎么发出来的。老师是单个教人，自己是私下练功。而后，经过一段时间锻炼再去练给老师看，练到每式子，每个劲力老师点头认可为止。我练的大枪在武林界有较高的知名度，在中国武术研究院录制《武术世界》时，我练的"三十六点大枪"和"三皇炮捶拳"被选录其中。

我们学习道家龙门派剑法的第三路"钟馗十手剑"和第四路"三宵龙须双剑"，是段庶卿师伯85岁高龄，于每周二、四、六从城里虎坊桥乘公交车到朝阳门外水碓子我们家里来传给杨宝田和我的。为民族文化遗产薪火不断，代代相传，老前辈那份真情厚义，我们永远珍重，没有前辈们的精心培养，就没有我们今天的成就！

20世纪的六七十年代社会政治动荡不安，生活正处在困难时期，一般家庭日子都不好过，收入不高，口粮定量低。我们这个年龄段的人，在那个时代，家里上有老下有小，老的需要照顾，小的正在上学或入托，正是压力大的时候。没有家庭的支持，练功万万也坚持不下去。我的一条人造棉的练功灯笼裤要穿上好几年，练武费鞋袜，我只能托人买"解放鞋"穿。两口子都上班，爱人为了我能练功，承担起了全部的家务。有时候家人都睡觉了，我还去练功，甚至有时候还要找师兄弟一起切磋研究。我体会到，人若爱上了什么东西就像着了迷似的，无论在什么环境下都会苦苦的追求。几十年能坚持练下来，实属不易，以前哪有现在这么好的条件和环境啊！回忆起那段习武的岁月，感慨万千，仿佛一切都发生在昨天，历历在目。如今，前辈已去，他们把宝贵的民族文化遗产传给我们，我们这一代人都已是80岁上下的老人了，依然抱着一颗感恩的心，永远地缅怀他们！

我代表的是中华武林

习武之人无论是以公家名誉还是以个人名誉进行交流或传武，都是在弘扬中华文化，都是在为中华文化向世界的传播积累和沉淀。因此，习武之人时刻都不能忘记你代表的是中华武林，站起来顶天立地，言必信行必果，举止落落大方，处处彰显武德，时时为武林争光。只有这样，才不愧为习武之人！我在对外教学和交流的过程中曾发生过这样的小故事。

一、教大使馆官员习武

20世纪80年代，中国社会的开放改革给中华武术的发展带来了春天，立时在国内外掀起了中华武术热，神秘的中华武术也吸引着驻华使馆的外交人员。外交服务局文教处白处长对我说："法国大使馆武官处的一名官员要学武术，这个人不简单，他曾当过宪兵、还干过警察，练过拳击、日本的空手道。现在对中国武术非常感兴趣，曾经派了几位武术教练去教，到那里与他一试手不行，教不了他。他还要求我们服务局给他派教练，您能教他吗？"我随口答道："可以啊！我有办法教他。""那好，周三晚六点到法国大使馆去，有蔡老师给您当翻译，就这么说定啦！"白处长高兴地说。

届时如约到达法国大使馆，蔡翻译已经在门口等候了，他将我引入大厅，见到了这位武官处的官员，有 40 多岁，身材魁梧。我身高 180 厘米，他比我高出半头，看那个儿头足够两米高。寒暄了几句之后我直截了当地说："你喜欢在你决定学之前先试手，不过我有几个条件：第一，你和我动手不以外交官的身份；第二，比试三局两胜，双方可以任意出手，打伤各不负责；第三，你若输给我，你就必须认师父跟我学。我若输给你，我不胜任这份工作，转身回去。你若同意，由蔡老师作证人，我俩马上可以比试。"蔡老师翻译后他对我主动提出的动手条件表示同意。可能是由于蔡老师很了解他，所以蔡老师老的表情好像为我有点担心似的，我对蔡老说："您放心，我若没把握制服他，今天就不来了。今天要让他明白什么是中国武术！不然他总觉得没人教得了他。"简单说了几句，我俩在大厅里就比试上了。

　　这位官员脱去外衣，出左架做出拳击的架势，跳动了两下突然左拳连击我面部，我连续擦拉向后退两步，断定他第三拳必是长手重拳，果不其然对方疾出右手直拳击来，我待他手放出来，起右臂外接他右臂粘住向右后方画弧将他手化开，他手打空回抽，我手粘住不放，随着他手进去击他面部，手将触他脸即停。对方拳打空，见我的手掌却在他脸前停住，应打而未打，心里不悦，嘴里嘟囔了几句。蔡翻译说，他不高兴，认为我戏弄他，他不认输。我说："我手已到你面前完全可以打你，不打是中华武术人的武德，若打，恐会伤你。"那个人仍缄默不语。我对他说："你若不认输，可以再比！"对方点头同意。他又同前次一样出左拳连击我，紧跟着一个侧勾拳朝我头部击来，三拳疾风暴雨般几乎同时打来，凶狠猛烈，若被他击上，我非被打飞了不可。这回我出手也不太客气了，既要将他打出去，又不能伤他。其实，既然是打，伤他还不容易！但不能伤他，要让他输得心服口服。说时迟那时快，武术中叫作"打闪纫针"，我抓住他只顾上面，下面空档大的弱点，几乎就在他出拳的同时我换了步法，团身向下双手抱拳弧形向上拱起他手，瞬间我钻进他怀里又迅速向他胸前划下将他气打泻，变掌照定腹肋进步双挫。对方被我挫出，向后倒退三四步，最终还是站立不住跌坐在地上。他困难地往起爬，我有点不好意思，赶忙过去伸手往起拽他，可他却借我之力起脚欲蹬我腿，我反应敏锐，向下一撤把手抽回，将他"扑通"墩在地上。他笑着无奈地爬起来，跟蔡老师嘟囔了几句，然后蔡翻译跟我说他认输了，我说："还差一局呢！接着来。"蔡老师翻译给他，这位武官又对蔡老师嘟哝了几句。然后蔡老对我说："他说他认输了，他认识到了中华武术的厉害，心服口服认师父。"蔡老师给我翻译完，那位外交官恭恭敬敬地站好给我鞠了一个躬，学起了中华武术。

事后，我将情况汇报给外交服务局，白亮亮处长说处理得很好。不过，他说布吉纳法索使馆还有一人，叫"布海玛"，和法使馆那人的情况差不多，派去的教练他都看不上，他不学现代竞赛套路，他说用不上。他练过空手道、跆拳道、巴西摔跤，会的东西不少，还会一些汉语。现在就想学中国功夫。白处长说："希望您去教他，不然，他笑我们武林没人，宣传的都是假的。"我受白处长之托去了布吉纳法索驻华大使馆，见到了那位叫"布海玛"本人，他跟我的个头差不多，黑黝的面颊一笑露出满口雪白的牙齿。正值夏天，他身穿背心，下面穿着大裤头，脚上穿两只旅游鞋，裸露部分皆是坚实的肌腱块，没有一点多余的肉，是个练功人的样。怪不得他辞退了好几位练竞赛套路的教练呢！凭着我的眼力判断他是个力量型的，我心里也就叠好了谱。他见到我，也不多说话，只是咧着嘴憨笑。我向他伸出右臂说："你能将我这胳膊弄弯吗？"他没有答话伸手抓住我的胳膊用力猛撅。我用上太极拳的沉黏劲儿任他随意撅，不管他怎么用力撅，我的臂就是弯不了，两只手撅了好一会儿，累得他浑身冒汗，我的胳膊还是弯不了，他泄气了，松开手笑着，用带着洋腔的汉语说："你有功夫，我要跟你学。"我哈哈哈地笑了。一声"跟你学"，一下就是三年，临回国时他约我一起合影留念。

有时候我静下心来仔细想一想，这算什么？凡是真正习武之人，事情换了谁都会发自内心的这么做，都会比我做得更好。因为既然出去了就不是你个人的事，你代表的是中华武林，这个名誉比生命都重要！

二、切磋彰显武德

2002年我到澳洲墨尔本探亲，我的澳大利亚学生戴仁带我去一家拳击武馆参观并交流切磋。这家拳馆设在公路大桥下，从外边看拳馆不大，进到里边却不小，有5个100多平米的训练场地，设备齐全，应有尽有。来这里锻炼的人很多，有的练基本功、步法、各种器械，有的进行实操对打，都是按时按量练习，非常认真。经介绍我们认识了拳馆的负责人，说明了来意之后他向我们简单介绍了拳馆的情况，然后领着我俩参观他的拳馆。我不会也不懂拳击，一边参观一边仔细观察拳手们的出拳方式和规律，试图找出他们的弱点。参观完了通过我的学生翻译跟他介绍了中国武术的指导思想，习武的武礼、武德，跟他进行交流。那位负责人问可不可以切蹉？我说："可以切蹉切蹉！"过一会儿那位负责人找来一位拳手和我切磋，并介绍说他是他们拳馆练得很好的拳手，曾参加过国家和洲里的比赛，获得好成绩。我一看这个拳手壮得像头野牛，满脸的络腮胡茬，两臂和胸前长满了黑乎乎的体毛，辨别不清他的年龄。从体重上看比我重将近20公斤，那时候我体重只有75公斤，我俩体重根本不是一个级别的。我暗自琢磨：这位负责人是为了他拳馆的名誉找来高手与我切蹉呢？还是看不起中国的武术，看我块头小，用这只野牛来对付我，抑或许是投石问路？想来想去一时搞不清楚，可能什么原因都有吧！别瞎琢磨了，既来之就得有思想准备，对方绝不找一个弱者来与我切磋，因为他们还不大了解中国功夫。今天的切磋可能很艰苦，我提醒着自己，凡事要小心为妙。

由于语言交流的不便，简单礼节两句之后就进入了切磋状态。他亮出了左架拳击架势，我跟他对着站，出右脚不拿架势，他以左拳点逗我两拳，我连续拉步向后撤退。他紧逼又是两拳点我，我还是不还手拉步向后撤。他看我不出手以为是我胆怯了，他放开了手脚大步向我逼近，使出一套点拳、直拳、左右侧勾的组合拳攻击我，我还是连续擦拉步向后退。我判断他很快会沉不住气而产生急躁情绪，那样出手虽会猛烈凶狠，然而也极易产生破绽，

作者在澳大利亚墨尔本跆拳道武馆与馆长伯资库尔特合影

只要被我抓到破绽他就输定了。情况果真如此，他一个左直拳打空，右直拳闪电般地击来，几乎就在他出右拳的同时我起手托捋他右臂，我右脚向右后方撤步同时顺势转体，我借他的劲向后一捋，对方用力过猛，又被我一捋，身体失去了重心向前窜奔过去，没料到我身后是他们的练功吊袋，那头野牛一头撞到吊袋上，将吊袋撞得悠荡起来，他站住了脚摇晃了两下脑袋，转过身来说："No problem！No problem！"（"没问题！没问题！"）我赶忙说："对不起，实在对不起！"要是一般人头被撞晕也就不再动手了，可他"No！No！"地说了两句要求再比试。我估计他不大服气，想找回面子。我说"可以，来吧！"他摆出拳击架势又是双脚左右跳动，突然窜入，两下点拳紧接着凶狠的右直拳唰地朝我面部打来。我已掌握了这个出拳的规律，在他出第三拳的同时我已向左侧轻移脚步，同时起左手疾贴住他右臂向右后方画弧化开他的直拳，右脚抢占他中位，右拳在下面轻撩他裆部，动作在瞬间完成。他感觉到命根被击，急收裆向前躬腰。其实我撩裆是假的，我乘势向上提拳轻击其下颌，他又疾向后仰头，我的拳头已提到他的脸前，要凭他对我出手那么凶狠，我这一拳就应该毁了他的脸，可我的拳冲着他的脸停住没打。这一切瞬息万变，他已没有机会化解还击了。拳馆的负责人看在眼里急在心里，大声地喊："OK！OK！"我收了手。我对他们讲："我三拳都是若虚若实，这第三拳我若打下去，你的脸就惨了！我不打，这是中国习武之人的武德。中国人做事、处理问题，都讲究一个'中'字，恰到好处，过犹不及使你懂得其后果不敢造次就行了。中国武术以强身健体、防身自卫、修身养性为主，三项兼顾，尤以武德修养为重。"通过翻译他们听我说完，赶忙紧紧地握着我的手说："Chinese kungfu is very good！"我那学生给我翻译说："他说中国功夫很好！"我说："谢谢！"我心说倘若我输了，中国功夫还好吗？是因为我胜了，应打而没打你，你们才说出"中国功夫（武德）很好"的！你有你的打法，我有我的打法，即所谓"拳打两不知""人不知我，我独知人""知己知彼，百战不殆"。进门参观先了解你们练的发力和出拳规律，做到心中有数。我不按你的规律出牌，善于抓住时机，有所为，有所不为。该出手时就出手，焉有不胜之理？

三、让西人感受中华武术之博大精深——访空手道武馆

由于日本的空手道传到澳洲比较早，所以这里练空手道的人比较普遍，空手道武馆也比较多，但他们对中国武术了解很少，甚至很陌生。一日，我和澳洲的学生戴仁去拜访一家比较有名的空手道武馆。这家武馆坐落在墨尔本市东部的一个小区，地名我记不清了，武馆建的依山就势，有上下三层十几个训练场地，健身房里各种训练设备齐全，应有尽有。一进门是个大厅，这大厅上下三层通透，各个房间场地都有监视系统，在大厅里通过大屏幕全都可以看到各场地的训练情况，这是我第一次看到这样好的武馆。这里的馆长也是该武馆的总教练，是个意大利裔的早期移民。他热情好客，说话非常客气。通过交谈他说他很喜欢中国武术，但是对蹿跳腾翻的比赛套路能否实用表示怀疑。对中国香港、中国台湾、马来西亚等地传过来的中国传统功夫，他很赞赏。我向他介绍了中国民间的传统武术博大精深，都有数百上千年的历史。但是，由于东西方文化的差异，我讲的很难翻译，他们不懂。他让翻译跟我说："能否让我感受一下什么是精深吗？"他这一突如其来的提问使我一时成了"丈二和尚，摸不着头脑"。我想：若与他用一般手法切磋，难以体现中国功夫的精深，若用重手，很可能造成伤害。究竟该如何回应他这个问题呢？正在踌躇中，我的学生戴仁在旁边说："我怕老师出手重伤到他，我看就别动手了吧！"这又是一个更大的难题，不动手怎么办？忽然，脑子里一亮"内功"，对！用内功可以叫他感受到中国武术的精深。

我对戴仁说："你告诉他，可以不动手让他感受一下中国武术的精深。"戴仁用英语跟他说完，他非常高兴。我让他放松站好，将两掌心朝上，两眼看着自己的手心就行了。他按我说的站好了，戴仁在他旁边大约1米远的地方，愣愣地瞧着我如何不动手就能让他感受到中国武术的精深，因为戴仁也不知道我用什么办法。我站在离武馆教练2米多远的地方，三人静静的谁也

作者在澳大利亚空手道比赛大会上表演中国功夫后与友人合影

不说话。说实在的,内功是玄之又玄的功夫,从外表上你看不到什么。片刻间我用意念将对方纳入我的能量场中,他的一呼一吸,一举一动在我这里都有感应,我拿过他的内气受我控制。我这样做不为与之比较强弱高低,而是为了宣传中华武术,让他们对中华武术有永远追求不完的神秘感、惧怕感。

突然,我用意念在他手掌里画一个圈,这位馆长惊诧地"哇!哇!"叫了起来,我连续画了两圈,紧接着又画了一个"十"字,最后在他背后从头到脚划了一下。他"哇!哇!"地连叫了好几声,站在那里不敢动。他问戴仁:"这是怎么回事?手掌里会动,身上全麻了?"我告诉他:"这是你的内气被我拿来了,听我的指挥了。若伤你极容易,不用出手打你,这就是中国武术精深的一面。"听完这话,他既惊奇又害怕地对戴仁嘟囔了几句,戴仁翻译成汉语跟我说:"他说天呐!中国功夫太神奇啦!两人也没接触,竟然会这样!真不可思议。我的气被你拿去还能还给我吗?"我告诉他:"我会还给你的,你还用动手比试吗?"他连连摇着头说:"NO!NO!"我告诉他这是中国功夫精深的一个方面,在中国武术界会这样功夫的人很多。

后来我又走访了几个跆拳道武馆,有一个土耳其裔著名教练,曾担任过多次国际跆拳道比赛的裁判长。他听说了我的故事,对我非常尊重,请我和他合影留念。通过他们的口碑,许多人对中华武术有了进一步的了解,同时也产生了兴趣。他们请我在澳大利亚国际空手道比赛大会上表演中国功夫,这进一步扩大了中国功夫的影响力。

武术传承

给宋志平、谢志奎二位老师贺寿有感

新年伊始（2010年1月2日），我应邀参加了宋志平老师90大寿和谢志奎老师80大寿的寿诞庆典。宋老和谢老都是北京武术界德高望重的老武术家。

我见到宋老师首先祝贺您说："祝您生日快乐！"宋老师从容地站起身，满面春风地握住我的手问："好久不见了，你上哪儿去啦？"我向您介绍了我的近况，并说："您90岁高龄腰板不塌、腿脚利索，精气神蛮好哇！"宋老师告诉我："还行，我耳不聋，眼不花，拿起报纸就念，不戴老花镜。每天早晚散步练功抬腿就走，检查身体五脏六腑没毛病。"您说着话两手左圈右斩，右圈左斩，连续做了两个单操动作，干净利落、出手神速、呼呼生风，并且双眸神光熠熠。到了这把年纪还能如此，实令我赞佩不已。

我与宋老师的相识要追溯到1955年，当时我十几岁，是老师的小跑腿儿。那时候通信还不像今天这么发达，交通也没有如今这么便利，到哪儿去要是有一辆洋车（自行车）就相当不错了。我正是有这样一个条件，对北京四九城又熟悉，所以，老师逢年过节、有事相聚需要送帖请人，多数都是交给我去跑。那时候北海后门四民武术社的吴子珍老师处、朝内南小街北口永年太极拳社的崔毅士老师处、东四甘雨胡同健身武术社的王达三老师处、东华门大街健身武术社的宋兰坡和宋志平老师处、崇文门外板厂胡同火神庙群众武术社的王培生老师处、八面槽的少狮会、王府井北大街的杂技班子，以及西城区厂桥的吴斌楼老师处、朝外元老胡同下四条的常振芳老师处等地方，我经常跑来跑去。论辈分，我管吴斌楼老师叫师大爷（师伯）。后来我曾向吴老师请授了一趟"少林鞭"，向常振芳老师请授了一趟"四路查拳"。也就是在这时期我认识了宋志平老师。不过那时候宋老师已是身手矫健、举止潇洒、英姿飒爽的中年汉子，我只是个不引人注意的十几岁的孩子而已。然而宋老师真诚待人，满身正气的特点给我留下了深刻的印象。这些事儿虽然已经过去了半个多世纪，可在我脑子里就像昨天的事一样，依然鲜活鲜活的。

1958年，由于学习环境的变化，我离开了京城。光阴似箭，日月如梭，再见到宋老师已是20世纪80年代宋老师任北京市朝阳区京华武馆馆长的时候了。京华武馆和我们团结湖培训中心之间的互动往来，更增加了我们之间的感情。

宋老师出身武术世家，其父是京都有名的"燕京怪侠"宋兰坡。宋老师自幼随父习练花拳、八卦掌、太极拳，后拜形意拳师王金山为师，1952年随父在北京东华门大街开办健身武术社，1959年被北京市青少年业余武术学校聘为教练，"文革"后应弟子之请任北京市朝阳区京华武馆馆长，直至京华武馆拆迁，宋老师才离开武术教学工作。在几十年的传武授艺生涯中，宋老待徒如子，对学员、弟子不分贫富贵贱皆以诚相待。他对名和利看得很淡，经常做些济世救人的事，对已入门的弟子不收任何费用，对家境困难的学员免收学费，对特别困难的学员还提供食宿帮助。有个困难的学员回老家前宋老师还将被褥送给他带回家。据我所知，宋老师在京华武馆时，在京的弟子每月定期必到武馆去看望老师，各带酒水食物孝敬老师，同老师一起吃顿团圆饭。弟子中有好几位是从七八岁就跟着宋老师练的，几十年不离不弃、荣辱不分、贵贱不嫌、不忌不怨、终身相依。师诚徒义，水乳交融。花拳研究会会长董文玉，每次去看望老师都要为老师换衣服、洗脚，备好换季的衣物。即便宋老师住进了北京市朝阳区社会福利中心，离她有四五十里路远，她依然常去关心老师的身体，照顾老师的生活。她常说："师父膝下无儿女，我就是他的女儿，师父就是我父亲。师父几十年如一日把我培养成人，不容易。他待我们跟自己的儿女一样，对师父尽孝道是弟子应该做的。"

宋老师传武育人，因材施教，培养出大批武术英才，为武术事业的发展做出了贡献。例如：曾获全国武术比赛全能冠军，后任北京市宣武区体校教练的方士绵；曾获全国武术比赛第一名，跟随周总理外访多个国家，后任陕西汉中武协主席的杨僧宝；曾获全国武术比赛第三名，任花拳研究会会长的经本愚；曾获全国观摩交流赛雄狮奖，任北京市西城区体校教练，后调到国家体育管理局武术运动管理中心工作，并担任花拳研究会第三任会长的董文玉；曾获市级比赛第一名、全国观摩交流赛雄狮奖，后任北京市宣武区体校教练、花拳研究会副会长的郭双凤。他的主要传人有纪明谦、常金福、果嵩山、葛林、霍根群、赵家强、邵卫勤、秦永祥等。

我与谢志奎老师也是多年的老朋友，近年来我们都忙于走出国门弘扬中华武术，见面的机会很少，这一晃几年过去，谢老师已是80岁的老人了。他还是精气神饱满、慈祥和善、和蔼可亲，微笑总在脸上的老样子。谢老师老伴的生日与谢老师相差10天，今天也在一起过了。谢老师夫妇对宋老师非常敬重，逢年过节都去看望老师兄，见面拉着手问寒问暖且聊呐！还关照老师兄的生活。师兄弟俩数十年休戚与共、患难相扶，感情比亲兄弟还亲。

我记得在20年前我和刘学勃、钟国麟、孙志君、齐谋业、宋老师、谢老师等人在一起拍摄《中国传统武术大全》教学录像带时，我有一个动作做得不理想，谢老师看出后热心真诚地提示我，使我得以改进提高。这件事至今我都记忆犹新。

这两位老师几十年辛勤耕耘、栽桃育李，不仅使花拳人茁壮成长、花拳的队伍迅速壮大，也使花拳传到了海外，在世界各地生根开花，从而为弘扬中华武术做出了重大贡献！然而，正像花拳研究会会长董文玉女士所说的那样，"花拳人一直是低调的，从不张扬。花拳人也是飞鸽型的，分布在国内外的武术园地中默默地奉献着！"今天来给二老祝寿的除请来的几位老朋友外都是花拳门人，三代同堂，其乐融融。共同祝福两位老师寿比南山，幸福安康！

  我曾经有幸参加过武术界许多位老师的寿诞活动。例如张文广老师 80 大寿、孙剑云老师 88 大寿、刘学勃老师 80 大寿、李秉慈老师 70 大寿，李秉慈老师的 80 大寿我没在北京，今天在二老的祝寿庆典上李老师见到了我，拉住我的手说："到处找你找不到，你没赶上我的 80 大寿活动，大伙怪想你的。正好，我带来了几本书，给你补上！"李老师在书的扉页上认真地题字签名，郑重地将书赠给我。我也参加过董海川、杨禹亭、吴斌楼以及马汉卿等老师的冥寿纪念活动。我还亲自组织过袁敬泉老师百岁华诞活动。可以说，每场活动都相当有意义。

  我认为这些活动充分体现了北京武术界"尊师重道"的传统美德。我们中华民族传统道德讲的就是"百善孝为先"，弟子孝敬老师、晚辈孝敬长辈、后人孝敬前人，体现的就是中华民族的传统美德。这些活动无论形式怎样、无论规模大小，都体现了孝道这一传统美德。

  祝寿也是一种文化传统。自古至今办寿都是件大事，它承载着深刻的文化内涵。办寿要发寿帖、送寿礼、贴寿联、给寿星老拜寿叩头。叩头时要说祝寿词，例如"福如东海长流水，寿比南山不老松""福寿安康""健康长寿"等等祝福的话。至于寿礼，多是与祝福长寿健康有关的字画及各种艺术品，例如寿桃图、白猿献寿图、寿星图、松寿图，以及各种字体的寿字或福字等。寿宴上要吃长寿面以及寿桃。比较讲究的人家还会请人唱戏、表演杂耍、演各种文艺节目来祝寿。如今传统的祝寿文化又融入了一些西方文化的内容，比如唱《祝你生日快乐》歌、戴生日皇冠、吹蜡烛许愿、吃生日蛋糕等，这都有讲究，可以说是中西合璧了。武林界还要赞颂老师、老前辈的高尚品德，追求武学真谛的执着精神，孜孜不倦传武育人的胸怀，以及为武术事业所做的贡献，以教育后人向他们学习，继承他们的美德，传承他们的技艺，弘扬中华武术。

  祝寿活动不光是一种礼仪，让人们借之以表达对先辈、老人、老师、朋友的祝福，而且还是一种教育方式，它让人们体会到了尊老爱幼、尊师重道是一种美德，从而受到传统文化的洗礼和教育。武术的传承也不仅是技艺的接继不断，更重要的是武德的薪火传递。只有让武技和武德代代相传、薪火不断，中华武术才能有强大的生命力！中华武术能在今天得到弘扬和发展，都是前辈人卓绝努力、不断传承薪火的结果。纪念先师、赞美前辈体现了后人"吃水没忘挖井人"的感恩精神。没有他们的昨天，就没有我们的今天。感谢先师、前辈对我们后人的栽培、教育之恩！每一位先师、前辈都是一座丰富的武学资源宝库，尊重他们，学习他们的丰富经验，继承他们的武技武德，开发他们的宝贵资源，不使资源白白地流失，这是我们后代人的责任。

　　如今，中华武术已走出国门，且道路也越走越宽。特别是太极拳，在国外已成为中华武术的代表符号。中华武术已是人类非物质文化遗产，但在新的形势下如何保护好这份遗产，如何使它薪火不断地传承下去，如何将它发扬光大，还有大量工作需要我们去做，前途光明而路漫漫！祝愿武术界的老师们永远健康长寿！愿他们为中华武术事业多做贡献！

武林收徒古今谈

现代人多数对武术界传统的收徒仪式及其内涵了解甚少，以为跟谁练了就算是谁的徒弟了，其实不然。俗话说，"各行有各行的规矩，没规矩不成方圆。"收徒传艺是件大事，哪能轻易地就成师徒关系了呢！

传统上正式收徒是件很严肃的事，历代都很重视。自古相传，结成师徒关系的前提是要师访徒三年，徒访师三年，有人推荐，有人作保，这才能开门收徒，由此可见收徒的严格性和拜师的严肃性。

所谓"三师引路"就是，进武门要有举荐的介绍人，叫荐师；为入门弟子担保的保人，叫保师；传授武艺的艺师，叫师父，这叫"三师引路"。只有三师齐全，才能开香堂收徒。"香堂"即摆放供桌香案的大堂，通常在厅堂正中悬挂祖师爷的画像，八仙桌上供放着历代先师、师祖、师爷的照片或牌位。师父为主人，坐在八仙桌的右首；荐师、保师是客人，坐在八仙桌的左首。左为尊，表示对客人的尊重。八仙桌表示四面八方，桌上一炉香，寓意文武一家。左、右分放着两只插好蜡的烛台，寓意少林、武当，又寓为内、外两家。

收徒仪式由聘请的司礼师主持，司礼师大多为资历较深、既严肃又有组织能力的老者。司礼师宣布收徒仪式开始，师父首先点燃三炷高香，虔诚地叩拜，告慰天地、神灵、祖师、历代先师，然后回坐在八仙桌右首。司礼师宣念新弟子名字，新弟子依次列队站好，拜师帖由一人领念，其他弟子合念。念完，新弟子依次报唱自己的名字。司礼师宣布新入门弟子向师父呈递拜师帖。拜师帖是用黄纸做成的宽4寸，长7寸，叠为四开的帖子。帖子上写着徒弟的名字，生辰八字，入门年月日，拜在某某师父门下，本门传承师祖、师爷姓名，以及徒弟的艺名（有的门户不讲艺名，有的门户有字序排辈的艺名）。有的拜师帖还附有学艺条件，如同"合同"一般。新弟子依次给师父跪下，双手将放好拜帖的铜茶盘举过头顶，表示敬师如天。师父接帖后，弟子首先叩拜师父（一跪三叩首），然后叩拜师爷、师祖、祖师爷（一跪三叩首），最后叩拜荐师、保师（一跪三叩首），以上称作"三拜九叩"（一次入门人多可集体行拜礼），最后作揖拜见各位师兄、师弟，拜师入门的礼节才算完毕。有些拳种同辈人按进门先后排大小，唯三皇炮捶门同辈人不分进门先后，按年龄排大小，故没有小师兄、大师弟之规矩。

武术界有的拳种门户，收徒异常严谨，从不公开，且有"言祖不言师"之说。由于过于严格，因此门户窄小，难以弘扬。

新中国成立后，随着时代的变化，武术界大多一改昔日之旧规，收徒仪式也与时俱进了。但各门户行制大同小异，收徒仪式仍然保留着如下传统：

一、收徒仪式的严肃性

现代武林界开门收徒，仪式都非常庄重。我曾参加过多位老师的收徒仪式，大多数已不设历代先师牌位了，有的仅悬挂师祖遗像，但按旧规开香堂收徒的也还有。如今，"保师"已没有了，"荐师"已经变成"见证人"了。授艺师先向祖师牌位（或照片）上三炷香跪拜，默默禀报列祖列宗："弟子为弘扬武门，延续薪火，今收xx名学生正式拜入xxxx门，叩请列祖列宗保佑，弟子xxx虔诚叩拜。"磕三个头，礼毕就座。然后，由司礼师宣读新入门弟子名字，新入门弟子依次站好。司礼师宣布："由新入门弟子代表领念（收多名弟子时合念，然后依次报唱个人名字）。"老师接帖后，弟子行拜师礼。将"三拜九叩"的拜师礼改作"三鞠躬"，也有的依然沿用"叩头礼"拜师。行礼先拜师父，后拜师爷，再拜师祖，最后拜见证人、谢拜全体来宾。同门内的其他人在酒宴上另行见礼介绍。现代的拜师帖有的有固定模式，但多数没有固定模式。拜师语的内容大致是：为什么要拜这个门户？为什么要拜这位老师？对入门后如何继承和弘扬本门技艺、恪守门规等问题进行表态，并将自己的出生年月日、籍贯等个人情况写在拜师语下面。新型收徒仪式，有的还发"拜师入门弟子证书"的，证书上有老师和见证人签名，更重要的是拜师集体合影，每人一张照片，留做拜师证据，总之都比较严肃、认真。

二、师徒关系的确定性

自古以来，弟子有三种：一是记名弟子，他们没拜过师，一般是学校或辅导班的学生；二是入门弟子，他们是经过正式递帖入门拜师的弟子；三是入室弟子，他们技艺水平高、老师推崇认可、能承师衣钵，也被称为"登堂入室弟子"，是门派传承的主要代表人物。三种弟子表面上教习相同，没有厚此薄彼，然而入门弟子和入室弟子追随老师的时间却是一生一世，老师会根据弟子的悟性和多方面的情况，传授拳艺中的奥妙真谛，弟子有继承、发扬门户之誓言，故所得技艺深且宽，其名必列入传代谱中。

弟子一经拜师即与师父确立了师徒关系，所谓"一日为师，终身为父"。"师徒如父子"，而父子关系就是一生一世的。为徒者，应贤达孝顺、侠肝义胆、正大光明、尊师重道、继承师传、保门护道、患难相扶、休戚与共、荣辱不分、贵贱不嫌、不忌不怨、终身相依。师徒之间，师诚徒义，水乳交融，共存共荣。

正式入门拜师的弟子是被武林界所认同的。未入门拜师的弟子与老师之间的关系是普世传习的师生关系，称"记名弟子"，不具有师徒关系中所涵盖的内容。记名弟子只称作"学生"，不是正式入门弟子，是不记入正式传代谱的，这早已是武林界约定俗成的事情。

三、收徒仪式的教育性

正式收徒有很深的教育意义。传武育人，将立德树人放在传武的首位。传武是途径，育人是目的。传武先传德，武以德彰，强调"德艺双修"。通过传授武艺，培养对国家、民族、社会有用的人才。如果习武者缺乏武德，武功越高对社会危害越大，故武德教育是贯彻传艺始终的。收徒仪式的本身就具有很好的教育意义。收徒仪式上老师宣讲本拳源流和本门门规，进行三教规法的武德教育，对弟子提出要求和希望。然后，新入门弟子讲话表态，必讲"尊师重道、崇尚武德、遵纪守法、恪守门规、为继承和弘扬本门拳艺而奋斗"之类的誓言。

武术是讲"儒、释、道"三教合一的。"儒"是指儒家的思想、道德；"释"是指佛家；"道"是指道家。儒家的思想、道德、礼仪，再加上佛、道两家的"戒规"，合为习武之人的思想观和道德观。收徒仪式上"儒、释、道三教规法"是依据中华民族的传统文化生成，强调爱国爱民、匡扶正义、遵纪守法、尊师重道、敬老爱幼、团结和谐、文明礼貌、利人利己、诚信做人。这些儒学、佛学、道学的理念精髓，是中华民族传统文化的重要内容，是规范人们行为，提高人们心性的教育学宝典，许多内容也是我们今天社会所提倡的。而适当改造一下传统使之为今所用，让武术成为培养国人健康观和人生观的有效载体，无可非议。

四、收徒仪式的开放性

武林界开门收徒历来是开放的，极少有关门收徒的。首先，收徒授艺是武林界的大喜事，非只一门一户之事，邀请武林界各门各派的老师、同道一同见证，一同庆贺这是规矩。其次，开门收徒也是为了让新弟子能得到武林界的关照，因为同为武林同道，本应加强团结，多亲多近。我几次收徒，除邀请本门老前辈和同门人之外，又特别邀请了京城武林界许多著名武术家和朋友一起见证、一同庆贺。如通背拳名家王侠林、杨启顺、钟国麟，孙式太极拳家孙剑云，吴式太极拳名家王培生、李秉慈、王举兴、马长勋、马金龙，张全亮，陈式太极拳家冯志强、田秋田、杨式太极拳家曹彦章，花拳名家宋志平、谢志奎，戳脚翻子拳名家刘学勃、石怀普，武林名流董兴华、郑天翔，八卦掌名家马传绪、刘敬儒、孙志军、朱宝珍、崇焕文、阎信茂，形意拳名家骆大成、牛宝贵、唐振荣、徐裕才、邱国勇；鹰爪翻子拳名家芦殿华，八极拳名家王世泉，劈挂拳名家董世明，查拳名家刘鸿池，米祖拳名家张益明，意拳名家崔瑞斌、姚承光、姚承荣等，都曾应邀来参加我的收徒仪式。

我也曾参加过孙剑云、袁敬泉、王培生、刘学勃、祖仲惠、张山、李秉慈、孙耕辛、曹彦章、田秋田、刘鸿池、蒋林、周世勤、李顺波、马金龙、崔仲三、薛文英、王连吉、侯春明、徐汉元、王义钧、杨宝田、侯德山等诸多位名家的收徒仪式，都是开放的。这彰显了武术界各拳种之间的团结，是武术界的优良传统。

五、收徒仪式的喜庆性

开门收徒是武林界添人进口、增加新鲜血液的大喜事，同时也是一种文化传承。各位来宾致辞、送字画条幅表示祝贺，大家在一起合影留念。主办方根据不同条件准备一点水酒便菜，宴请宾朋。席间老师首先向大家敬酒，感谢诸位来宾，接着新入门弟子集体给老师敬酒，给各位来宾敬酒，相互交流沟通，促进感情，合影留念。还有的安排一些武术表演、即兴唱歌跳舞等文艺节目，热热闹闹，形成了一种文化氛围。

古往今来，武林界都是非常重视传承礼仪的。有的人把传统收徒仪式视为封建规法一概加以否定，我是不能苟同的。我认为传统的收徒仪式及其内涵是中华民族传统文化的具体表现形式，传承乃天地之大德，只有薪火代代相传，中华武术才能生生不息，才能有强大的生命力。传统的正式收徒仪式不应全盘否定，时代虽然变了，但中华民族的传统文化不应丢弃，应该在保留传统的基础上对礼仪形式和程序做一些适当变化，形成现代新的收徒仪式。

　　无论社会如何发展，对祖辈和师长的崇拜和尊重都是对的，都是应该的、必须的，给祖宗和师父跪下叩头自古至今都是无可非议的，不能把这视为封建思想。入门拜师、递帖拜师都是传统的传承形式，是必要的，不可以都是普世的点头学生，否则会淡化武学传承的严格性和严肃性，同时也会逐渐断绝中华民族传统文化在武门的传承。

德高孚众望，俊杰育英才
——缅怀恩师董英俊先生

北京市武术运动协会委员、北京市武术运动协会三皇炮捶拳研究会名誉会长、辽宁省锦州师范学院武术运动协会总顾问、著名三皇炮捶拳家董英俊老师，于1996年12月26日与世长辞了，但他的音容笑貌却依然浮现在我的眼前。"三皇炮捶拳乃周身之法，精、气、神、劲、意、形合一，内养外练，性命双修，是我拳之根本""练武尚德，德武并重是习武之人的准则"，老师的谆谆教诲，仍时时在我耳边回响。

提起董老的名字，武术界人士无不对他高超的武功赞叹敬佩，无不为他高尚的武德钦羡景仰！

董老是北京人，1911年6月25日生于通州马驹桥西田阳村的一个武术世家，自幼喜拳弄枪，1924年赴京学艺，拜京都会友镖局著名武术家"大枪侯金魁"先生为师，深得三皇炮捶拳和大枪真谛，又受师伯白云峰大师厚爱，得授道家"龙门派剑法"、"无极刀法"、"支槅大拐"以及"梅花双镰"等稀世兵器的独特技法。董老拳架工整、舒展挺拔、气势威猛，具有严、整、灵、快，刚柔善变，精微独到之特点，造诣颇深。董老25岁在京成名，独领三皇炮捶拳风韵。他演练的大枪，更是超群绝世。枪重20余斤，长丈八开外，舞动起来如游龙戏水，劈、砸、滚、翻，神力显现；粘、黏、连、随，微妙至极；崩、挂、点、扎，威猛洒脱，被武术界誉为"大枪董"。

董老对发展武术事业强调"以人为本"的思想，他常说："人是一切事物的中心，再好的技艺没人去继承，培养不出人才来，也是不能发展的。"见到我们第一句话每每先问："你那里学生怎么样？带着多少人？"董老传拳，广收学子，精心选苗，集体教拳，单个传功，因材施教。根据个人身体素质和悟性，传授不同的功夫，使每人都有自己的风格特点。他在传艺中采取练拳与练功相结合，练拳与理论相结合，功拳与实践相结合的三结合方法，培养了一批又一批人才。1938年董老创办了北平市第九国术教习所，亲任所长。在教功中他耐心细致地做每一个示范动作，反复讲述拳理

董英俊老师演练大枪"太公直钓势"

和招式中的攻防含义。董老曾在北京崇文门内的东单公园、天安门前的历史博物馆、前门和家中等多处场所传艺。古稀之年，他又应邀远赴辽宁省讲学传艺，并被锦州师范学院武协聘为总顾问。董老授艺一生，从艺弟子和入室弟子不计其数，遍布大江南北，真可谓桃李满天下。董老的儿子董洪岐、董洪林继承了武术世家的光荣传统，也在为中华武术事业默默地做着贡献。

为使三皇炮捶拳这枝武林奇葩永世芬芳，民国二十七年（1938年），董老将侯金魁师爷传给他的手抄秘本《三皇炮捶拳谱》拿出来会同张华甫师弟共同出资40块大洋，印制了40本书，送给入门弟子。该书成为当今仅存的《三皇炮捶拳古谱》，对这门拳术的推广和发展起到了重要作用。

新中国成立后，董老很希望三皇炮捶拳这一古老的艺术能再放异彩，为

祖国的建设服务，为人民的健康服务。1953年董老曾到军委排练场为毛主席、周总理、贺龙等党和国家领导人献技表演。1956年，社会主义建设高潮到来的时期，董老在首都人民庆祝活动中再次献技，表现了武术家的慷慨热忱和爱国精神。1982年8月25日，董老出席了在人民大会堂举行的武术家座谈会，他说："我要在有生之年，把自己的技艺献给祖国和人民，为实现四个现代化和两个文明建设多做贡献！"

董英俊老师演练大枪"白蛇淌地势"

董老非常关心三皇炮捶拳的发展问题，他反复翻阅老拳谱，认为老谱层次混乱，文字误漏多，无注解无图示，晦涩难懂，于是就产生了写一本图文并茂的新拳谱之想法。但由于文化水平所限，一时难以实现此愿。到了20世纪70年代，董老鼓励和支持我编写新的三皇炮捶拳谱并责成我师兄杨宝田协同我进行调查研究，并叮嘱道："书要写得通俗易懂，跟上时代发展的步伐，古谱中过时的'江湖春点'就不写了。要广泛听取老拳师意见，写出的书要有群众基础。"我遵循老师的教导，带着一个个题目走访了在京

作者的师、叔、伯及师弟在作者家中合影（前排从左至右依次是欧锡九师叔、张庆云师伯、段庶卿师伯、董英俊老师；右排从左至右依次是师弟欧学民、师兄杨宝田、笔者张汉文）

的许多同门前辈，虚心讨教，汲取了大量的营养，并得到了很多支持和鼓舞。为了使该书图文并茂，当年已 70 多岁高龄的董老，顶着酷暑烈日给我们做示范动作。在董老的亲切关怀下，我们反复推敲书稿，一个个问题得以顺利解决。花费了十年之功，一本新的《三皇炮捶拳》成书了。并于 1986 年由国家人民体育出版社正式出版发行，同年该书又在日本出版，此后又在我国台湾地区出版。这本书的出版，为三皇炮捶拳在国内外的广泛传播和发展起到了重要作用，董老多年的夙愿终于得以实现。

董老经常教诲我们要以武为缘，不分门派。他说三皇炮捶拳不分家，武术界是个大家庭，要互相尊重，团结共进。

董老与武术界许多名家交往甚近，与戳脚翻子拳家吴斌楼、石怀普，通臂拳家王侠林，形意拳家吴子珍、董子英，太极拳家崔毅士，八卦掌名家李宝民，花拳名家宋德泉，陈式太极拳名家陈发科，查拳大师常振芳，以及著名拳师张文平、陈子江、梁志泉等诸位老师有着深厚的友谊。董老与师兄白瑾、袁敬泉、崔廷忠、段庶卿、张庆云，师弟张华甫、欧锡九、祖仲惠、刘宝民等更是情同手足。董老对老师侯金魁先生，更是敬之如神，待之如父。在日寇侵略北京时期，人民生活极度困难，董老将侯师爷接至家中，安置住下，以自己微薄的洗衣房收入维持一家几口人的生计。侯师爷从那时起一直到 1960 年去世都是由董老赡养，董老高尚的品格，为我们树立了光辉典范。

董老不但尊师重道，而且爱徒如子，热情实在。教功数十年，每到教课时间都提前到场等学生，风雨不停，下雪扫净场地照常教功。董老常说："大家从很远的地方来学功夫，无论什么情况我也得到场，哪能冷了你们的心呢！"董老还经常与学生促膝谈心，在谈笑声中进行武德教育。老人家常说："练武要有真功夫，没有真功夫不行，徒有虚名会误事的。武艺高了，人品德行差劲也成不了一名好把式。"练武要谦虚好学，树正风正气，德艺双修。老人家从来不教那些奸、诈、溜、坏，品行不端的人。

为了维护研究会内部团结，董老坚持原则，从不当好好先生。老人家勇于直言，敢讲真话，面对时髦的胡乱宣传，明确指出："要恢复三皇炮捶拳的

武术家段庶卿、董英俊与弟子和徒孙合影（中间站立者左数第六人是董英俊，第七人是段庶卿）

全称。不能按某领导的意图把三皇俩字去掉，只称炮捶拳，这就像一个人没了姓氏一样。他既不尊重历史，也不懂历史。三皇炮捶历史最悠久，它是道家性命双修功法，要尊重历史，不能把它乱说成是少林寺和尚传的。这样乱改拳史是有罪的，必须恢复三皇炮捶拳种名称和流源原貌！"董老对个别人搞宗派的倾向多次提出批评，有力地抑制了不正之风，积极地维护了研究会的团结。董老病卧在床时，对去看望他的学生还问及研究会的活动情况，关心研究会的团结和发展。

董英俊老师虽然与世长辞了，但您为武术事业留下的宝贵遗产，老人家那崇高的情操和高尚的武德一定会世世代代相传不息、永远发光！

师父讲的小故事永远是鲜活的

师父教育徒弟各有一套，我师父董英俊先生经常用讲故事的方法教育我们，往往讲了故事内容，不说故事的寓意，要让我们自己去分析体悟。

一次，老师给我讲了这样一个故事："民国初年，王府井大街有一家皮货店，前面是两层三开间的店面，后院是库房和家眷住的上房。皮货行是个压货多利润大的富行，老掌柜姓霍，经营有方，买卖做得很大。皮货行门市上春夏是淡季，秋冬则是生意旺季。旺季时，店里货架上挂满了裘装、皮货，展柜里陈列着男式紫貂礼帽、女式玄狐圆顶翻边时装帽、海龙大氅、水貂裘装、蓝狐裘装、中式缎面灰鼠皮吊里长袍、西洋猞猁皮大披风，都是店里最贵的货。那些草狐皮、羊皮、狼皮、狗皮、貉子皮等吊里或裘装，以及羊皮、猪皮、各种杂革皮衣等一般商品都挂在货架上。店里的客人熙熙攘攘，十几个伙计忙着接待客人。前来看货的客人男男女女，老老少少，人员很杂。客人中有位男士40来岁，瘦高的个子、白净脸、高颧骨、卷花头、戴副眼镜，围着展柜看来看去，看得很仔细，一会儿去门口看看，一会儿又到店里转转，眼睛四处寻觅着什么，老掌柜瞭高（坐在店的高处指点着生意，监视着店里的安全，避免丢失货物）早已注意到这个人了，大约一袋烟的时间就不见这位客人了。店里的生意非常火，到晚上8点钟才上板儿（关门下班），伙计们都回家了。一天忙下来，老掌柜也累了，吃完晚饭不一会儿就躺下睡着了。

霍掌柜是个练家子，睡觉轻，半夜里听到店里有点声音，琢磨着："值夜的伙计在后院不进前店呀，怎么店里会有声音呢？难道……？"霍掌柜不敢怠慢，立即穿好衣服，不点灯摸着黑悄悄来到屋外窗下，仔细一看前店后门开着，断定有贼进去偷东西了。这时如果上前把贼堵在屋里，屋里黑乎乎的容易隐藏，既抓不到贼反被他偷了东西逃掉，不如待他出来更好办。他轻轻向前店后门靠近，突然从门里溜出一个人，右肩上扛着一个大包袱。霍掌柜立即蹿上前拦住贼人去路，大声喝道："大胆的贼人！把东西给我放下！"常言道做贼心虚，那贼被这突如其来的喝令吓得向后倒退两步，转身向右跑，霍掌柜脚下功夫快，早已又站在那贼人面前了，贼人见去路被挡急转身向左跑，霍掌柜紧蹿几步又拦住贼人去路。贼人见左右都逃不掉，急出拳朝掌柜面前打来，霍掌柜身向左闪开，伸右手将那贼肩上的包袱拽下抡到自己身后，那贼人这拳打空，肩上的包袱被拽下，惊慌之下向右转身想抢回那包袱，怎奈又扑空。说时迟，那时快，就在贼人转身之际，老掌柜顺势用左掌向贼人后背一拍，那贼身手倒也灵巧，急忙顺势来了个前滚翻化去了霍掌柜的劲儿向前跑了几步，心里明白这人功夫比自己高，东西没偷成别再被他抓到，三十六计走为上策。没等掌柜追上来他纵身上房，遂口说："朋友！后会有期，明年的今天再来会你！"话说完人已无踪影。霍掌柜本想拿住他，怎奈不会轻功上不去房，让他跑掉了。还好，自己的货没丢就行了。他把包袱拿进屋里，点着了灯查看，正是展柜里锁着的海龙大氅、紫貂皮帽、水貂裘装、西洋猞猁皮大披风，这些货都是店里最贵的。老掌柜心里后怕，如果没听见店里有声音，贼人就得手了，损失也就大了。老掌柜觉得这件事很蹊跷，坐在屋里回忆白天店里的情况。蓦然想起下午有个中年人，瘦高个子，白净脸，高颧骨，卷花头，戴一副眼镜，在店里转来转去好半天才离开。今晚出事，是不是他白天已经踩好道夜里就下手了呢？可是刚才又没看清那人的脸。明年的今天他还来会我。伸手翻开皇历（农历）一看，今天是小雪，日子好记。再说守夜的伙计，白天累了一天，晚上还要守夜，前半夜还有精神，到了后半夜不知不觉就睡着了，院里发生的事他们一概不知。掌柜叫醒了守夜的伙计训斥一番，因货没丢失，这事也就不声张过去了。

皮货销售行业过了春节慢慢就进入了淡季。挨到三月份老掌柜白天忙着到皮毛集市买货进料，安排制作加工，夜晚练功，一天也不敢懈怠，随时做好准备会那个人。白天店里只留一名收账先生和一名伙计站柜台。每天很少客人来惠顾，站柜台的伙计闲得难受，不断地用右手食指和中指敲击柜台，眼睛盯着店门，盼着有客人来。每天就这样守着店，慢慢地用手指有节奏地敲着柜台消磨着时间。

光阴荏苒，又迎来了新一年的皮货旺季，店里人来人往，生意比去年还好。一天，守夜的伙计以为老掌柜一心忙着生意把去年那贼的事给淡忘了，就提醒霍掌柜说："过两天就是小雪了，不是有人要会您吗？"掌柜回应说："啊，我没有忘。"掌柜白天精心经营业务，夜晚闭目养神不敢睡实，把心和耳朵搁在外面。那贼什么时候来？将会怎样与自己相会？是偷东西呢？还是报复呢？霍掌柜心里七上八下的拿不准。

转眼已到了小雪节气，这天，霍掌柜在店里瞭高，睁大眼睛注意每个人和每个细节，一直到晚上也没发现有什么可疑的情况。快上板了又来了三位男客人，伙计上前热情地分别接待，两位在店里来回转着看商品，一位在柜台前挑选裘装、皮帽，老掌柜的儿子霍章凯拿过来好几件让客人挑，客人挑来选去都不满意，有点不耐烦地说："叫你们掌柜拿出最好的让我来挑！"霍章凯赶忙禀报了老掌柜，老掌柜马上过去把展柜里针毛光亮、底绒均厚的水貂裘装、紫貂皮帽、海龙大氅和一件米色底毛上面洒落着粉色斑点十分罕见的西洋猞猁披风拿到客人面前，这些都是店里最值钱的货。客人翻来覆去地看商品，老掌柜仔细打量着这位客人，瘦高的个子，白净脸，卷花头，戴副眼镜，仿佛见过这位客人，掌柜子怀疑他就是那个"梁上君子"，可又一想，去年的今天夜里来偷东西的那人蒙着半个脸，黑夜里也看不清。但想来想去终于还是想起来了，这个人去年这天下午来过。老掌柜正要再往下想，这时客人说："这几件还不错，我都要了，算算一共多少钱？"掌柜的儿子霍章凯脑子快，口念账说："共计185块大洋，我给您包好。"那客人也不还价，从提包里拿出一包卷好的洋钱，打开一卷，掐在右手食指和中食指之间，说："这包里有200块大洋，我手里这摞是20块，你若能从我手里把钱拿出去，这包钱归你，这几件衣服我也不要了。若是拿不出去，我把这包衣服拿走，钱还是我的。"霍章凯一听，心想这还不好办，应声道："好嘞！"说完伸左手往外抠，扣了几下没抠出来，又换右手，抠了几下还是抠不出来。老掌柜看明白了，他看中的几件货正是去年险些被偷的，今天他用比功夫的方式明着来会我，断定他就是那个贼。俗话说"捉贼捉赃"，即便认出他就是那个贼，但现在他没偷，你就无法拿他。他明着来跟你比功夫，只好和他比。老掌柜上前把儿子拉开，说："我来！"老掌柜运足了气铆足了劲，用手指勾住钱往外抠，那摞钱纹丝不动，他再一次往外抠，还是抠不动。掌柜心里有点慌了，身上直冒冷汗。那客人说："我给你钱你拿不走，这钱和这包衣服就都是我的啦！"话音刚落，常年守柜台的伙计说："掌柜您歇着，我来！"小伙计上前用右食、中指一点客人拿钱那只手的合谷穴，迅速把手伸到对方掐钱手下面接钱。那客人顿时右臂疼痛无力，手一张，"哗啦"一声，那摞银圆散落在伙计的手里，伙计伸左手抓过那摞银圆，嘴里高声吆喝着："钱收了！掌柜的！给您！"转身把钱递到掌柜手里。再看那客人，左手抱着右胳膊，歪着身子，头也没回跑出了店门。霍掌柜惊喜不已，一身的冷汗才逐渐消退，命伙计上板关门。

　　老掌柜心里琢磨，平日里没见这伙计有什么特殊地方，我抠不动客人手里的钱，这伙计怎么伸手就把钱拿过来啦？怪了，我店里藏龙卧虎，有高人！我的货没丢，那档子事也解决了，钱还多挣了，今晚我得好好请请这位伙计，就让家人到饭馆叫来几个下酒的好菜，斟上好酒，请来伙计饮酒叙话，一来表示感谢，二来探究伙计练的什么功夫。这伙计一时不知老掌柜何意，"丈二和尚，摸不着头脑"，闲叙间才明白，就对老掌柜说："我没练过功夫，只是淡季时店里没客人来我闲得难受，总是用手指敲柜台玩儿，您要不信可以去看看那柜台，我把台面都敲出个坑来了！我拿客人的手当柜台了，用手指一敲他虎口，钱就落在我手里了。"老掌柜一听，心里恍然大悟。

故事讲完了，师父说："故事里面有几层意思，不同的人有不同的为人、处世、练功方法。从故事里明白哪些道理？你们自己去悟吧。"过一段时间见到师父了，师父问："上次给你讲的故事悟明白了吗？"我一五一十地回答故事中的几层意思，对几个主要人物的为人、处世、练功的不同之处进行分析，并讲了从故事里悟出的道理。师父听了脸上露出了满意的笑容。师父说："常言道'花未全开月未圆'，做事情要给自己留点空间，也要给别人留点空间，那是大智慧。心善是根，人和是本。品善是方，重友是法。能忍是聪，会让是明。遇难有勇，遇困有谋。小事糊涂，大事清楚。不贪不攀，直立自然。"师父通过讲故事对我进行的教导，使我受益一生，您老人家的声音至今还在我耳边回荡。

清风拂山冈，明月照大江
——读张师伯庆云先生的"练武须知要言"有感

1985年我师伯张庆云先生亲手写给我《练武须知要言》一文，我反复阅读学习，每学一次都加深一层领悟，"要言"是习武之人的指路灯！现将原文抄录如下。

谈武道。武术之道有两种：一种是内功拳；一种是外功拳。无论哪种拳皆不离释、道、儒三教中之要旨。释即释迦牟尼所创的佛教，讲的是宇宙人生的真相、让众生觉悟的方法，提倡和谐、慈爱。道即道教，东汉张道陵所创立，奉"太上老君"为教祖，主张无为、修炼、天人合一，一切遵循自然法则。儒即孔夫子之儒学，提倡忠、孝、节、悌、礼、义、廉、耻，主张诚心正意、修身、齐家、治国、平天下。释、道文化是出世之道，教化人如何返璞归真，是启迪人灵魂的文化。儒家文化是入世之道，讲如何做人的道理，是教化、规范人道德、行为的准则。武以"德彰"，习武是学修身、做人、处世之道。修炼就是修心性。修心性首先修一个德字。既然修德，就离不开释、道、儒三教中的要旨。

修炼武道要知十怕：1.人心奸险可怕；2.娇淫美色可怕；3.不正之财可怕；4.贪便宜不顾廉耻可怕；5.拈花贪色可怕；6.忘掉子孙代还债物可怕；7.无侠义济世之心可怕；8.练功竟施毒招阴手可怕；9.没

有武德可怕；10. 无真传无苦功夫骄蛮可怕。

　　以上十怕要很好的思考。为人一世，短短数十年，你能入正门、正宗，受教于正派之学者，再得武道真传，做到积德、济世、宽厚待人，这是一生不愧天地之真正快乐也。

　　习武、练功你能得到纯系内家功与武学要旨，又得真传攻防招数，这是很难做到的，是非常重要的。怎样练才能得真功呢？如果你得到上乘内功之法真传，再以德配之，则能养生也。无德以配之，虽得真传无形既失。俗语说武道一通即全通，无德难守中，智慧达宇宙，练到自然功。待练达自然之界，你如见到飞花落地、怪树撑天、鸟兽之动、风云突变等情景，它们和你练的功夫熔为一炉，达到自然之境界，你即能随意应手也。所以武术是两种，一种是"内功拳"，一种是"外功拳"。我们今天所谈的是内功的重点。内功拳就是气功拳，练内形外之法。

　　上乘内功在丹田，练熟内功出自然。武动求静内在因，丹田上乘灵在心。不动而动手已到，练静突动自然动。道家讲：呼翕九阳，抱一含元（翕，音"希"，当"和"讲）。这功夫是"九阳真功"，另外还有"九阴之术"。总之说来，无真传，无苦功，再无德培于心是永远得不到真功的。如你侥幸得着内功上乘之术，无德也难以守住，无形中便会失掉！不求真知是白费鞋袜而已，虽得而无德，只有一笑而丢矣！

　　谈动手。你练武道，如果遇到强敌硬手，打不胜人家怎么办？注意！对敌用以下方法：遇强敌硬手，他强由他强，用"清风拂山冈"。遇横人狠手，他横由他横，用"明月照大江"。

　　动手遇到强敌硬手，我们不能取胜，敌人又出猛狠毒之类招数，我们要沉静纳气，不要慌张，要用清风拂山冈之法、明月照大江之术。道经说："他自狠毒他自恶，我有一口真气足。"虽被敌打伤，甚至呕血也无妨，我有元气真功，开发智慧，自省思考"术"、"法"。练武术，尤其是练三皇炮捶拳时候，得到真传，再能下功夫坚持苦练，又逢青、中年时期，血气方刚，元气旺盛，筋强骨硬，坚持锻炼，尤其是夜静风清、万籁无声、天晴万里、月照当头之时。练到汗如雨下,真气行至足跟时,气血通达,神满意随,顿生天宽地阔之感,好似鸿飞于天、鱼入渊海,尤觉胸空体灵,劲力无边。这时恨天无柄,恨地无环,阔大自然,与天地同体,与日月同光,美哉!这是练到真快乐境界也。功夫练到先天之乐,切记后天诸事,注意"日盈则昃,月满则亏,天地尚无完体",我们何可人心不足,贪多务得?想我等有何福泽功德,能练到内功乐境!"

照上所述,希仔细参阅,意义很深,望勿轻视。

庆云　乙丑年首月　1985年

师伯的教诲,一言九鼎,我百信无疑,且反复习悟,倍加珍视。文章言简意赅,指明了练功的几个关键问题。简述如下:

其一,武术要得正门、正宗、正派的传承。无门无派无传承,乱学盲练是难成正果的。

其二,要德武双修。所谓"德高者艺高",不修德,艺难高。师伯列出"十怕"之行,以正习武之身,即儒家讲的"正意、修身"之意。

其三,得武道真传,一为拳理,二为拳法,三为攻防招数,四为应变能力,理通法精。

其四,要练上乘内功,只有内外兼修,才会练出真功夫,无上乘内功者难达高层次。

武术分为两种:一是内功拳,二是外功拳。外功主力,皮糙肉厚;内功拳主气,能使内气充盈,精气神足,所以又称"气功拳"。练内功拳不懂内气的调养、运化、应用,就是将内功拳当做外功拳去练了,虽也强壮,却无质的提升。

张师伯进一步指出,练内功拳要放松、入静、守中,才能练到与天地同体、天人合一、通神达化之境界。他反复强调要达到这一境界必须守德,无德难守中,实质上是在讲武德修养的重要性。故而习武离不开释、道、儒三教中的要旨。这三教要旨之内涵是中华民族传统文化的精华。武术是中华民族传统文化的载体，它处处体现着深邃广袤的中华民族传统文化的信息。武术讲的"中正、平衡、和顺"，也是"做人、处世、修为"的准则。三教之要旨，即佛家讲"空中"，无即是有，有即是无。大爱无疆，普度众生，人和于自我。道家讲"守中"，不即不离。个人修为，人和于自然。儒家讲"执中"，不偏不倚。教化民众，人和于社会。

三教要旨之核心皆是一个"中"字，做人、处世、习文、练武、修身都应做到"中道"。一个"中"字涵盖的面很广，习武者需在习武的同时多学些三教经典。

武者绝不是武侠小说家笔下的"肩上扛着枪棒，手里提把刀剑，整天寻仇杀人，搞女人，是非混淆"的武夫。武侠小说家笔下"和尚不念经、老道不练功，身后有情妇，练武为寻仇，杀人不眨眼"的练武人，是作者臆造出来的人物和故事，都是为了吸引读者眼球，为了自己的名利而作。作品虽然弘扬了中华武术，却诋毁和扭曲了佛家、道家、武家的形象。修行的武者，当然也不是利用人们的善心和对信仰的虔诚，穿着僧衣、道袍想方设法圈钱、骗钱的现代假和尚、假道士。

"要言"中进一步指明，上乘内功在丹田，做到动中求静，控制于心，达天人合一之境。只可惜在师伯家中我正请教何为"九阴之术"时，师伯吞吞吐吐刚说了几句，门外来了客人把这个重要课题给搅了，事后我几次想再求教，却一直没有机会。

我曾当面请教"要言"中所提的"遇强敌硬手不能取胜时，使用"清风拂山冈之法，明月照大江之术"，师伯只是哈哈大笑而不答。我见势情急，怕失去请教的机会，再三追问。师伯说："这个你会，开发智慧，法自出。"我愣了半天，怎么也想不起来我所会的有这等招数。事后我长久思索，回忆起张师伯曾给我讲过一个故事：民国时期，有一位著名的练家子叫白汉臣，常在天坛树林里活动，他的内功极好，找他摸手试功的人只要与他一搭手，他右手剑诀（中、食指并，四、五指弯曲，拇指压其上）指上对方印堂穴，对方立即头昏脑涨，无法再动手，多年来还无人逃过他这一招。张师伯说："我亲眼看了两次，后来我找机会与白先生试手，他又使出这一招，我不急不慌，瞬间丹田沉气，上体放松，不随他用手领我的气，我没晕，他这一招对我没起作用。他刚一愣神，我速出手，他反倒站不住了。"想到这里我恍然大悟："清风拂山冈"之法乃是用轻柔快速的顺化之法，不与敌硬拼，要以柔克刚，以智取胜。"明月照大江"之术乃是以静制动，不急不慌，掌控机势，心静气沉，用之即得。

师伯再三嘱咐，"日盈则昃，月满则亏"。做人、处世要谦虚谨慎，戒骄戒躁。天道忌满，人道忌全。所以我们要牢记功无止境，学无止境；天外有天，人外有人；学会尊重他人，鞭策自己，学习他人，激励自己；活到老，学到老。

张师伯给我写的这篇"要言"已经有20多年了，我多次研读，反复领悟，不同时期有不同层面的领悟。今再读来，还觉得有许多未尽之意，每句话还是那样鲜活鲜活的，耐人寻味。

百岁寿星谈拳，道出长寿秘诀
——访 97 岁武林大师袁敬泉老师

近日得有机缘，见到了 97 岁高龄的袁敬泉师伯。近几年袁老常回涿州老家住，来北京的机会少了，我也有两年没看见您老人家。我想，近百岁的老人会有很大变化，可能是弓腰驼背，走路拄杖，耳聋眼花，记忆力差，反应迟钝了。没想到一见面，袁老立刻起身同我握手，您的手还是那么有力，那样热乎。我仔细打量着您老人家全身上下，不敢相信自己的眼睛。袁老完全不像我想象的那副样子，白净净的脸上透着红润的光，站得很直，行动自如，并无老态龙钟的感觉。目光炯炯有神，思路敏捷，同前两年比似乎更精神许多。

我们落了座，寒暄了几句，我忍不住地向袁老提问："您身体这么好，精神这么好，吃了什么灵丹妙药了？"袁老听了，便呵呵地笑着说："世间哪有什么灵丹妙药！要说吃了灵丹妙药，那就是吃了'三皇炮捶拳'，我把它吃透了，它是长寿的法宝！"

我知道这是袁老根据自己几十年练功经历、自身证果后得出的结论。袁老出生于河北省涿州。13 岁进京当学徒，在前门外一家纸店当小伙计。他体弱多病，为健身祛病，经朋友介绍跟从李绣山先生练杨式太极拳，练功十年对太极拳有了相当造诣也逐渐把身体练好了。26 岁那年，他拜京都会友镖局著名镖师"大枪陈友清"为师练三皇炮捶拳，苦练苦修 20 年，深得三皇门之

作者同袁敬泉师伯一起做静心意念传息功

真谛。1945年他又跟从意拳鼻祖王芗斋先生练站桩功。袁老虚心学习，不断求索，博采众长，潜心钻研，将太极拳至柔之理、意拳内经之意融于三皇炮捶拳中，悟得其中奥妙。袁老以85高龄获得全国传统武术比赛金牌，1993年被评为全国十大健康老人之一。1995年又被评选为全国武林百杰之一，是当今三皇炮捶门年龄最长者。

一提起练功，老人家滔滔不绝地将《三皇炮捶拳谱》边背边解释说："此拳以气为主，以理当先。以气为主，就是这种拳主要是练气的拳，也可以说是以练气为主，是集健身、防身、养生三位一体的特殊的练功方法。何为以理当先？就是依法而练，依理而修。理须明，明理为悟，练拳不明其理，何谈悟？盲人骑瞎马不就有问题了？三皇炮捶门修炼之真谛即讲'修身先养一口津，定气再把两仪分。定住八卦分四象，玲珑变化散周身。先能延年能益寿，又能百病不临身'，几句真言道明练三皇炮捶拳的'终极''途径'、'实质''表现''证果'等几个方面。三皇炮捶拳这一特殊的功法，是将意念集中起来行气，作用于自身，达到健身祛病益寿延年的作用。在练拳健身的同时也就练气了。练了气关键还须养气，气以直养而无害。还要摄取宇宙大自然之能量，积入体内，使由外形的体动所得之气转化成外静内动的内气，积聚内气即产生内劲。体内阴阳得以平衡，就能身强体壮。养内气即得真气，真气运行，通经活络，萦贯周身，外用为技击，内用为养生。即所谓'气练在内，延年益寿'。练三皇炮捶拳，可概括为三个大层次，前面所说的'练'和'养'是两个层次，第三个大层次就是'修'。'修'是更高层次的'练'，修练是件很不容易的事。常言讲'功夫好练性难养'，修心才能养性，明心才能见性。古人讲'多行不义，必自毙'，争名夺利，到头来自食其果，何谈'修炼'二字？习武以德为重，与人为善，广结善缘，对人对事要宽容大度，有包容天地的博大胸怀。要行好事，清心止欲，净化心灵，提高做人的质量。'修炼'讲觉和悟，明察为觉，明理为悟。正觉正悟神归虚无，元气自化，这才是高层次的修炼法宝。练功得道者，都能延年益寿……"

袁老这番生命修炼、心灵升华的教诲使我对这位老人家更加敬重了。我忆起古涵先生有这么一段话："生命修炼，不仅通往健康长寿，而且通往与宇宙同体的伟大精神。修炼到一定程度，可以在宇宙的至阴之原获得最温柔、最敦厚的美德；在宇宙的至阳之原获得最坚强、最勇敢的气魄；在心灵深处将至阴至阳之气，融合为从容含蓄的自信自强。精足、气足、神足，变生命外在的贫乏为生命内在的富有。"袁老几十年的修炼所表现的自信自强的精神、勇敢坚强的实践气魄、温柔敦厚的美德，不正是显现了他生命内在的富有吗？

袁老话说到这里，我心里仿佛忽然感到一种满足，觉得明白了什么又提高了什么似的，反正一下子也说不清楚。忽然心生一念，随口便说出："能否与您交换一下气感信息？"袁老欣然同意，我们做了净心意念传息功。说实在的，袁老虽近百岁，气感信息还很强呢！这是非常难能可贵的。交换完气感信息以后，我想进一步了解一下近来您老人家练功和生活的情况。还没等我说话，袁老好像看出了我的心思。您说："我住在涿州老家，每天早晨五点钟起床，练两小时拳械，再散散步。回家喝茶吃早点，休息一下，写一个多小时书法。写字也是练功，放松净心，运气于笔，才能写好。下午练静功调息，每天如此，饭量正常，睡觉很好，身体没毛病，年龄虽然大了点，但并不感觉多老，这都得了练三皇炮捶拳的好处……"袁老谈得兴致勃勃，还很风趣，当我提出给您照几张相片以鼓励后学者时，袁老很高兴，下得楼来就在小花园内练起了三皇炮捶拳，又做了许多站桩练气的式子给我看，还给我看拳说手。

作者与袁敬泉师伯推手

我怀着对老人家十分崇敬的心情回到家里，夜晚思索着写下这篇不成文的文章，愿以此激励武术爱好者和练功的同道们！

武术真谛是什么？
——百岁拳家袁敬泉谈武术真谛

2000年初春,《中华武术》杂志要组织一期专门报道三皇炮捶拳的稿件,我向杂志编辑介绍了三皇炮捶拳的基本情况和拳种的主要代表人物,介绍了百岁健在的袁敬泉老师,他们请我带他们去采访袁老,我欣然应诺。定好了时间,我请袁老的弟子周学良一起陪同杂志社的赵新华主编,来到河北省涿州市袁老的家里。

袁老1899年出生,今年已是101岁的老神仙了。从13岁进京当学徒起就一直居住在北京城里,95岁以后才回到涿州老家叶落归根。袁老有4个儿子,在涿州老家的是四子袁平。袁平是位退休中医大夫,夫妻俩对老父亲非常孝顺,从饮食起居到身体状况,都为老父亲着想,老人生活得很安逸。

我们问候袁老之后向袁老说明了来意,袁老很高兴,说:"《中华武术》这样做很好,京城有许多优秀的传统拳种,都在广大民众之中,多宣传些传统武术,对推动全民健身和精神文明建设会有很大好处。""您不就是个典范吗!已经百岁了,身体还这么硬朗。"我怀着十分敬仰的心情说。"我就是得着三皇炮捶拳的益了!这种拳以练气为主,内气不断地鼓荡,发劲极刚极柔。这种拳内外兼修,练了这么多年,内里头得到了这口真气,这才敢说是练全了。里边没得到这口真气,即使打一辈子拳也没练'全',只能说练了点皮毛。""练其他拳也可以吗?"我问道。"什么拳都一样,无论是刚的柔的、快

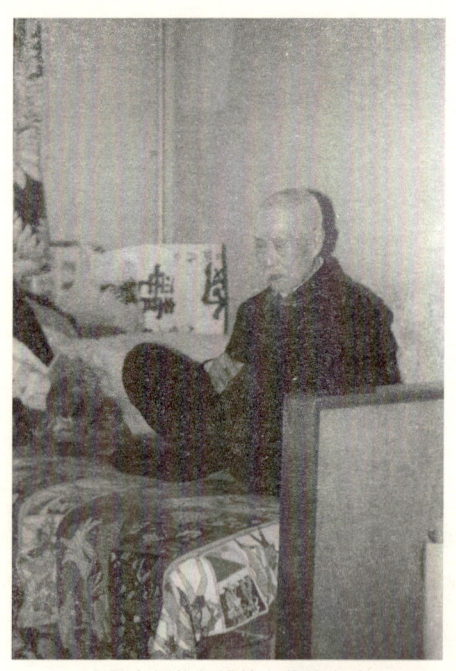 

袁敬泉师伯坚持数十载练内功　　　　袁敬泉师伯写"道法自然"条幅给作者

的慢的、转圈的走趟的、短的长的、练身体不同部位的，各种拳只是外表形式的不同，得不到里边的东西，就是练了点皮毛，你得到了就练全了。平常老讲武术真谛，什么是武术真谛？这就是武术真谛，实实在在的武术真谛"。袁老一语中的，道破天机。许多习武人，穷其毕生，追求武学真谛，到头来依然找不到答案的比比皆是。袁老精辟之句点亮了习武人心中的灯。

我记得在1999年秋天，北京体育大学音像出版社拍摄《中国传统武术经典系列片》中的《三皇炮捶拳械专集》时，我提出在片头拍一些当今武术界年龄最长的老前辈袁敬泉老师的镜头，编导采纳了我的建议。为了让袁老心里有所准备，我提前到涿州市袁老家里介绍情况，袁老说："拍教学光盘以你为主，在武术界你的名气大，你的拳架也规范，又出版过三皇炮捶拳的书，书、盘对照有利于三皇炮捶拳的普及推广，是件好事。没问题，我大力支持！"袁老心胸坦荡无私地对我说。"那您还得给我多多指导！有您做坚强后盾我心里就踏实多了。"

当时袁老跟我是第一次阐述上述观点，这是您练了一辈子的武术，证悟出的结论。难怪前三年与袁老做"静心意念传息功"时，能接收到您很强的信息。那时候只谈道"信息"二字，还没有明确提出今天这个观点。对于武术真谛的认识，也许会有许多观点，但袁老的观点是经过反复实践总结验证而得出的，是真实的。

上次和老人家聊完之后，袁老跟弟子周学良推手，在不知不觉中对方被放出数步劲还卸不完，后来周学良师弟跟我说："袁老听劲敏捷，发手冷脆，虽然我听准您的劲了，可我很难化开，您一放就把我发出老远。"

我想百余岁的老人推手听化劲竟能如此神明，发劲依然敏捷冷脆，功力变化莫测，这可能就是身体里那口真气的作用吧！

"山中虽有千年树，世上难逢百岁人。"袁老习武养生，寿逾百岁，为后人树立了典范。笔者记录百岁老先生真实的长寿秘诀和如何修炼成正果的亲口传授，愿与爱好者分享！

治气养炼，身后彭祖
——访耄龄耆宿张庆云老师

武术界的老师们常说："练三皇炮捶拳的从历史上看长寿的人居多。这个问题要很好地研究研究，看看是否有什么长寿的秘诀。"前些日子我带着这个问题拜访了"中华武林百杰"之一的百岁寿星袁敬泉老师，写了一篇《百岁寿星谈拳，道出长寿秘诀》的文章。今天，我有机会去看望另一位三皇炮捶拳名家，88岁高龄的张庆云老师，再进一步探求长寿秘诀。

张庆云老师现任北京市武术运动协会三皇炮捶拳研究会名誉会长、总顾问，今年88周岁，腰板不塌，精神爽朗，说话底气很足，声音洪亮得似铜钟一般。张老祖籍山东济南，自幼随父来京谋生，住在永定门内大街。这个住址给习武创造了有利条件。从您家到前门外西珠市口内粮食店街的京都会友镖局，按现在距离说只有公共汽车一站地远。张老自幼聪颖，10岁那年便拜京都会友镖局著名镖师"大枪"侯金魁先生为师，学练三皇炮捶拳、械、功法。又得三皇炮捶门"神弹子"白云峰老师偏爱，整天泡在镖局里苦练，十年纯功，为您现在康泰的身子骨打下了坚实基础。张老为人正直，善结交。早年与八卦掌名家郭古民、张晋臣、李子鸣等人，以及几位通臂拳老师交为挚友，经常聚集在窑台（现在的陶然亭公园内）研究功法、技击，互相切磋。张老以明理技精、出手神速而著称，特别擅长擒拿术，是武林界朋友皆知的。

张老几十年来练功不辍，近两年来因年事已高，曾患了两次病，但都很

张庆云老师一条棍走遍晋陕

快治愈,恢复了正常练功,内外兼修,身体依然硬朗,无一点生过病的痕迹。这次我专门访问此事,来到张老家,见您正在练静功,我没让家人打扰您(这是规矩,在他人特别是老人练静功时,不许去打扰)。坐下来等了10分钟左右张老收了功,我开门见山地说:"您身体恢复得真快,又能正常练功了!"张老笑着说:"这多亏了有神医欧锡九大夫相助,患脑血管硬化脑血栓,吃药扎针灸,没多久就好了,没留下后遗症。"我仔细打量着张老的举止行动,听着您说话的声音,努力捕捉他语言中的信息。张老意会地站起身向前走了几步(屋里地方小),让我看几个动作之形。您老人家让我看的是形、神、意、念、动、静之态,以证明自己身体完全正常。我确信无疑,问道:"您将近90岁高龄,又能战胜疾病,除去神医相助之外,还应该给我介绍一下这长寿的秘诀!"

"秘诀哪有!人人都可以做到,不叫秘诀。"张老回答完哈哈大笑起来。我不解地追问:"哪些人人都可以做到?您能说给我听吗?"张老还是哈哈哈笑而不答。张老的老伴在一旁听着着急了,说:"老头儿这一辈子没嗜好,就是爱好武术,平时整天没话说,谈武则迷。现在让他说真的了,他又保守了。我跟你介绍点吧!他生活特别有规律:吃饭全素,鱼肉不动,就是吃水果、蔬菜。每天两顿饭,到现在饭量也不减。早晨四点多钟就醒了,在床上且折腾呢!五点钟才下地洗漱,然后出去练功。六点多钟回来,进门先喝一杯白开水。休息一会,再开始练静功,练一个多钟头。八点多钟吃早饭,两个油饼,两个烧饼和一碗牛奶。九点多钟休息到十一点钟,起来之后就是看书学习、练功。一天好几遍,就跟上班一样,一课不能差。晚上六点左右吃晚饭,饭后看新闻联播、天气预报。再过一会又是在床上练一大阵子,到九点多钟就睡觉了。别看他小 90 岁了,一天到晚可忙啦!这都是多少年的习惯了。"

张老又是开心地哈哈哈地笑了一阵,说:"什么都得有规律,有的规律是自己养成的,有的又必须遵循客观规律。比如大自然的规律,谁都不可逆之而行。顺则昌,逆则亡。天是大宇宙,人是小宇宙,天与人互相感应,天人合一,这是科学的。具体讲,一生练武也应该是有规律的。练功应与人的生长、发育、衰老的规律相适应,应无过无不及地练功。许多人认识不到,只知苦练、傻练,掌握不了练功阶段性的火候。年轻时苦练叫作旺火练功,功练至大成之后还能用旺火去练吗?到老了身体发育走向下坡的衰老阶段,你还苦练吗?!再不懂就是伤了。还有,人生活在世间,难免有七情六欲干扰,说是克制,却也非易事。在这种大的干扰还没排除完、情绪还没安静下来的情况下,再去苦练,有的人甚至用练功去清除那些干扰,其结果必然事与愿违,日积月累,身必受损。"

张老所言极是,我意会地点着头。万事不离自然之大道,而现在练武之大道讲的人少了。张老言简理深,这一练功的整体观点听后使人很受启发。我请张老具体讲练三皇炮捶拳如何遵循这一大道,张老稍一沉思说:"这门功夫是属于内外兼修的气功拳术。练拳以气为主,要把练拳当作练气功来练才对。将气练在体内,内气充实,一可用于技击,二可用于养生。这是我门之诀窍。老一辈人不到关键时不给你说透,有的人光听说却没得到过,有的人听说一点就头脑膨胀,目空一切,致使知者不言而已。"

"年轻时期就要注重内外兼修，要苦练冲练，得其大要。年岁大了要适当地养练，文火温养，不停不断，细心体感内在精华，证悟其理。人到老年更要注重修炼，特别是心性的修炼。以上这'武火旺煅'的冲练、'文火温养'的养练、'崇高心性'的修炼一共三个阶段，是一个完整的体系，是一个符合人的生长、发育、衰老规律的练功法。三个阶段各有特点、各有侧重，互相联系、互相渗透、不可割裂、不可片面理解。"

"练拳要先放松入静，静而后能动（指内气），动而后能安（指神），安而后能虑（思维空无、中和），虑而后才能得（悟性、生慧）。物有本末，事有终始，知所先后，则近道矣。先有阴阳定位，才有太极、八卦。静常知动也。三皇炮捶拳是练精化气，练气化神，练神还虚的道家性命双修功法，讲究一动一静、一开一合、一刚一柔、一呼一吸。一呼一吸一周天，将形体锻炼与真气周天运行相结合，能达到这一层次才算真正迈进这气功拳的门槛。此外，还要练调息静功，越是功夫深，内在的智慧越是洞明广大。而且，种种外在的功能越是不可估量。所以拳谱讲'修身先养一口津，定气再把两仪分。定住八卦分四象，玲珑变化散周身。先能延年能益寿，又能百病不临身……''此拳以气为主，以理当先。理者君也，气者臣也，君臣匹配，乃能制胜……。'这些论述，字字皆有理，句句皆是法。它强调的是性命双修，尤将心性修炼放在首位。"

张老对拳理的理解和深悟达到如此高深的层次，真可谓通神达化，给后学者指点了一条通往上乘功夫的捷径。当我问张老在床上练的是什么功夫时，张老又哈哈哈地笑个没完，说那是他自己创编的，适合自己锻炼的床上六段功：一段，松抖双腕、抓握空拳、空中推掌；二段，单脚蹬空、活转膝踝、双脚蹬空、空中蹬车；三段，单腿蜷抱、蜷腿上收、双腿蜷抱、左右翻滚；四段，左右转腰、伸疏筋脉、摇晃双肩；五段，头面助颜；六段，全身按摩。这六段功法，运动量可适当掌握，也可选练。动作以缓慢为特点，形体运动和呼吸、意念相配合。

我问张老每天到公园又练什么功？是否是在练刚才说的什么上乘内功

法？张老说："你的脑子真好使，我刚提两字你就追起来了。今天，我看你真是带着镐来的，非要刨走这根不可呀！"说完，张老愣了一下神，又接着说："好吧！看来是躲不开了，我就给你练一回，让你看一看吧！"张老起身演练了一套动静结合的"上乘内功"。我边看边记，心想："这么多年来仅听老师们说三皇炮捶门还有上乘内功法，却很难探寻到。我平时练功时多是练体，内养方面的锻炼还差得很远。今能得老前辈亲传秘法，实乃我辈之福德。"老人家演练得非常认真，神态安然、愉悦舒适、妙不可言。张老演示完，慢慢收了功，坐下来又讲

张庆云老师演练三皇炮捶之"抓虎势"

功法内涵、秘要，叮嘱道："如若有心坚持练功，老来必受益。"我频频点头。张老又向我伸出右胳膊，用左手指着胳膊说："内气走皮下，再用全身毛孔呼吸，皮肤没有衰老松垂发蔫，你看！"我用手摸，仔细看，确实无明显老化发蔫状态。张老看着我说："除去神医相助我以外，我就靠这些每日坚持锻炼，赶走了病魔！"说完又爽朗地笑了一阵。

我心里十分愉悦，非常感激老人家对我的一片诚心，一片爱意，能将这宝贵的长寿秘法传给我。不知不觉已到中午，我谢别了二老，约定将这两套功法整理出来并公诸于世，衷心地祝愿众人都能健康长寿！

大刀刘德胜轶事
——访爱国武术家大刀刘德胜后人刘宝民老师

前些日子，我怀着满腹敬慕的心情去拜访了北京著名武术家刘宝民老师。永定门外五间楼一个商店前的场地上，围了不少男男女女，我挤过去一看，喜出望外，原来是我早就想拜访的刘宝民老师正在演练双刀。只见他刀法纯熟，身法自然，翻身双剁似怪蟒，转身旋风两刀连，团身起跳如轻燕，提丝滚腕套三环。得胜提刀美步走，形神攻防意内含。刀光闪闪裹身影，八旬老叟赛当年。老人交刀收势，面不更色，气不喘吁。一部花白的短胡须，拂起满面春风。此情此景我还是在五六年前北京市家庭武术比赛时看到过，如今几年过去了，刘宝民老师演练的双刀仍然可见，精、气、神、意、力、功，还是那个劲，场上的观众无不为之喝彩鼓掌。我忙上前见礼，接过那对双刀，说：''您练得真好，看得出来您功夫一直没撂下！''刘老说：''这是先父留给我的那趟梅花双刀，年岁大了，跟我父亲练得这趟刀没法比，不过这是家传，不能丢！''

刘老师的父亲，是闻名武林的"大刀刘德胜"。刘大师擅长双刀，那对双刀长三尺三寸，刀头最宽处四寸许，重8斤多。刘大师身高八尺，膀大腰圆，天生的力大无穷，再加上他一身的功夫，练起那对双刀，针插不进，水泼不进，刀光闪闪，刀风呼呼。定身收势时，他齐胸的花白络腮胡，微风一吹显得格外潇洒、威武。提起他的名字来远近数省的武林界人士几乎无人不知、无人不晓。清末民初的武林界送了个绰号与他，人称"大刀刘德胜"。

刘家上下五代人练武，肯定有许多生动的故事。我对刘老师说："我特别想听一听老前辈的一些故事，请您给介绍介绍。"刘老师沉思了一下说："年深日久，有的记不清了，但有的事一直深记在脑子里。"

"先父是1874年生人，由于受家庭熏陶，10岁练教门弹腿，26岁那年参加了反对清朝政府的义和团。后来由于洋人侵入中华，义和团的宗旨改为扶清灭洋。先父曾领一哨人马火烧驻扎在北京西什库的八国联军。义和团被镇压之后，先父毅然孤身闯江湖，足迹踏遍冀、鲁、豫、皖、苏、鄂、川、陕等省，游历名山古刹，寻访高人奇士，追求武学真谛。1902年拜北京八大镖局之首的京都会友镖局总经理于鉴大师习三皇炮捶拳，技艺精进。1904年入会友镖局当保镖，常走南线镖到沧州、天津、济南、南京等地。先父讲，只要在镖车上插一面'京都会友镖局'的红色黄龙边镖旗，走到何处都没有人拦截。打个'哈唔'大号就过去了。到后来交通运输和邮政业逐渐发达了，走镖业就衰败了。镖局业务主要转向'护院'，像北京的瑞蚨祥、华威银号、金城银号等，都请镖师护院。"

刘老的话，我听的入了神，特别是对晚清和民国初期的保镖业，我想知道的更多些，想到这儿就追问刘老："刘师爷在什么地方护过院，碰到过事吗？"刘老回忆说："曾在华威银号任护院，总经理宋发祥卸任后，先父把他护送到了老家山西太原府。后来宋发祥又回北京任禁烟局局长，宋又将先父请去任护卫官。做护院暗语叫'座池子'，在那年月这行当也不好干。我听先父讲，有一年他与结拜兄弟"大枪侯金魁"同在京北高丽营一家大宅门中做护院，夜间被几十号土匪围了院子。如若被抢，二人不光要丢掉饭碗，而且还要被问罪。可是二人难敌众手，何况来人又都用快活（快枪），是不是道上的人还不摸底，也不知道再用原有的春点暗语还管不管用。兵临城下，危急万分，兄弟俩简单商议几句，决定先用暗语退来人，不行再另想办法。二人提腰上房，与来人用暗语对答。来人闻听暗语，又知是这二位赫赫有名的老江湖，回了一句歉意之话，朝天放了两枪，表示'出水了'，几十号人立即撤走了。"

刘老师接着介绍说，由于社会的动荡，刘大师走过镖、座过池子（当护院），到了20世纪三十年代保镖、护院这两种工作都相当困难了。1934年刘德胜大师在北京东单东总布胡同里的荣记木器厂正式戳杆，创办北平第七国术社，任社长兼总教练，由于名声在外，前来学艺者甚多。从前的武林界人士历来是艺高之人闻名暗访的对象，著名的武林大侠、外号"醉鬼张三爷"的张长桢就曾暗访大刀刘德胜，后结为兰谱，给后人留下了一段佳话。

说起这事儿来还挺有意思，刘大师创办北平第七国术社，四九城闻名，从艺者蜂拥而至，场外也同样围了许多观众。一年的时间过去了，从艺人和围观人有增无减，刘大师心里特别高兴。这天亲自下场演练三皇炮捶拳，那拳练的威猛刚健、气势完整、劲路多变、内藏暗手，表现出深厚的功夫，非俗家能识得的。刘大师练完站定收势，神态自若、面润气平。围观者掌声四起，又听到"好哇"一声，刘大师心里明白，观众中有位高人。他双拳一抱，说道："朋友！请进来用茶！"按照武行的规矩，既然叫了"好哇"，对方又回了"朋友！请进来用茶！"就不能不露面了。喊"好哇"的朋友从人群中跳入场里，拱手施礼。刘大师道："如果我没看错的话，您就是张三爷吧！我早就注意到您了，您暗访了我一年零八天，今天总算见面了。"张长桢先生非常佩服刘德胜大师爽朗的性格和高深的功夫，对刘大师说："在下正是小号'张三'。久闻先生大名，今得见真功，饱我眼福。"刘大师说："这是哪儿的话，我是敞团（意思是暴露的，明的），您是收团（意思是含而不露真相）。"二人哈哈大笑，言谈投缘对劲，遂结义相拜。

1938年，正值日军侵华时期，日本在北京的武术总教练福田久一郎曾慕名三次造访刘德胜大师，前两次都是谈话，到第三次要求动手。刘老师回忆说："福田出手狠毒，对准先父上去就是一个双峰贯耳。先父不忙缩身下沉，让过双拳，疾上步拥身双掌在对方胸肋下稍一着力，再看那福田久一郎，向后飞出五六米远，摔了个仰面朝天。这突如其来的变化，将这位东洋大师打傻了。他爬起身来找不到北，转了一个圈，四处寻找我父亲。先父看出他晕了，说了声：'我在这儿！'福田才闻声转过身来，两手挑起大拇指，用生硬的中国话说：'你的师傅，了不起！我眼睛里有亮星星，找不到你了。'说完立正站好，两臂垂于体侧，深深地给我父亲鞠了三个90°的躬。"福田久一郎尝到中国武术的厉害，几次追到国术社，请求刘大师教他武功。早先会友镖局一向就有"不教外国人"的规定，更何况又值日军侵略我国，所以刘大师一口回绝了福田久一郎的请求。福田不甘心，多次缠着刘大师。为了回避福田的纠缠，刘大师将国术社暂迁到北池子大街某公馆内继续教拳，并对学生进行抗日救国的教育。

我听着这些武林轶事都上瘾了，在30年前就听说刘德胜大师曾经用内功教训过一位卖西瓜的人。今天，我想再细听听这段事情的真实经过，就问刘老师："能给细说说吗？"刘老师就高兴地讲起了这件往事。

那年夏天，刘大师游北京隆福寺，那年月进香拜佛的多，趁此机会许多做生意的都来赶庙会。有个卖西瓜的年轻人依仗自己也练过几下拳脚，对到他摊上买西瓜的姑娘挑逗调戏，刘大师在旁看得清楚，寻思着这个人不像做生意的人，我非教训他一顿不可。他将旱伞收起来夹在左腋下，上前两步近到这西瓜摊旁，伸手挑选西瓜，对卖瓜人说："你这瓜怎么净是娄瓜？"卖瓜的小伙顾不上挑逗那几位姑娘，转过身来答话说："我这瓜全是新摘下来的，一个都不会娄。娄了一个赔十个，你随便挑！不知道你吃过西瓜没有？"刘大师伸手拿起一个十多斤重的瓜在手掌上来回掂了几下说："这瓜就是娄的！"卖瓜的也火冲，接过瓜来说："我打开给你看，娄一个赔你十个，不娄你付十个瓜钱！"说完举刀照定西瓜就是一刀，西瓜被切成两半，卖瓜的一看傻了眼，承认这个瓜熟过了劲，但他心里犯嘀咕："我上市的瓜全是亲手挑选的八九成熟的好瓜呀！今天怎么啦！"觉得不对劲，但又找不到原因所在。他又亲手选好一个八成熟的大瓜，心想这回老头你还有什么说的，伸手将瓜递给刘大师。谁知一经刘大师的手，掂来转去打开又是一个熟过劲的娄瓜。这卖瓜的小伙哪懂得刘大师这掂来转去用的是隔豆腐开石的红砂掌功，不用说把这几个瓜用功力打熟，就是全车西瓜，只要经他这么一摸，个个都得娄。

等到第三个瓜被打开后，卖瓜小伙有点明白了，这老头是来找茬的！他翻来覆去地看瓜瓢上全是新按的掌印，有的地方瓜瓢已娄，认定是老头的功夫毁了他的瓜，气不打一处来，举刀就去劈老头。刘大师对这疾风冷手早有提防，只见他后退半步，右手到左腋下顺势用旱伞顶头朝卖瓜小伙胸前膻中穴点去。卖瓜小伙胸前和两臂像触电一样动不得。刘大师说："这是对你做生意无德的教训！"此时从围观的人群里走出一位50岁左右的长者，上前给刘大师躬身施礼，说："刘老师您不用跟这种人动气，您教训的对！谁家没有姐妹妇女！"说完转过身对卖瓜的小伙说："还不给刘大师服个软，求刘大师帮你解了穴道！"那卖瓜小伙无奈，不服气又斗不过老头，只好自认倒霉，向刘大师软了嘴，认了错。

"我父亲人缘好，为人正直热情，人们都管他叫'热气刘'，他的威望高，也时常帮人于危难之中。"刘老师继续讲述着他父亲的故事，说他从永定门外"四合号"茶馆一直到前门外天桥的桥头，从东四牌楼到隆福寺，沿路两旁做生意的，只要见到刘德胜大师都会上前请安问候。有的相识，有的不相识，甚至有的只是慕名而来要见一面说一句话。因为乐于帮助别人都出了名。

在日本侵占北京时期，社会不太平，大白天就有套白狼（从背后用绳索套住人的脖颈，勒昏或勒死后，抢劫财物）的。刘老师又跟我讲述了他父亲刘德胜用内功救活一位妇女的事情。

那是1943年夏天的一个下午四点钟左右，有人跑到刘家，说西道沟里刚刚扔了一具死人，快去看看。刘大师放下手中的活儿，二话没说随来人一口气跑到出事现场。死者是位中年妇女，脖子上勒痕清晰，一看就知是被套白狼的歹人给勒死的。摸摸那妇女腕脉已停止跳动了，但手还是热乎的，刘大师脑子里翻腾着，这中年妇女家里上有老下有小，若要被害，这一家子人就完了。看这情况，唯有用高深的内功向她体内发动真气才有可能救活她，可是发真气会对自己身体有很大损失。此情此景使刘德胜大师心急如焚，来不及再寻思这样做会对自己如何了，救人要紧。他立即令人将被害妇女扶坐起来，自己禅坐在那妇女身后一米多远处，放松沉气，用意念把自己体内真元之气调到两手上,再把两掌对着那妇女的后心部位和肺部,将真气像电流一样输送到她的体内,推动着已停流的血液。五分钟、十分钟……刘大师汗流浃背,他改招换式,推点着那妇女的经络穴位。终于,那妇女的心脏缓缓地跳动起来,鼻孔有了微弱的气息。当那妇女睁眼苏醒过来,弄明白是怎么回事后,眼泪从眼角往下流,跪在地上一个劲地给刘大师叩头,千谢万谢救命之恩。刘德胜大师稍息片刻,他心里寻思到这妇女身上的钱财已被歹人劫去,就把自己口袋里的钱掏给她,大伙见到大师如此,也纷纷解囊相助。

　　刘老师所叙述的事情虽然已经过去50余年,但我听得还是那么津津有味,那样入神,仿佛当时的场面又鲜活地展现在我眼前。我对刘德胜老前辈舍己救人的高尚武德非常敬佩,他那感人的事迹激荡着我的心灵。刘大师之所以在武林界享有极高的威望和盛名,成为后人永远学习的楷模,正是因为他用实际行动表现出了武高德更高的大家风范。

　　1954年秋,这位热情义气、救人于危难之中的武术大师与世长辞了,享年80岁。武林界人士和十里八乡的人们都赶去吊唁,有的还身穿孝服,以报大师之恩。

　　刘德胜大师一生从事武术事业,曾先后在京西门头沟、长辛店、良乡,京南的大兴、榆伐等地传授武艺,从学者甚多。他最有名的弟子有新中国成立前任国术研究会会长、新中国成立后任建国武术社社长的白瑾先生,20世纪30年代曾参加中国武术代表团出访过日本,用功夫力挫东洋大力士的北京武术界知名人士王宝英,以及宫永福和刘老先生的儿子刘宝民、女儿刘老姑等人。

刘宝民与五虎少林会

刘宝民先生是著名武术家大刀刘德胜的儿子。刘老继承了"武术世家"的光荣传统,几十年练功不辍。自幼受武术熏陶,得其家传,功夫纯正精绝就不必细说了。如今,每日晨起外出到小树林里将鸟笼子挂在树上后,自己便练起拳脚,一年四季从不间断。老人家面颊红润,极少皱纹,目光炯炯有神。花白短胡须稍稍外翘,总是笑嘻嘻的,慈祥和善,一看就知道是位心肠宽的人。刘老看上去不过60多岁的样子,但实际上已是80有余的年纪了。我问刘老:"您怎么保养得这么好?"刘老说:"这不是靠练功嘛!几十年始终没放下。"我又问:"那您是否练些内功来养生呢?"刘老说自己有一套功法,站起身来练给我看。刘老放松沉气,两手由腹前上提,至胸前又向左右两侧分开推出。我距刘老有两米远有意体验一下刘老的内功功力,感到向我推来的手发出一股热气扑面而来,徐徐贯入我的体内。我心中暗想:真了不起呀!这么大年纪内功居然这么深。刘老说:"这套功法共八式,吸阴收阳,补充自身,阴阳融合,调气健身。练拳再练内功,几十年基本没生过病。"刘老话虽简短,可他那内外兼修锲而不舍的毅力,使我十分敬佩!

刘老给我介绍说每到教拳的日子,他都到场地看着晚辈们练功,对看中的好苗子还要给点小灶吃。刘老说:"培养出人来不容易,如今都是独生子女,怕吃苦,想强壮身体的占多数,想练出点成绩的少。现在我家三代人坚持练武，北京市家庭武术比赛我家年年都参加。"刘老找出收藏的几份《北京晚报》给我看。1988年北京市武术家庭比赛时，《北京晚报》以"祖孙上阵皆英雄"为题。写道："刘老带领儿子、孙子、孙女三代五口人参加比赛，个个身怀绝技，九岁的孙女献上一路'十八刀'，内行人一看便知是家学渊源……谈起练武的益处，刘老深知其妙。一可强身健体，消病除疾；二有利于对孩子的教育培养，使家庭更加和睦。"1989年，《北京晚报》对北京市武术家庭比赛又进行了报道，文中写道："会友镖局著名爱国镖师大刀刘德胜的78岁儿子刘宝民，祖孙三代一起切磋技艺进行交流。他表演的拿手好戏'梅花双刀'，攻防兼备、步捷身灵……"

我一边翻阅着这些有关报道，一边听刘老介绍说："我三个儿子有两个在场上当教练。三儿子刘立喜培养的弟子李娜，曾获得浙江省武术比赛第二名和女子组第一名的成绩。"刘老回忆在20世纪50年代练武场设在董家场时，周围几个村的许多青年人都赶来学武，人多时到过百余口。现在每周六、日晚上也有30多人参加锻炼，这些人又是五虎少林会的骨干。由于我一直想了解这五虎少林会与武术的关系，就请刘老师给我做详细介绍。

原来这五虎少林会（孙家场的）是在清朝同治年间由民众创办的，到现在已有一百四五十年的历史了。

过去的民间花会都由若干户组成，在朝山进香时都在约定的地点摆齐儿（集合）。出发时，照例是让被皇帝御览过的所谓"皇会"（执黄旗）走在前面。

每一档子会都有一个"会头"，手执三角形，并镶着火焰边的"拨旗"前引，拨旗是令箭，由它来指挥一切。凡是走到老一辈会头家宅门口时，头里挑笼子（笼箩）的一定要下肩带过，谓之"息铃"，表示礼貌，恳请批准通过。要路过的村镇街市，都要派人提前去"打知"，如果不"打知"是欠礼。若遇上那个村镇有档子会"摆着架"，那就麻烦了，就要"截档子"。"打了知""息了铃"，如是老一辈会头出来"接礼"，路过的会头一定要躬身"打欠"，文场打三参儿，意为三叩首，表示不越门而过。如老一辈会头没在家，则笼子息铃，下肩而过就行了。

武术传承

刘宝民老师演练三皇炮捶之"梅花双刀"。

刘宝民老师演练三皇炮捶之"泻肚炮"。

到了庙上，庙会开始前，各档子会首先齐唱《群唱》和《小五佛》。统一打三通鼓，表示三次参拜，通称"打三参儿"，表示对神佛的虔诚，打完三参儿才能表演正式节目。

上山进香时，各档子会还要按传统规矩排顺序，谓之"排档子"。按正统花会的规定是：开路头，中幡眼，跨鼓胆，狮子尾。也就是说，耍叉的开路会打头，跨鼓和中幡居中，狮子会压阵。

北京的花会内容极为丰富，有开路会、中幡会、跨鼓会、高跷秧歌、地秧歌、杠箱会、杠子会、石锁会、坛子会、双石头会、小车会、跑驴、跑旱船、龙灯会、太狮会和少狮会等。

花会这一传统民间习俗，是群众自愿参加、自由结合、自娱自乐的一种歌舞形式，不带丝毫营利目的，形式多样、丰富多彩、十分活泼。

刘老详细介绍了花会基本情况以后，又专门介绍了"五虎棍"。他说："五虎棍的由来传说起源于宋代，宋太祖赵匡胤登基前，是个穷困潦倒的混混。他走江湖路过董家桥，遇到当地恶霸董家五虎，拦桥要钱，赵匡胤身无分文，通了姓名要强行过桥，因此双方发生争斗。董家五虎手舞大棍，各个勇猛向前厮杀，赵匡胤虽武功高强，手使大棍东遮西拦，终难敌五虎群攻恶战。正在危机时刻，来了位挑担子的卖油郎郑子明。郑子明见五人围打一人，甚为不平，于是抽出扁担帮助赵匡胤，一边通报姓名一边劈头盖脸向董家五虎砸去。郑子明勇猛过人，力大无穷，打败了董家五虎，救走了赵匡胤。由于赵、郑和董家五虎双方使用的武器皆为棍，所以称为"五虎棍"。表演时，演员都勾着花脸，扮成上述双方角色。有时双打，有时群打，均各有名目，并且有故事情节。

五虎棍的表演还有文武场各自轮番进行的。通常文场14人，分为两组，一组7人，在表演时轮换着击鼓奏乐；武场21人，分成三组，轮换上场，其表演套路72套，420个定式，全套表演完需3个小时，散打套路还不在其内。

孙家场的"普善同乐五虎少林会"融各拳种、武术器械为一体，如少林拳、通背拳、三皇炮捶拳、翻子拳、八卦掌、形意拳、弹腿等，各拳种流派都上场表演，尤其是各门派的独特器械多展示功夫，都是真刀真枪表演对练，非常热闹"！

刘老说："那时候我先父是会头，京城远近知名，常去走会的地方有护国寺、报国寺、隆福寺、东岳庙、白云观、万寿寺、妙峰山、碧霞元君祠（大、小南顶，中、东、北顶，天仙庙、丫髻山）、卧佛寺，还有太庙（现在的劳动人民文化宫）、中南海、天坛、地坛以及最早的北京中山公园（在天桥小市场西边）都走过会。新中国成立后有一段时期会散了，国家改革开放以后，民俗和民间的传统文化又得到重视，大约在1980年我们恢复了活动，并在丰台区北大地做首场演出。1981年参加北京市民间花会大赛，我们获得了'金猴奖'。到了1983年正式重整孙家场'普善同乐五虎少林会'，这项活动就更加活跃起来了，我就继承了先父会头这项工作，也算是个爱好吧！之后春节的花会、各处的庙会参加的就多了，在天坛、地坛、果园公园、丰台、妙峰山、丫髻山的庙会上都能看到我们。我们曾在北京太平杯民间花会大赛上获'太平杯'奖，在北京市首届龙潭杯花会大赛上荣获'龙潭杯'奖。会上北京市副市长陈昊苏观看了大会的压轴戏'孙家场'普善同乐五虎少林会'的表演和我的'梅花双刀'，演出后陈副市长接见了我们，他说：'民间花会大赛是展现民俗和民族传统文化的很好形式。刘老这么大年纪演的非常成功，希望您能坚持下去，并将之发扬光大！'副市长还高兴地与我们合影留念。"

刘老从武行说到文行，这文里又含着武，我都听得入迷了。七八十年前以至百年前的民间事，真能说的细致一点的人不多了，说的是民俗，实际上是非常珍贵的中国传统文化。我看了走会用的会旗、拨旗、笼箩、行头和彩衣，都是整整齐齐的。我随口问："现在会里还有人练吗？"刘老说："还有30多人，每周六、日晚活动，有事一集中全来。走会时文武场很受群众欢迎。我们这项活动，文武结合，既能锻炼身体，又能自娱自乐。不仅丰富了人们的文化生活，同时也成了全民健身活动的一项内容。为了这项活动的开展，我们前前后后也培养出了不少人来。"说到这里，刘老师的老伴找出了不少练功和演出时的照片。我讨要了几张，觉得很有意思。刘老所言每件事都在我脑海中回荡。孙家场的"普善同乐五虎少林会",百余年经久不衰,至今还能吸引着许多人参与,正是因为它有着浓厚的民族传统文化气息,它深深地扎根于民众心中。刘老一家五代人,坚持习武强身,不遗余力地传承民族传统文化,给我留下了深刻的印象。

  刘老虽已年过八旬,但为使这项民族传统文化能继续得到传承发扬,仍在不断努力,真可谓"老骥伏枥,志在千里",令人敬佩。

少女出手惩赖汉

有一次，我与刘宝民老师正在酣谈中，忽然房门推开走进一位年轻的老太太，中等身材，腰板笔直，不胖不瘦，头发斑白，两眼神光熠熠，眼角有点鱼尾纹，面颊光润，无老年斑，看上去顶多有60岁出头儿。我不认识她，只是欠起身来打个招呼，礼貌地问候一声"您好！"那老太太满脸堆笑，应了一声："好，你来啦！"说完，在我右上首斜对面就坐下了。刘老介绍说："这是我的妹妹，就是你常问的老姑，你们是头一次见面。"听刘老这么一说，我心里一愣，觉得刚才自己的举止有些失礼，忙站起身来向前走了一步，拱手作揖，口称"老姑"，恭恭敬敬地给您鞠了个躬，重新给老姑正式行见面礼。老姑忙说："免礼！免礼！我哥哥时常跟我提起你，说你人很好，功夫高深，在晚辈中是出类拔萃的人。""刘老高抬我了，其实是在教我要谦虚谨慎，鞭策我继续努力。"

刘振华师弟曾经跟我说过，当年大刀刘德胜师爷创办的北平第七国术社就设在他父亲的荣记木器场里。他父亲刘纯厚是刘德胜的徒弟。那时，练得最棒的就是刘老先生的老女儿，人称"老姑"。她年轻时故事很多。从刘振华跟我说过以后，我心中对这位神秘的老人非常景仰，总想有机会能见到您，亲耳听听您的故事。今天凑巧遇见这位老太太，心想，在这个节骨眼儿上千万不能把话扯远，跑了题。我忙把话题一转，说："我早就听说您的功夫很深,年轻时期就有许多故事,今天真是太巧了,能见到您,我格外的高兴。"我一连串地问道:"听说您年轻的时候在隆福寺庙会教训了一个摔跤的坏小子,那年您多大年龄?""那年我18岁。""18岁就有那么大胆,敢出手教训一个大小伙子?"我问。"赶上事了,该出手就出手呗!怕也不成。"

"提起这隆福寺,那是大明朝景泰年间建的,距今已有500多年历史,坐北朝南,寺内中轴线上依次排列六层殿堂,规模浩大、气势宏伟,每天香烟缭绕、法乐齐鸣,诵经之声不断,是京城有名的佛家重地。每逢阴历初一、初二、初九和初十,八方香客云集,再加上商家、小贩来赶庙会,把南山门到万善殿之间很大的空间挤得满满的,游客摩肩接踵,熙熙攘攘。有赶庙会做生意的、有卖各种生活用品的、有拉洋片的、有套圈的,还有个场地专门是摔跤的。我和姐姐去隆福寺进香顺便逛庙会,看到庙会这么热闹,且我俩又喜欢看摔跤的,于是就钻进人群里看热闹。场子里两个小伙子一个上身穿着蓝色褡裢,另一个穿着白色褡裢,下身都穿着黑色灯笼裤,脚上穿着刀螂肚云头黑靴子。俩人闪电般抢好了手,穿白跤衣的调腰一变脸就把那个穿蓝跤衣的给摔倒了。我和姐姐不由自主地随大伙叫了一声好,因为看摔跤的基本都是男人,我俩是女孩子,叫好的声音特殊,且身上穿着淡蓝色旗袍,虽是素装但在人群中也很显眼,于是就被那俩摔跤小子给盯上了。他俩跳着蹦子(摔跤跳的一种步法,又叫'跳黄瓜架')满场子转,眼睛不时地瞟着我和姐姐,嘴里你一句他一句的乱说着挑逗的调戏话,逗的满场子笑,有的年轻人还起哄架秧子。这俩人跳着蹦子转到我们跟前,不好听的话更多了,俩人一使眼色,那个穿蓝跤衣的两手交替举到嘴前往手里吐唾沫(摔跤惯用的动作,意思是用唾沫口水润一下手指甲,免得抓褡裢时指甲受伤),谁料想这是个假动作,蓝的在吐口水过程中把一口痰吐到穿白跤衣人的靴子上。乌黑的靴子上沾着一大口白痰,看着好恶心,我和姐姐转脸要走。这时那个穿白跤衣的大声说:'嗨!你俩小姐不能走!不爱看我俩摔跤可以,你不能往我靴子上吐痰呀!我这双新靴子,今天刚上脚,就被你吐上一口痰,你说恶心不恶心?乖乖地给我擦干净!''这痰分明是你们自己人吐的,怎么赖起我俩?'我争辩地反问他。这家伙发动观众说：'大家看看，这小妞嘴还挺硬，要不看你俩长得水灵，非叫你赔双新的不可！叫你给擦干净就算便宜你了！怎么着？大伙说该不该擦？'观众也弄不清怎么回事，被他这么一煽呼跟着起哄嚷'该擦'。姐姐见跤汉这么痞子无赖，对那么多观众有理也辩不清，看着跤汉踌躇不语。那跤汉故意耍着赖说：'要不然你俩向我鞠个躬，道个歉，叫我一声大哥，我就放你们走，要不然就得给我把靴子擦干净！'那跤汉向我俩伸着一条腿，两手盘在胸前，得意地晃动着脑袋壳等待着。姐姐想息事宁人，忍了这口窝囊气，遇到这样的赖人甭跟他一般见识，便伸手从右襟纽袢上拿下手绢，向前要去擦。我一把拦住她，抢过手绢说：'我来给他擦！'我心想：'在大庭广众之下刁赖的跤汉不但不守江湖规矩，还想故意戏耍我们，我岂能叫你得逞，让姑奶奶来教教你怎样做人！'想到这儿，我右手拿着手绢，向前猫腰伸手去擦，用拇指和食指捏住跤汉靴子上的刀螂肚向上一扔，把那个赖跤汉摔到丈外，仰面朝天躺在地上。这一突如其来的变化惊呆了全场观众，人们不知所措。看跤场的师傅报怨地说：'这是怎么话说的，撂跤不好生撂，看人家姑娘长得漂亮，跟人家逗什么闷子呀！这下撞钉子上了吧？'我俩没说话，掸了掸手，拨开人群去庙里进香了。"

老太太讲的甭提多精彩了，强烈的画面感冲击着我的大脑，那时的场面像放录像一样又鲜活了起来。故事听到这里我插话问道："您把人摔出去了也不怕事后找您报复？""我当时没想那么多，只想让他丢面子，教训教训他，摔出去也伤不着他。后来这件事在武术界传得沸沸扬扬，没过多久，我听说跤汉的师父打听到我是大刀刘德胜的女儿，叫刘老姑，他亲自登门给我父亲赔不是来了。那时代在外面混的人都很讲义气、懂规矩。"老姑绘声绘色地说。"您伸手一捏靴子脸就把人给摔出老远的，这功夫很深了！"我夸赞您的行为和功夫。老姑谦虚地表示："十几岁的女孩子哪有什么功夫？只不过是见机行事，他斜伸一只腿，心里美滋滋地举着脚，一点防范之心都没有。我伸手过去，他以为我真的去擦呐，想不到一个文弱的小姑娘会突然出手把他给提起来扔出去。话说回来了，'好汉子不提当年勇'，那都是60多年前的事了。现如今人老了，就求健康吧！"老太太爽朗地笑着。我说："您这么年轻，说老还早点吧！""当着 80 多岁的哥哥我说老还早点！还不应该言老呢！"他风趣地说。"啊！您都 80 多啦？不像不像。那您是练什么功夫使您这么年轻的呢？"我惊讶地问道。

老姑说："人老了不能提练，只能说活动身体。我每天踢 108 腿，活动活动腰腿，求灵活一些就行了。要说练的话，那就是要修炼，身心健康了，人就年轻了。""您是如何修炼的？"我问道。"这个问题以后有机会再跟你说。今天就说到这里，我先走一步。"老太太丢下一个扣子就走了，我的脑海里左右翻腾着，盼着有那么一天，再见到这位神秘的老人把她丢下的扣子解开。

医武同修德，平凡见高尚
——记老武术家、老中医欧锡九

15年前7月份的这天深夜，我患了急性前列腺炎，裆腹紧痛，高烧不退，不到半小时就得上一趟厕所，苦不堪言。大夫说这种病是老年性常见病，输液服药会缓解，但不会根治，这病会伴随后半生，转成慢性病，须常吃药才行。

当时，我心里压力特别大，要真是慢性病缠上也真够让人烦的。为了尽快医治好，我连续输了6天液，一周的药也吃完了，病情依然没有好转。这两次就诊花了2000多元。我心想，照这样看下去，经济上压力会很大，真要看不起病，吃不起药了，家里的日子也会被拖垮！但病痛的折磨又使我无可奈何。

忽然，我想起了师叔欧锡九是中医大夫，师伯张庆云说欧大夫是神医，我何不去您那里求诊。于是我迅速地拨通了欧老的电话，简述了病情向您求诊。欧老说："你来吧！如果有困难我乘车去你家。"我忙阻拦说："您70岁了，这么远到我家来我不忍心，我明天上午就去您诊所。"

次日，我打出租车到了欧老诊所。平日我经常骑车到永定门内东顺城街欧大夫诊所，这次不行了，裆里紧痛，40分钟左右就得去厕所，所以打车过来更快。我跟您说："输液、吃药只能缓解，医生告诉我这病会转成慢性的，伴随我后半生，还得用药控制着，我心里烦透了！"欧老给我诊完脉象告诉

欧锡九老师演练三皇炮捶之"开弓势"

欧锡九老师演练道家三霄龙须双剑之"双蝶戏梅势"

我："你是湿热积结在下三焦，二便行不下去了，影响了前列腺。没别的事，一会儿就行了。"您让我躺在诊床上，在我小腹上扎了5针，大约15分钟起下针，叫我去厕所。我从家里出来到看完病已有一个半小时了，早该去厕所了，我立刻起身去排尿。哇！小便像一壶热水直接倒净，裆里没有紧痛和刺痛的感觉，小腹也不胀痛了。真神了！回到诊室欧老已经给我开好药方，嘱咐我"先煎两剂服下就会有大的好转。这病不会伴你后半生，不用担心，扎几针，吃几剂汤药就好啦！"

我在回家的路上找药店抓了两付药，药费不足20元，到家马上煎好药喝下。下午3点多钟药劲起了作用，我去洗手间大便，积累近7天的灼烫的大便倾泻而下，好不痛快，小肚子舒服多了。傍晚又有一次大便。睡前我将第二剂煎药服下，次日又服了第二服药。这一连两天服中药，大小便都畅通了，二便热烫的感觉小多了。我懂得一些中药知识，第三天抓药时我将方剂中的一味大黄15克去掉了，照原方又抓了两服，回到家刚煎上药，欧老来电话问我服药的情况，我如实汇报，感觉很好。欧老嘱咐我说："你再照方抓两服，把药方中的大黄这味药去掉。这味药我下的量大，吃多了我怕把你泻过了，二便的湿热打下来就行了。"我说："我刚照方抓回两服，已将大黄去掉！"欧老说："那太好了，你明白药性，服完这两剂再来复诊吧！"通过这次看病，使我感受到欧老确实是位神医，不但诊脉准确且针法神奇，用药恰当。病人服药多长时间以后药剂发生作用、药力效果如何掌握得一清二楚，真是绝了。

我在家服了两天药之后病情大大好转，再去复诊，欧老给我作了巩固性地治疗，嘱我再照原方服两服药，病就完全康复了。我遵嘱又服了两天药，果真病痛全除，现在回想起这场病已是15年前的事了，至今这病都没有反复过。

欧老曾经跟我介绍过自己从医的过程。他13岁进同仁堂当学徒，由认识各种药材开始，从学制药到前台抓药，样样干得精熟。17岁正式学中医，诊脉、针灸、开方剂，后给著名中医大师陈慎吾先生叩头拜师，在老师的精心培养下成为一名正式中医大夫。在同仁堂坐堂应诊几十年，医界内也小有名气。在十年动乱中被打成白专权威，轰回北京昌平区农村老家。乡亲们都知道先生是著名中医师，很尊敬他，时常有人向他求诊。欧老不论多忙多累，有求必应，分文不取，纯是救死扶伤，治病救人，留下了很好的口碑！"文革"后落实政策，欧老又回到京城，自己申请办了一间诊所。当时医风不正，乱收费，乱开药，群众看病难、药费贵，欧老的诊所诊费很低，所开方剂常用普通的低价药，使就医者少花钱即能治病，为群众排忧解难。到欧老诊所就诊的人，天天爆满。欧老只好每天发放30个诊号。来就诊的病人中家庭经济有困难者，欧老对其减免诊费，病人们对老先生的善举无不称赞。

为照顾附近老人和出门困难的重病号，欧老舍去了自己的休息时间，增设了出诊日。每周用三个下午的时间到病人家中寻诊，送医上门，方便了群众。我有时去欧老诊所看望老先生，见您有时跟病人交流谈心，用言语开导病人，然后再开个小药方，就把病治了。我问欧老："您不但对身体的病着手成春，心里的病也治？"欧老说："治病先治心，话是开心的钥匙。用话语打开心扉病就好了一多半，再用小药调剂调剂，花不了几块钱就可以治好了病。这样的病例多啦！"欧老这种"心病还须心药医"的方法治愈了许多病人。患者口碑相传，到欧老诊所来就医者越来越多。

一次，我去欧老诊所，见到有位70多岁的老太太在就诊，她对欧老说："您救了我啦！我感冒到医院看了三次，花了2000多块钱，没能治好，我经济困难看不起了，没法子了，通过人介绍到您这儿看，扎了一次针，吃了三天的汤药，只花了20几块钱我的病基本上好啦。早知道我就不用给医院送钱去了，还多受了好多罪……"

欧老说："中西医治病各有所长。您这感冒我给您调一调，能省钱尽量省，病好了就行了。"我听着他们的对话，脑子里翻腾着，大医院人才济济，设备齐全先进，除去收费高，怎么这些常见病都解决不了呢？而中医凭借着三根手指探查病者体内信息变化，扎几针，再开个小药方却能把病治好。它简便易行，不借助先进设备，凭着一身真本事，为患者解除病痛。当然不光是一般常见病，许多疑难杂症，中医也有自己的独到之处。中医是中华民族几千年来的文化遗产，虽现代医学手段很先进，但十几亿人口的中国仍需要中医，而且需要更多的像欧老这样以仁心施仁术，不求名不贪利，默默无闻，脚踏实地，具有高尚医德的中医人才悬壶济世！

在欧老所医之人中有一位70多岁的老太太，患了脑血栓卧病在家。老太太身边没有亲人，只有左邻右舍的街坊轮流照顾她。街坊求欧老给那位70多岁的老太太出诊，您了解到老人由于经济困难住不起医院，家里又没有亲人照顾的困难处境，就安排每周两次出诊，免费为老太太医治，一连三个多月给老太太实施针灸。老太太从卧病在床不能动，到能坐起，再到能下床搀扶练走；从臂不能动，到臂能举起，能往嘴里送食物；从不能说话，到能用语言表达，到最后生活能基本自理，只花了半年时间。这位老太太不知如何感谢欧大夫，这天欧老又到老太太家出诊，老太太拿钥匙打开一只大木箱子，对欧老说："您救了我一命，我也没什么能报答您的。这里有我先生给我留下些字画，送给您作个纪念吧！"说着伸手取出几卷交到欧老手上，欧老打开一看都是著名画家张大千先生的手迹。老太太说："我是张大千先生的第九任太太，大千走了，我不愿意离开北京，别人不知道我的身世。请您收下我这片心意！"欧老说："我给您看病是我的职责，您病好了比什么都强，我说免费给您看就什么都不能要。医有医德，治病救人是我应当做的。再说您这礼物太贵重啦！您的心意我领了，东西我不能要！"老太太为此急得落下泪，说："我竟遇到好人。我病了，周围的街坊白天黑夜地照顾我，又遇上了活菩萨给我治好了病。如果您不收我心不得安宁……"老太太苦苦哀求，欧老怕老太太情绪过于激动导致病情反复，只好收下了一张小画留作纪念，自己掏出500块钱交给老太太说："我不能白收您的画，这张画肯定也不只这几个钱，这几个钱是补济您养病用的。"老太太无论如何也不肯收。欧大夫说："如果您不收下这钱，我也就不收您的画了！"老太太无奈，只好不情愿地答应了。

提起这件事，欧老对我说："行医如做人，施恩不图报。大夫就应该治病救人，合理收费是对的，有困难不收费也得治病，这是传统的医德。乘人之危，敲人钱财那是缺德。老太太一大箱子张大千先生的手迹真品，价值连城。

不能借医贪财，见钱眼开！"我听着点头赞许，寻思着一位 80 岁的老中医尚能守德自爱，我们那么多大医院，那么多受过高等教育的医生，若都能恪守医德，不乱开药，不乱收费，不收红包，不收药商的各种好处费，医药价格自会趋于合理化。

欧老 80 多岁了，家中老伴与您年龄相仿。多年来老伴一直给诊所做着后勤工作，每天很早起床为病人发号，诊所下班后，还要整理房间、搞卫生、消毒等等，这一切都做完了才能休息。近年来欧老见老伴身体也不太好，为多照顾老伴一些，就将诊所的营业执照上缴了。可是许多病人还是不断地来求诊，欧老没办法，自己又不能无证行医，只能对前来求诊的病人作解释。欧老眼看着前来求诊的老人实在可怜，有的向欧老诉说着病苦，有的向欧老诉说着家境的困难，这一切刺激着欧老的心灵。诊所停诊不到一个月，欧老病了，您的心情太压抑了，整天烦闷不乐，不爱说话，不爱见人，吃不好，睡不着，周身说不清楚的难受。欧老知道自己得了抑郁症，自己吃了几服药病也不见好，到这时候真是医不治己了，只得把儿子找来给扎针灸，开汤药服，治了将近一个月才慢慢调理过来。

当我前去看望他老人家的时候，欧老的抑郁症刚治好不久，欧老谈起此事时说："我原来给别人看抑郁症没体会到这种病这么难受，这回自己得了这种病才有深刻的体会。那么多老的、少的病人来求诊，我虽是个大夫也有能力，却不能帮他们解除病痛，他们的一言一行就像刀子一样，在割我的心肝，太难受了，内心也太压抑了，自己的责任感使我放不下病人，没多久我就得了抑郁症。自己心里明知这些却化解不开！"我听着顺便问欧老："那您的病治好了，今后打算怎么办呀？"欧老说："诊所执照已经上缴了，不可能再重新开业。为了帮助那些贫困的老人和特殊情况的求诊者，我打算每周作三个半天义务咨询，分文不收。这样我活着能为别人多做点好事，心里痛快！"我听着老人这肺腑之言，心中非常敬佩。他那高尚的情操为我们树立了的榜样！

欧老不仅是位著名的中医大夫，还是一位武术名家。先生出生于武术世家，祖父和父亲欧成玉都是著名的通臂拳师。欧老幼承家学，20岁时带艺投师，拜京都会友镖局著名镖师大枪侯金魁先生为师，习练三皇炮捶拳械。欧老是侯大师的关门弟子，深得三皇拳学之精奥，几十年练功不辍，并严教儿孙习武。祖孙三代都参加过北京市家庭武术比赛，曾多次荣获"武术之家"大奖。近年来，三皇炮捶门老前辈相继仙逝，只有欧老唯一健在，85岁高龄仍步履轻快、腰板笔直、神采奕奕，每日清晨到天坛公园练功，风雨无阻。我的几位师兄，多已年过古稀，有的比欧老年岁还大，依然追随着欧老一起锻炼。还有我的十几位师侄，也追随着欧老一起练功。因为欧老平易近人、和光同尘、不自立异、和蔼可亲，没有高辈分的架子，将年过古稀的师侄们视为朋友，互相尊重，对年轻的徒孙们也倍加爱护，有问必答，有求必应，耐心指导，将自己所学毫无保留地传给后人。

　　欧老虚怀若谷，虽得三皇炮捶之真谛，却从不炫耀自己，总说自己学识浅薄，练得不好，还经常给我们讲"满招损，谦受益"的道理，提倡多听、多看、多学、多悟、多练。多听，为集思广益，增长知识；多看，为辨别是非，识别真假；多学，为勤学进步，艺无止境；多悟，为悟明道理，开阔思维；多练，为勇于实践，功深自化。欧老常说："习武实为学做人"。习武先修德，曾曰："吾日三省吾身。"要时时检查自身存在的不足，才能使自己的人格有所提升。习武之人的素质要比别人高才对。欧老不但对后人如此教诲，同时自己也如此实践的。几十年来他将行医、练武、做人三者有机地结合在一起，处处展现出了难得的仁德、仁心、仁技。那种优秀的品德、品行、品质一直在他平凡的生活和工作中闪闪发光！

杨式太极拳小快式的传人李顺波

年过古稀的李顺波先生打的太极拳，立身中正安舒，支撑八面，不贪不欠，不即不离，不偏不倚，无过无不及；松身敛神，心平气和，起手轻，举步轻，周身轻，一身轻灵；招法内劲，圆活顺畅，动分静合，内外混元一气，行家一眼便知他功底深厚。

李老师自幼喜武，1956年与好友梁礼学习少林拳械，曾经是工作单位武术队的骨干。1963年师从张文炳先生习杨式内传太极拳械，成为仅有的6名登堂入室弟子之一，尽得张文炳老师杨式内传太极拳体系真传。

杨式内传太极拳体系包括三层功法的正路子、加（家）手、小快式，以及各种功法、太极拳对练、推手、技击应用，还有太极十三枪、太极十三刀、六十四式太极剑、四十六式太极刀等器械。凡入室弟子皆秘传一本由杨少侯先生传下的《宋氏家传太极功源流支派论》。

李顺波老师所传授的杨式内传太极拳即是这个体系，与现时之所传多有不同，尤其是小快式，是技击实用架，确实有它精微独到之处。李顺波老师所演练的小快式，势架低小、中正安舒、小中寓大、无中寓有、松轻圆活、灵巧多变、招法迅捷、冷弹脆快，动作时缓时疾，刚柔忽隐忽现，轻灵中显神意，柔绵里含刚坚，内外混元，一气呵成。整个套路250多式子要在10分钟内打完，非常精彩，没有相当功底是不可能练好的。

李顺波老师演练杨式太极"六十四剑"

李顺波老师在北京通州区西海子公园内的太极拳辅导站

李顺波老师淡泊名利，多年来传拳授艺，尽心尽责。他精心培养的弟子汤铁军，在 2000 年至 2002 年北京市太极拳比赛中，太极拳、太极剑、太极刀成绩均名列前茅，并连续三年获太极推手冠军。在 2000 年全国太极推手赛中获亚军，在 2002 年全国武术太极拳锦标赛中获四十二式太极拳冠军。

李顺波老师还有一名特殊的弟子，叫陈伟才，是泰籍华人。陈伟才的习武史很不简单，他早年习泰拳，20 世纪 70 年代曾获东南亚泰拳比赛冠军，在日本学过空手道并获四段称号，在中国台湾学过少林拳，在中国上海跟傅钟文学过太极拳，在北京跟王玉芳老师学过意拳站桩功，在泰国同杨澄甫的弟子郑曼青学过太极三十七式，在泰国太极推手爱好者中很有名气，一般人不敢与他交手，许多太极拳爱好者都是他的学生。

2000 年陈伟才来北京寻师访友，在北京天坛公园见到杨景富练太极拳与他人练的不同，很感兴趣，提出想学。杨景富将陈伟才带到北京通州区李顺波家里，说明了来意。李顺波老师回忆说："那天正好是我休息，陈伟才与我推手，他半天出不来手，几次都败北了。我让他看了我练拳的光盘，他非常高兴。看完之后，'咕咚'一下给我跪下了，非拜师不可，我不答应他不起来。闹的我没办法，只好答应了他。后来过了几天，他请我和老伴去北京工人体育场看'海底世界'。在大厅里休息时，他对拜师之事不放心，又问我，我稍愣了一下说：'不是已经答应了吗！'陈伟才机警地发现可能有变，当着许多人再一次地跪下叩头不起来，叫我再答应一次。我连连说应了应了，用劲把他拉起来，他就这样成为我的弟子了。这几年每年都从泰国到北京来找我学拳，每次来都诚恳地邀请我去泰国教拳，他在泰国向许多爱好者介绍我的情况，许多人听了之后都想见我，想当面受教。就在 2003 年冬天我应邀去泰国曼谷，陈伟才见到我激动得落泪了。"

李顺波在泰国见到了许多太极拳界名人，都练了一二十年的功夫，在泰国都很有影响力，且都是多年的教练或太极拳老师。李老师说："不要光听说是有名人物，心里就惧怕，那样跟他们一推手就不中用了。在 2003 年 11 月 23 日我应邀在泰国国家级太极拳比赛大会上进行表演，这一下子轰动了大会。

他们没见过太极拳这种打法，更没见过太极拳的技击效果。我想，虽然我只身来到泰国，可动手不能输，表演必须好，因为我代表的是中国真功夫。这次活动，泰国的各大报纸都纷纷登文报道，电视台的新闻也报道了当日的情况，影响挺大。原计划这次去只收3名徒弟，这样一来变成13人了。这次收的都是泰国太极拳总会的会长、副会长、顾问、秘书长和副秘书长等人员。泰国太极拳总会研究决定，聘我为总会的荣誉顾问。"

刘学勃老师鲜为人知的事

我和刘学勃老师相识于20世纪60年代，刘老师原本在原籍练戳脚和翻子拳，1950年从老解放区调到北京工作后，又拜在戳脚翻子拳名家"花鞭吴斌楼"老师门下继续学艺。而吴斌楼老师和我老师董英俊先生、白瑾先生是拳交，我管吴老师叫师大爷（注：北京人对师伯的称呼），并向吴老师请授过一趟少林鞭。因为有了这层关系，我和刘老师越走越近乎，他长我14岁，我尊称他为"师兄"（注：一般是同门同辈人这样称呼）。到了80年代以后交往就更多了。

刘学勃老师的武功高超，这不光是他师承名门，更重要的是自己勤奋刻苦，无论环境、条件怎样变化，他都坚持练功不辍。到北京又拜吴斌楼老师之后，十几年不离吴老师左右，谦学请授。吴老师非常器重他，将许多资料、书稿传给他，希望他认真传承薪火。刘老师没有辜负吴老的厚望，30多年来培养出安明振、安明山、李世明、蔡友、李鹏等一大批优秀武术人才。为弘扬这门拳艺，他总结毕生所学，奋笔著书，2004年出版了他的首部拳学著作——《戳脚汇宗》。

学勃老师是位尊师重道、很重情义的人。吴斌楼老师与著名通臂拳家王侠林老师、三皇炮捶名家王宝英等老师之间有几十年不断的深厚友谊，吴老师又将这种友谊传递给了下一代人刘学勃。王侠林老师住在北京东城区灯市

武术传承

刘学勃老师演练戳脚之"鸳鸯腿"

作者同两位师弟祝贺武林挚友刘学勃先生80寿诞(左二为刘学勃、右二为作者)

口大街，学勃老师每逢年节无论有多忙都要抽时间到王侠林老师家看望他，外出路过王老师家附近也要抽空到王老师家里坐一坐，嘘寒问暖，协助做些事。由于他对人真诚，所以与王侠林老师的弟子朱生安、严明达等人也成了莫逆之交。

学勃老师调到北京市建材局工作后，离王宝英老师家比较近了，就利用下班后和休息日晨练后的时间常去看望老师。我有时也到王宝英老师的练功场地去看望王老师，他跟我提起刘学勃师兄时常说："学勃不但功夫好人品也好，他常去我家里看我，这都是吴斌楼老师教导有方，培养出这么一位好徒弟。"还嘱咐我说："你们要多多近乎呀！"

吴斌楼老师与健身武术社宋德泉（号兰坡）老师是至交。二老过世后，这种友谊延续到双方下一代的宋志平、谢志奎和刘学勃三人身上。20世纪80年代，宋老师任京华武馆馆长，学勃住家距离京华武馆有5里多路，他经常到武馆看望宋老师。他也常去参加宋老师的弟子每月定期在京华武馆的聚会，多年来他与宋志平老师、谢志奎老师情同手足，与这二位老师的弟子们也建立了深厚的感情。

学勃老师人很正派，做事光明磊落、认真负责、待人诚挚，在武林界享有很高的威望，在他的周围联系着一大批武林精英，各个拳种和很多名家都和他有良好的关系，即使无暇见面，也时有电话联系。他在北京武术界的作用，很多是别人所代替不了的。

学勃老师把弘扬、发展武术视为自己的使命，退休后将全部精力投入武术事业中。1989年，他牵头组织八卦掌、通臂拳、查拳、三皇炮捶、花拳、戳脚翻子拳的孙志军、钟国麟、齐某业、张汉文、刘振娟等几位武术家，录制了《中国传统武术大全》第一辑。

他积极倡导"加强对北京武术界的宣传工作"，并热情协助北京电视台摄制《京城武林》系列报道节目，精心组织了陈式太极拳、杨式太极拳、吴式太极拳、孙式太极拳、形意拳、八卦掌、三皇炮捶拳、花拳、查拳、八极拳、通臂拳、意拳等十几个拳种的20多位武术家和著名拳师参加系列片的摄录工作。

  为了乘我国第一次举办亚运会的东风，向外宣传、推广中华武术，中国武术研究院要摄制《武术世界》大型纪录片。学勃老师极积热情地配合中国武术研究院，组织北京市武术界各拳种名家做好表演工作。

  北京是近代武林精英荟萃之地，也是一些拳种发源之地。北京武林豪杰辈出，具有热爱祖国、抵御外侮的光荣传统。新中国成立后，特别是改革开放以后，北京武术工作蓬勃发展，取得了举世瞩目的成绩。北京武林有辉煌的昨天，也有灿烂的今天，还会有艳丽夺目的明天，但北京在1984年的武术挖掘整理工作后没有出版过一本相应的书。为弥补北京武术界史料不足的状况，客观地记载历史；也为中华武术走向世界，对外较全面地展示北京武术状况，编写一本介绍北京武术的书，就成了北京武术界的当务之急。这副重担，就落在刘学勃老师肩上了。

  学勃老师是一位为武术事业肯吃亏的人。出版图书是件复杂的工程，尤其是编写这样一本煌煌巨著，更是一件不容易的事。《燕都当代武林录》从1994年就开始酝酿编写，前后经历了三年时间，召开大大小小的座谈会40多次，北京市各拳种流派约200多人次参加，这一系列繁重的工作皆由学勃老师一人承担。学勃老师利用弟子在北京宽街小学教拳的关系，亲自出马到北京宽街小学求助，并取得了校方的大力支持，专门给我们留了一间大教室作为编委会的活动场地。副校长金练先生还多次放弃休息时间，到学校为我们服务。

  学勃老师做事讲原则，不图私利。出书费用是入选者自筹资金，由编委钟国麟老师负责财务，钱看得很紧。编委会各项工作都是义务，是没有任何报酬的。每次开会座谈，都要由牵头人刘学勃老师电话通知编委会各位成员。各拳种的材料中有不合适的内容也要用电话与供稿人联系商讨，他家的电话费每月都要交100多块钱，最多的时候甚至要交200多块钱，三年下来电话费也是一笔不小的数目。这些费用是没地方报销的，都由学勃老师自己承担了。

编委会工作组很多次座谈、讨论、研究工作，从上午 8 点半一直持续到下午 1 点多钟才结束，学勃老师规定："到外面吃午饭不准动用出书集资的一分钱。"首先从他开始饭费自理，然后由编委会工作组的成员李秉慈、曹彦章、钟国麟、张汉文、刘敬儒、赵大元、骆大成等人轮流承担。

学勃老师做事认真负责，所有书稿交到他手里他都要亲自看上两遍。由于稿件的水平参差不齐，有的要修改，有的还要重新写，因此他每天都要干到深夜才能休息。我和学勃老师住得比较近，骑自行车也就是六七分钟的路程。我去他家常见他伏案看稿，忙碌不停，70 多岁的老人为这本书呕心沥血，这种认真干事业的精神是很令人感动的。

出书自筹的钱不够出版经费，为了使这本书能尽快面世，学勃老师热心游说，募集善款，又得到王世泉、翟凤岗二位先生的鼎力相助。后来在各级领导和北京武术研究院的热情支持下，在北京武术界老师们上下齐心协力的共同帮助下，学勃老师精心组织编写的这本《燕都当代武林录》终于顺利付梓，为北京武术界做了一件非常有意义的大事！

学勃老师多年来一直在为中华传统武术的传承、发展勤奋工作。他深知中华武术的根在民间，民间武术的传承与发展应受到重视。他筹划着写一本介绍全国民间武术家的书，多次请来身边的专家、学者座谈征求意见。消息一经传出，支持的人如潮涌至，经他孜孜不倦的努力，一本图文并茂的《民间武林采风》出版了，又为弘扬中华传统武术做了一份贡献！

学勃老师今年已届 85 岁高龄，虽陈疾缠身，却从不气馁。他严格要求自己，仍然一如既往地努力，正在夜以继日地整理吴斌楼老师的遗作。他这种为武术事业忘我的精神为我们树立了学习的典范！翘企学勃老师新作早日面世！

探索研究

三皇炮捶益寿原理

三皇炮捶是我国古老的传统武术拳种之一，在传统武术文化中一枝独秀。长期实践证明：它既是一种合乎生理和体育原理的健身运动，又是调养疾病的有效手段。

一、松静安舒 头脑清醒

练三皇炮捶时，要求"松静安舒，大脑清醒，万念归一，自然而然，全神贯注，意不旁驰"。在意识的支配下，人的思维始终集中在攻防动作上，排除了其他干扰，专注于指挥全身各器官系统机能的变化和协调动作，使神经系统受自我控制的能力得到提高，就能迅速、正确地传达和接收各器官系统变换动作的信息。随着练拳熟练程度的不断提高，肌肉收缩和舒张的交替，大脑的转换能力也随之增强，神经系统活动的均衡性和灵活性，即自我意念控制能力也得到加强。自我意念控制能力愈强，传递信息的速度就愈高，正确性也就愈来愈高，从而使神经系统的功能得到不断改善。

经常坚持练三皇炮捶，大脑皮层神经细胞的兴奋与抑制不断地得到调节。促进了身体各部分组织的新陈代谢，使习练者气血逐渐得以旺盛，头脑反应灵敏，从而起到健身和预防疾病的效果。练三皇炮捶拳要求收颌、竖项、领头，如此精气神皆领起，人总是神采奕奕，精神焕发。

二、深吸猛撺，提高机能

三皇炮捶采用腹式呼吸，要求气往下沉，即"气沉丹田""丹田用力鼓"，膈肌松沉，胸部虚含自然，整个机体放松自然，一呼一吸自鼻孔出入。出手呼气，收手吸气，与动作自然配合。发力时丹田气聚，"呼吸发力同一声"，"气劲合一"拳打爆发劲。运动虽然猛烈，但胸部虚含，由于运动而引起紧张状态的转移，以腹部、胸部膈肌以上宽舒，无横气上升，无拙力产生，故而胸部无胀满努憋之感，腹部充胀收缩，充实放松，不断反复鼓荡，这对保持肺组织弹性，发展呼吸肌，改进胸部活动程度，增加肺活量，提高肺脏的通气和换气功能有良好的作用。所以，长期练三皇炮捶者，由于长期练习这种特殊的呼吸方式，平时呼吸频率会减少，呼吸差和肺活量都比一般人大。

三、通经活络 病邪皆除

三皇炮捶是以气为主，以理当先。理者君也，气者臣也，君臣匹配，乃能制胜。其理是自然法则，即遵循自然法则进行运动。练拳时意念集中，心静神明，以意领气，意气相随，神到气到，气到力达，神、意、气、力融汇合一，成一整体。三皇炮捶的"头顶颈梗""气沉丹田""心平气和""舌舐上颚""天门亢，腰脉提，脏脉歉，气分阴阳，肚讲阴沉，阴聚阳散，八卦为根"等等，都明示拳理源于易理，拳理通于医理。中医学中的经络学、气血学、脏腑学，与拳学中的健身防治疾病原理相同相通。"天门亢"，头如顶物，用意上领，挺颈平视，不偏不倚，精神领起。"腰脉提"即提督脉，贯注百会穴，向前、向下流动到龈交穴，经舌舐上颚的"搭桥"作用，化作一口津液，称为"舌丹"，再经"脏脉歉"的虚含松沉，"舌丹"过十二重楼，滚滚落下沉入丹田。如此反复周天运行，全身上下，百脉畅通，病邪皆除。

三皇炮捶是以练气为主的拳术，它以理当先，发力擤气，气劲合一，顺畅自然，是合乎生理规律的。另外，它对内脏、心血管、肌肤及关节均有积极的影响和健身祛病的功效。

四、促进消化，精气常存

练三皇炮捶可使体内五脏六腑起到鼓荡按摩作用，可以消除肝脏血淤，改善肝功能；加强肠胃的蠕动，促进消化液的分泌，对治疗肠胃方面的慢性疾病，效果尤为明显。由于三皇炮捶采用腹式呼吸法，兼做周天运行气功，故练拳常有津液下咽，除润肠胃、利肝脾之外，还能使人体精气长存、颜色不槁。

五、二阴常缩，青春常驻

在锻炼三皇炮捶过程中，裆中的"会阴穴"始终是用意向上提着的，促使前阴（尿道）和后阴（肛门）括约肌作收缩。由于尾骨根的向内收，托起了丹田，在发力和蓄气过程中，丹田反复鼓荡，促使前后二阴反复作收缩运动，促进了两个器官及周围组织的血液循环，使前后二阴及括约肌得到了充分的锻炼，可以有效预防大小便失禁、痔疮、遗精、滑精等疾病，还能改善前列腺过早肥大所造成的痛苦。在养生保健中提倡"谷道常缩"也是这个道理，谷道常缩能使青春永驻。所以，锻炼三皇炮捶拳对男女前后二阴有良好的保健作用，能使身体青春常在，延缓衰老。

六、形神俱健，延年益寿

三皇炮捶身法讲"雕爪蛇腰出水龙，金钩入地得太平。怀抱太极乾坤在，阴阳变化鬼神惊"。因为练习三皇炮捶常常两手屈指如雕爪，两脚十趾屈抓如金钩，牢固地站好用功。这使得两手三阴三阳经和两足三阴三阳经得到充分的锻炼，气劲通达十二经络。又要求腰部松灵而含韧性，如蛇龙之状活滑柔顺。腰间带脉如水，活畅如车。人体的四肢百骸内经外形都得到充分的锻炼，焉有不健之理？因此，习练三皇炮捶有使人形神俱健、益寿延年的功效。

杨式内传太极技击架没有失传

杨式太极技击架失传了吗？哪里还有练的？传人如何？这都是太极拳界一直非常关注的问题。

杨式太极拳的技击架只传给自家子弟和部分门徒，这种技击架子就是杨式太极"小快式"，有人称它为"快拳"或"快架"。现在所传的"杨式太极快拳"、杨班侯或杨少侯所传的什么"快架"等等，大多数是将慢架快练，即称为快拳或快架，而真正的杨式太极技击架，世传极少。

张文炳（字虎臣）先生，北京通州人，北京前门外昌盛银号分号经理。先生酷爱武术，1919年在北平体育研习所开始学习太极拳，1921年有幸拜在杨式太极第三代宗师杨澄甫门下，得授杨式太极拳108势、太极推手、太极十三刀、太极六十四剑等，成为登堂入室弟子。此后杨澄甫先生又将爱徒张文炳举荐给其兄杨少侯先生，学习杨家内传的功夫，继续深造。

杨少侯所演拳架由其伯父杨班侯所传，势小劲刚、灵活多变、招法迅捷、出手即打，是为杨氏家传技击拳架——"小快式"。据传，少侯先生性情刚烈，教拳严厉，喜欢出手打人，有其伯父之遗风。许多人因难以忍受而辍学，或敬而远之，因此传人甚少。

杨少侯先生见张文炳聪慧好学，练功刻苦，为人忠厚诚实，而且又是弟弟杨澄甫举荐来的爱徒，好像有一种天定的缘分，心里特别喜欢他，将他视同为自家子弟，故将杨式太极柔身术、太极揉球功、内功功法、杨氏内传的太极家手、小快式、太极推手、技击散手应用以及太极四十六式刀、太极大杆等拳械精髓，倾囊传给了张文炳先生，并秘传给张文炳《宋氏家传太极功源流支派论》拳谱。那时，杨家传拳内外有别，张先生所学多为杨氏家中内传的功夫，所以与现时所传多有不同。先生在两位大师的培育下练就了一身精湛的太极功夫。然而他虽得真传，却从不炫耀，谨遵师命，隐于闹市，深研拳中之奥，从不在外随便传拳，只是偶尔应一些资本家之聘到家中教授养生太极拳。新中国成立后，先生因工作和经济情况的变故，不得已入世授拳。

张文炳先生所练的小快式，势架低小、中正安舒、轻灵优美、小中寓大、无中寓有、圆活快捷，动作时缓时疾，刚柔忽隐忽现，神意细微独特，非常精彩。

这套小快式仅是动作名称就与众不同："左顾右盼琵琶式""海底捞月连展翅""上下穿梭翻身捋""罗汉睡觉反穿梭"；"叉子手，簸箕掌，老虎洗面将人伤；车轮挤，辘轳势，封闭撅拿左右使"。

先生推手的时候，体松、心静、神敛、气聚、劲整，步法迅捷，飘忽不定，发劲冷弹脆快、迅若雷霆、沉长绵软、虚实潜转、变幻莫测，常于不知不觉中将人发出丈外。他常对弟子说："太极无法，一动即法。"先生内功极深，二目锐利如电，神光熠熠，时常目露精光，使人胆寒，不敢与之直视。

先生所传杨式内传太极拳，有一个严格的循序渐进的拳架练功体系，这个体系包括杨式太极拳正路子（108式）、家手和小快式，非其至诚至爱的弟子无缘窥其全貌。杨式太极拳正路子是家手拳的简化套路，类似于目前普遍传播的杨式太极拳传统套路，其姿势高低与动作幅度皆适中。初学太极拳必须从正路子开始，先求形似，做到圆活连贯、上下相随、由松入柔、运柔成刚，渐至轻灵不浮、沉稳不僵，再加上推手练习，便可获得相当功效。此架体用兼备，老幼皆宜，用以健身效果最佳，因而最适合在广大群众中普及推广。

杨式内传太极拳"家手"，是一套招式新颖、手法多变、内容丰富的中级拳架。练习时两手常似抱球运转，所以拳式之间的连接更加圆活。行拳主要

探索研究

杨式内传太极拳第四代宗师张文炳老师练功照

张文炳老师亲授弟子用手

以内气运身，锻炼腰的转动和腿的下盘功力。这套功夫拳架是在练杨氏内传太极拳正路子（108式）有一定基础之后方可习练，用以增加功力。其演练速度比正路子稍慢些，练完一套不少于45分钟，坚持演练，可舒筋活血，顺气通络，调节阴阳，祛病延年。

　　杨式太极拳"小快式"，有人称之为"快拳"或"快架"。它是在家手的基础上发展起来的更高层次的拳架，内容更加丰富。它的特点是动作幅度小、势架低，运动速度快，步法灵活，招式多变、圆转自如、时缓时疾、发劲冷弹脆快，刚柔忽隐忽现，实用性很强，整个套路200多个式子要在10分钟内完成。即使有上述两个阶段的功底，初学也相当困难，必须一式一式地练习，这一式练成之后，方可再练下一式，随着功力增长，渐至一气呵成。

　　会"小快式"的人很少，张文炳老师不轻易传人。小快式为杨少侯先生所传，少侯先生本来传人甚少，张文炳先生的传人更少。据笔者所知，目前只有张文炳先生在通州的少数几个传人习练这套拳法。而且先生授拳往往因材施教，根据弟子的特长和悟性单独传授，使每人都有各自的风格特点，所以每个人所学到的套路也不尽相同。

　　张文炳先生所传杨式内传太极拳，清楚地显示出杨式内传派传功有序，三套拳架各有其功效。三种相关内容，习练了三层功夫，体现了练功的三个阶段，可以使习者攀登有梯，进步有法。它虽同属杨式太极拳，却有自己精微独到之处。它的形成和发展，确为太极拳史上的一件大事，对我们研究太极拳的源流、太极拳架的演变、太极拳技法与练法等，都有不可估量的意义。

　　张文炳先生在北京通州区培养了许多太极拳能手，但向绝大多数人普及的都是太极拳"正路子"。如今在通州区虽然已经形成了一支庞大的太极拳群众队伍，但能学得杨式太极拳"家手"的人不多，能学得杨式太极拳"小快式"的人更少，能全面承其衣钵者只有刘习文、韩世昌、王秀田、李顺波、梁礼、蒋林等几名入室弟子。李顺波先生在通州区西海子公园内授拳已有20多年，学员数百。蒋林先生曾于20世纪80年代在通州区西海子公园开班传艺，从学者众，后曾在北京腾龙武术学校任教，退休后在通州区玉春园公园新辟场

探索研究

蒋林老师演练杨式内传太极拳小快式之"托捋"

蒋林老师演练杨式内传太极拳小快式之"单鞭"

地，默默地栽桃育李。李顺波、蒋林等几位师兄弟虽然淡泊名利，不显于世，但他们在通州区武术界却有相当高的声望，近年来更是扬名海外。泰国的陈伟才先生不远万里连续几年来北京向李顺波老师求教，并将李顺波请至泰国传艺。河北省永年县杨式太极拳故乡的苏学文，连续四年专程来北京向李顺波、蒋林先生求教，想学回这杨式内传太极拳的精华功夫。杨式太极拳前景美好，沉淀的瑰宝将重放异彩。我深信是金子迟早会发光的。

杨式太极拳内传与外传的形成和发展

说起太极拳，大家都知道。随着中国迅速崛起，太极拳已传遍世界各地，成为中华武术的符号。从杨式太极拳发展的情况来看，大体可分为以形体运动为主的竞赛套路和以养生为主的传统太极拳。竞赛套路我们称它为"现代太极拳"，习练现代太极拳的人群中包括许许多多的大众太极拳爱好者。

杨式太极拳自创编以来，一直在不断演变、发展。从历史来看，杨露禅先师初到北京时，除了教练旗军外，主要是在王府教贵族子弟练拳。这些养尊处优的人不能刻苦习武，为适应他们的需要，杨露禅只得将原来陈式太极拳中的松柔冷弹、震脚发力、弹跳旋转等高难动作去掉，向中正安舒、松静柔缓、圆活轻灵、优美自然、连绵不断的方向发展，逐渐形成自己风格独特的杨式太极拳。

杨式太极拳的二代传人杨班侯（1837年—1892年）和杨健侯（1839年—1917年），二人行拳练功的风格迥然不同。长子班侯生性刚烈，先随其父习拳，后跟武禹襄习拳，所练拳架势小劲刚，灵活快捷，难度极大，技击性很强。他19岁入醇王府授拳，后又在北京北新桥香饵胡同设场授拳，传人很少。后来，班侯所练拳架、功法和技法逐渐不再向外传授，只传给自家子弟，逐渐形成内传拳体系。

三子杨健侯性情温和，遇事沉稳，善思索，他抓住世人追求养生的需要，将他父亲所传之拳架去繁就简、变难为易，着重向养生发展，逐渐修改成中架，大力向外推广，这就是后世传习的养生架，并由此形成了普世传习的拳路。

杨式太极拳传到第三代时，这种内、外传承的区别更加明显。杨健侯的三子杨澄甫（1883—1936年）幼时不甚喜欢拳术，年将弱冠才开始从其父学拳。他父亲在世时，他并未深研拳中奥妙，教拳只教养生拳架，功夫和技法都让他父亲杨健侯给说。父亲去世后，他已过而立之年反倒顿悟，日夜苦练，功夫自研而得。1916，他年应许禹生先生之邀在北平体育研习所授拳，1925年在北平中山公园行健会传授太极拳养生架。杨澄甫先生身材魁梧，性格温和谦恭、通达权变，为适应社会各阶层、各年龄段及各种身体状况的学者的需求，他对其父的中架拳再次去难化简进行改造。1928年以前，他在北京所传的拳架还没有完全形成后来定型的大架风格；1928年他赴上海授拳之后，推广经他改造的拳架，在此期间大架风格逐渐形成，并得到广泛传播。杨澄甫先生下传的第四代人，名家众多，自成体系，所谓"龙生九种，种种不一；师传九徒，各有千秋"。

杨健侯的长子杨少侯（1862—1930年），从小过继给伯父杨班侯，功夫也得授于班侯。他的性格亦酷似班侯，刚烈乖僻，推手时搭手即打即放，许多人因难以忍受而辍学或敬而远之，因此传人甚少。到了20世纪20年代末，杨少侯先生已步入老年，可杨家下一代人年龄皆在5岁左右，无能力继承杨氏家传的功夫。虽然内传拳架承载了杨式太极拳的全部精华，但杨家内传脉络却已不绝如缕。

杨式太极拳之所以形成内、外两条传承脉络，究其原因正如杨澄甫先生的弟子汪永泉先生在《杨式太极拳述真》一书中所言："从历史来看，杨式太极拳的前辈初到北京时，除了教练旗军，主要是在王府教贵族子弟练拳，这些养尊处优的人不能刻苦习武，因此，教授的只是由陈式太极拳发展成的杨式太极拳养生架子。目前流传于世并广泛习练的就是这套养生拳架，单练这个套路是不能技击的，需要补充揉手技法。杨式太极拳的技击架子只传给了自家子弟和部分门徒。"

当代杨式太极拳传人傅钟文先生也说:"总共只有这么一套大功架,没有第二套拳。"(见《精武》1998年第8期《杨式太极长拳》一文)这说明杨澄甫先生于1928年应弟子陈微明先生之邀赴上海授拳后,傅钟文向杨氏学拳时,杨澄甫先生已不传快拳了。杨氏1936年去世时,除长子杨守中20多岁外,另外三个儿子年龄都在10岁上下,同傅钟文一样,他们没有得到快拳的传授,"只得到这么一套大功架",即汪永泉先生所说的"这套养生架子"。傅钟文先生讲"没有第二套拳",这说明杨式内传太极拳体系,在杨氏子弟中未能传承下来。傅钟文先生及杨氏后人都不否认,欲全面掌握太极拳技术,一些快速练习仍是必要的,但是由于杨式快拳传世不多,所以现在流传的一些快练,也只不过是把慢练的架子进行快练而已。

在河北省永年县杨式太极拳的故乡,有传统老架,与后期杨澄甫先生所修订的大架基本相同,可见杨式内传太极拳体系中的拳架也无人得授,更可见世传的只是一套养生拳架,杨式内传太极拳另有一套体系。

为了杨氏家传的功夫后继有人,薪火不断,杨澄甫先生不断地举荐外姓弟子到他哥哥少侯那里学习深造,但因少侯教功严厉,出手即打,有的学员敬而远之,有的学员因难以忍受挨打而辍学。

天下的好事确实要讲缘分的。杨澄甫先生把他的爱徒张文炳举荐给他哥哥后,杨少侯先生见张文炳天资聪慧,勤奋好学,功底扎实,为人又忠厚诚实,心里特别喜欢。又由于张文炳先生"重拳重老师"的真诚,深受少侯先生的偏爱,被少侯先生视为自家子弟。因为有了这种难得的缘分,少侯先生遂将杨家的内传功夫倾囊倒匣地传给了他。于是,张文炳先生就全面继承了杨式内传太极拳完整体系。他是杨式内传太极拳弟子中极少数外姓弟子,也是杨式太极拳内传派第四代唯一一位宗师。通过他,非常珍贵的杨式内传拳架、功法体系才得以完整地传承下来!

这个内传体系有三趟拳架和许多功法。第一趟是养生架,叫"正路子",就是大家常说的108式;第二趟是功夫架,叫"家手";第三趟是技击架,叫"小快式"。

　　杨式内传太极拳"正路子"（108 式）是家手拳的简化套路，近似于目前普遍传播的杨式太极拳传统套路。其姿势高低与动作幅度皆适中，初学太极拳必须从此拳架学起，先求形似，后求神似，在手、眼、身、法、步皆合度的基础上，做到圆活连贯、上下相随、由松入柔、运柔成刚，渐至轻灵不浮、沉稳不僵，再增加推手练习，便可获得相当功效。此架体用兼备、老幼皆宜，尤以健身养生效果最佳，因此，最适合普及推广。

　　杨式内传太极拳家手，是在练好正路子基础上的进阶拳路，其套路中多了许多新的招式，两手常似抱球运转，使拳势之间的连接更加圆活，行拳主要以内气运身，主要用来锻炼腰的转动和腿的下盘功力。这套功夫常由在杨式太极拳方面有一定基础者习之，用以增加功力。其演练速度比"正路子"演练速度稍缓慢些，练完一套不少于 45 分钟，坚持演练可以舒筋活血、顺气通络、调节阴阳，达到祛病延年的效果。

　　杨式内传太极拳小快式，简称为"快拳"或"快架"，是继杨式内传太极拳家手之后更高层次的拳架。它是在练好家手之后，有相当功力的基础上进行进阶的拳路，内容更加丰富。小快式的风格特点与前面两路拳有很大差异。正路子和家手，动作幅度适中或稍大，舒展大方、潇洒自然、缓慢悠长、轻柔圆顺、外形不见发劲。小快式则不然，其风格特点与前两者迥然不同，它势架低，动作幅度小，运动速度快，步法灵活，时缓时疾，发劲冷弹脆快，刚柔忽隐忽现，招式多变，轻灵优美，但不失杨式太极拳中正安舒、松柔圆活、轻灵不浮、沉稳不僵、上下相随、连贯一气、合顺自然的基本特点。小快式实用性很强，整个套路 200 多个式子要在 10 分钟内打完。

　　学习小快式的方法与学前两路的方法也不同，它必须先学成一式，方可再学一式，如此一式一式完成，随着功力的增长，每式练至纯熟，从内到外成为一体，方可逐式连接，渐至一气呵成。这套拳法难度很大，所以会小快式的人很少。

　　第四代宗师张文炳先生传授太极拳，有一个严密的循序渐进的拳架练功体系。他传授学员，先教正路子，待学员将正路子盘练娴熟，基础扎实了，继而教他们杨式内传太极拳家手。家手是功夫架，通过熟练拳架再配以内功，待腰、腿功夫练扎实了、内气养成并能得心应手了，功夫达到基本要求了，最后才传授技击拳架小快式。三个阶段前后相继，次序分明，张文炳先生从不越级传授，非其至诚至爱之弟子，无缘窥其全貌，故传人甚少。

张文炳先生择徒甚严，注重因材施教，在教学中非常注意基本功单操训练，所以他教弟子都是一个一个地教，一式一式地教。在教你时我不可以在旁边听着看看，要在远远的地方自己去练。教我的时候也不准你在旁边听着看看，也必须到远远的地方自己去练。弟子之间不得串学串练，教谁什么样，就按什么样去练，非常严格。说手时更是要在没人时才给说。这就是先生因材施教、单个传拳的方法。先生是根据弟子的身体条件、性格和悟性来传授功夫，使每个人都有各自的风格特点，所以每个人所学到的拳路也不尽相同。

先生所练的小快式，势架低小、中正安舒、轻灵优美、小中寓大、无中寓有、圆活快捷，动作时缓时疾，刚柔忽隐忽现，神意细微独特，非常精彩。先生所演练的内传太极拳家手，中正安舒、轻灵不浮、沉稳不僵、潇洒脱俗、以意领气、以气运身、动如运球、连贯圆活、神意细腻。先生推手时体松、心静、神敛、气聚、劲整，步法迅捷，飘忽不定，发劲冷弹脆快、迅若雷霆、沉长绵软、虚实潜转、变幻莫测，常于不知不觉中将人发出丈外。他常对弟子说："太极无法，一动即法。"先生内功极深，二目锐利如电，神光熠熠，时常目光露精光，使人胆寒，不敢与之直视。

张文炳先生得授真传，却从不炫耀于世，谨遵师命，隐于闹市，练功不辍，用心体悟太极拳真谛。在新中国成立前，先生一直是北平昌盛银号分号经理，收入颇丰，偶尔应一些富贾聘请到府上讲授养生之道，传授养生太极拳架。新中国成立之后，先生因工作和经济状况的变故，不得已入世授拳，但大多数习者学到的仅是第一路拳，能学第二路拳者不多，能学第三路拳者更少。如今，能全面承其衣钵者仅有刘习文、韩世昌、王秀田、李顺波、梁礼、蒋林等六七名入室弟子，这几位老师都已过古稀之年，仍能栽桃育李培养人才的，只有三四位了。

  杨式内传太极拳体系，清楚地显示了杨式内传太极拳传功有序，三套拳架各有其功效。三种相关内容，练习了三层功夫，体现了练功的三个阶段，使习者攀登有梯，进步有法。它虽同属杨式太极拳，却有自己的精微独到之处。这个体系的形成和发展，确为太极拳史上的一件大事，它对我们研究太极拳的流源、拳架的演变、技法与练法等都有不可估量的意义！

杨式太极进阶修炼法

一、以外引内，初级锻炼

初学太极拳者，类似刚上小学，一切从零开始。按照练拳的要求身体可能会松的不好，动作顾此失彼，上下、左右、内外都不谐调，套路不熟，时有断续，呼吸也不顺畅自然。通过一段时间的锻炼，逐渐掌握了练拳的要领，身体同时也得到了锻炼。这个阶段练太极拳，皆是以有形的动作，通过放松、入静等手段，使形体内外皆合度（这里说的合度，是指按照杨澄甫先生讲的《太极拳术十要》的要求来检查自身，做到基本无误）。在调整身体的同时，配合意与呼吸，引动丹田之内气。依照这种练法，经过不断地刻苦努力，坚持练拳有年，方能做到势正气顺、松静自然、套路娴熟、内气初步养成，即可取得强身健体的功效。

这种以"有形之体"的外形引动丹田之内气的练法，我们称之为"初级阶段练拳法"。太极拳的初级练法，对心理的要求是"心除杂念、平心静气、万念归一"。初想外形状态是否符合要求，次想内意周身上下内外的协调，再想每个动作中技法的变化，达到势正气顺、松静自然、内外合一、套路娴熟的程度。绝大多数太极拳习练者都只是满足或徘徊在这个层次上，他们只追求学得多少套路，身体如何得到练太极拳的好处等等。部分人虽也要求提高，然而转来转去，还是在拳路多少上找，却没有找到步入高级阶段的练拳方法和进级的阶梯。

二、以内带外，进阶修炼

依照"以外（形体）带内"的初级方法进行练拳，只可以称之为"锻炼"。在初级锻炼的基础上，将"由外带内"的方法变成"由内带外"的方法，即以心行气，以气运身，以神意收敛内气，引得真气之动，由神和气做主导运化形体的练法，称之为"高级练拳法"。初学太极拳者可能也学过有关太极拳的经典著作，但是并不能悟透其中之意。当初级练功有成之后，再回过头来重新学习经典著作，并以此指导练功实践，是非常必要的。

在《十三式行功要解》中明确指出："以心行气，务令沉着，乃能收敛入骨"，"以气运身，务令顺遂，乃能便利从心"，"心为令，气为旗，神为帅，腰为驱使，所谓'意气君来骨肉臣'也"。

杨澄甫先生对此做注解说："平时用功，练十三式用心使气缓缓流行于骨外肉内之间，意为向导，气随行。至于练拳姿势要沉舒，心意要贵静，心不静不能沉着，不能沉着则气不收入骨矣，即是外劲也。练太极拳能收敛入骨，此真正太极拳也。""想使气运身流通，必须十三式教正无错。姿势上下相遂，劲不矫揉，气才能流通。如姿势顺遂，心中指挥手脚遂心矣。""太极之理，犹行军战车，必有令旗指挥驱使，练太极亦然。所以心为令，就是以心行气，能使气如旗，意之所至，气随之而到。腰为纛者，即军中大纛旗也。小旗主动，大旗主静。全法腰可作车轴之转，不能倒捌大纛也。"

这里已经明了晋级的方法，但在初级练拳时是顾及不上的，只有在初级练功有成之后，才能逐步做到"以内带外"，真正步入高级练拳阶段。

因此，要进一步提高拳艺，就得反复实践"以心制意，以意行气，以气运身"的"以内带外"的练拳方法，这就是"拳道合一、返璞归真"的高级练拳法，是探求太极拳奥秘的阶梯。无论练哪套太极拳，要想步入太极拳的至高境界，脱离上述进阶之法，都是徒劳的。

要深层次练功，首先遇到的就是一个"由松入柔"的问题。松是进入柔的一种手段，一种途径。深层次的松，又是一层重要的功夫，松得越透，就柔得越妙。那么，深层次的松到底要松到什么程度呢？

1. 外松形体

（1）顶头竖项。

微收下颌，项部竖正直，头顶百会穴有微微上提之意，神贯于顶，使身体有向上拉之意，产生拔长感。注意这里要用内意，是自然而然发出的，不可用力。《十三势行功心解》云："精神能提起，则无迟重之虞"，即所谓"顶头悬"。另外的要求是，口轻闭，齿轻合，舌舔上颚；耳静听，两目平，神内收。

（2）松上肢。

①松肩：松开肩关节，不可端耸。要求肩井穴、肩禺穴、扶突穴都要松开下沉，两臂自然下垂，但不可夹腋，两腋要虚起，能夹一拳。肩的松沉，肌肉、骨节、经穴，用意一起松沉，不可用力。

②松肘：松开肘关节。肘宜微曲，不宜挺直，内意注曲池穴、尺泽穴、少海穴等，注过即有松而涨、涨而空的感觉。

③松腕、松指：腕、指关节自然放松，不可用力强直，稍意于内外劳宫穴（手心和手心相对的手背处）即可。手产生松沉、松涨、松空的不同层次感。

（3）松躯干。躯干包括胸、背、肩、肋、腰、腹、臀、尾闾部位。

①含胸：前胸虚而不实、不憋气、不努劲、自然不挺，自然放松，意含使内中空而散（读第四声），空空洞洞。含胸切忌胸部用力向内凹，造成驼背状，既影响呼吸的顺畅，又影响"力由脊发"。一切要舒适顺畅，自然而然，把握好过犹不及的中和之度。

②拔背：将肩部向两侧松开，将脊柱两侧肌肉松开。从脊椎的大椎穴往下陶道、身柱、神道、灵台、至阳、筋缩、中枢至脊中，诸穴用意松开又虚虚上拔，再加之收下颌领头竖项，精神领起，背部则自然有向上提拔之感，

这种拔背的作用与腰部的松和敛臀收尾间有相当的联系。后面还要细述。

注意，若胸不含则挺，背必无上拔而紧。含胸宜于气沉丹田，拔背使气贴于背（即提督脉）。"能含胸自然能拔背，能拔背则力由脊发，所向无敌也"（见《太极拳术十要》）。

③松腰：腰部运动有承上启下、蓄势发劲、虚实转换的重要地位和作用，所以《三十七心会论》将腰脊定为"第一之主宰"。又有"以腰为轴"和"腰为纛"及"源动腰脊转股肱"的提法。从形体动作上讲，背、腰、臀、尾是相关联的，松腰由脊中、悬枢、命门、阳关、腰俞、长强诸穴开始，使脊柱节节松沉而又虚虚对准，用意将命门穴微微向后撑。

④敛臀：在松腰的同时敛臀，即脊柱尾骨根向前托起丹田。从头至尾略有上下对拉的感觉，敛臀、松腰、拔背、领头，用意将气从脊柱往上提，即提督脉，气遍全身，神贯于顶。含胸松腹（气沉丹田），即松任脉，气沉丹田，舌尖轻舔上颚起到接通督、任二脉的搭桥作用，使得小周天畅通。这是修炼中至关重要的一环。

再者由头顶百会穴至裆中会阴穴，上下保持一条垂直线，就是身体的重心轴线，这条垂直轴线是中空的，是有性无形的，但是它很重要。一是保持身体在运动中的平衡，即"立如平准，活似车轮，支撑八面"；二是这条线途中穿过丹田，受控于神意的内气运化，皆围绕着丹田和这条轴线来完成的，而不是围绕腰脊来实现的。在我们松静中可明显地体会到体内从上到下有这样一条有性无形的中心气轴。

(4) 松下肢，下肢包括胯、裆、膝、足部位。

①松胯圆裆：松开髋关节，用内意将会阴穴虚虚上提，将两胯根微向内抽缩，同时做到上提二阴（肛门和前阴），有如忍便状。松胯与敛臀提肛同时完成，使裆合住劲，既有"松胯圆裆"之说。裆，即会阴穴部位，中医经络学认为督任二脉俱起于会阴穴。头顶百会穴的"虚领顶劲"，要与会阴穴上下相呼应，是保持"中正安舒"、"上下一条线"的练功方法。松开髋关节是很重要的，因为胯是腰腿的转关之处，关节不松开，动作就不灵活，腰腿也就

很难相顺相随。

②松膝：膝关节要保持弯曲状态下微向内合，使膝尖与脚尖上下相对，用内意引内气过膝至足，使膝关节即有力又灵活。

③松足：用内意松开脚踝关节，引气下行到脚心涌泉穴，内意将涌泉穴虚提含空，使两脚像吸盘，稳吸在地上。此时的脚趾不是舒展平直的，而是有微微屈抓感。但动作时还要"迈步如猫行"，轻灵不浮、沉稳不僵。内意自身如猎猫，举动轻灵无声，是内在神意；虚实分明为用，是外在的变化。

2. 内松心意

(1) 气沉丹田，呼吸以踵。

初级阶段练太极拳皆是自然呼吸，缓、慢、匀，长腹式呼吸是基础，是随着松胸、含胸拔背的同时，用意将膈肌松开，使浊气下降，内意自华盖，膻中、鸠尾、上脘、中脘、建里、下脘、水分、神阙、阴交、气海至石门诸穴松开，并虚虚含住。使内气沉入丹田，即松任脉气沉丹田。

放松沉气皆是用意，即所谓"心气一下，周身之气无不俱下。"气沉丹田，要自然而然，不可用拙力憋气下压。心中内意下照涌泉，涌泉之气自下而上，合于会阴，归于丹田，与神意相交，运贯全身，畅达四肢。练拳盘架时，吸气由涌泉上行过会阴入督脉，再逆行向上达头顶百会穴，神贯于顶。呼气时沿任脉下行，息息归于丹田，一呼一吸，如此周而复始地进行。庄子曰："真人呼吸以踵"，修炼太极拳高层功夫，亦是要呼吸以踵。

(2) 全身放松，打开毛孔。

在松气、松胸，气沉丹田的同时，用意将内气从肩井穴向下松沉，途径两肋护肫处，使胸、肋两侧肌肉松开，将内气向下行至脚心涌泉穴，身体出现松沉感。随着呼吸以踵，用意打开全身毛孔，身体有内外通透，向外扩展，松空虚无的感觉，此时无内无外，内外如一，与太空通体，达到"天人合一"的境界。

上述诸项不可用一丝拙力，凡此皆是意，而且要把握好过犹不及的"中和"之度。切记,"中和"是贯串太极拳始终的指导思想,包括对"松"的理解。不松则僵,松不透则滞,松过了内无神意,是为懈。懈者软断无力无轻灵,内中消息(由放松入静配合调息的深层次(静极生动)所产生的"信息波"或"能量流"全然无有。松懈了与松不开,都是没有把握好深层次放松的要领。松不开、松不透,都是还没有达到"放松功夫"的"中和"要求。

(3) 神舒体静,静中求动,动后归静。

放松的功夫不仅仅是形体上的,更重要是心理上的。心理上的放松可以促进形体的放松,形体的放松反过来又会促进心理上的平静。脑子里存在许多事情,思绪繁杂,此起彼伏,心里面就静不下来,形体就很难松开。反之,身体再放松一点,心理上就更容易得到平静。内外心身放松都是凭心意来完成的,你能做到松静自然、心静内动,就是做到"以心制意,以意行气,以气运身"了。这种"以内带外"的练拳方法,就是"拳道合一"、"返璞归真"的高级修炼拳法,是深求太极拳奥秘的阶梯。

3. 体用结合,单操练功

太极拳既然是武术、是拳,就要体用结合,防身自卫能用得上。但是,光练拳架是不能应用的,即使会推手也不等于能够应用了,试问在拳坛上有先搭手推一推的吗?拳坛之上伸手不见手,拳打两不知,谁愿意跟你搭手推手呢?推手只是练知觉能力,绝不等于技击。如今的太极操、太极舞之类的所谓"太极拳",只能是健健身,根本就谈不上技击应用了。那么,太极拳如何达到应用水平呢?笔者认为需要下三种功夫,即速度、力量、技法,这三种功夫都掌握好后才敢言太极拳的应用。

在修炼的高级阶段、练功有成的基础上再向上攀登,需要有明师传授方有可能。修炼要由浅入深、循序渐进,不可逾越。

4. 学习传统文化,修炼至高境界

中华武术产生于中华传统文化深厚的沃土之中,汲取着传统文化的养汁

而成长、发展,是中华传统文化的载体。太极拳是东方的哲学,太极拳先贤们的经论之中蕴含着丰厚的传统哲学、儒学、道学、佛学、医学、武学思想。要探求太极拳的至高境界,唯有在中华传统文化的指引下加深对太极拳先贤们的经论、妙诀的理解,才能逐渐体悟到太极拳的至高境界,亦才能使我们通过太极拳修炼精、气、神,达到性命双修的目的。

修炼太极拳的高层次功夫,就是对心意的修炼,所谓"万念归一",意思是心意空空,内外皆无,什么都没有了。六祖《坛经》曰:"本来无一物,何处惹尘埃"。佛家入定之门,总由"制心"一处下手。佛云,"制心一处,无事不办"。

什么是心?中医《脏腑论》:"心者一身之主,君主之官,有血肉之心,形如未开莲花,居肺下肝上是也;有神明之心,神者气血所化,生之本也。万物由之生长,不着色象,谓有何有,谓无复存,主宰万事万物,虚灵不昧者是也,然形神恒相同。"

《灵枢、邪客》曰:"心者,五脏六腑之大主也,精神之所舍也,其脏坚固,邪弗能空也;容之则心伤,心伤则神去,神去则死矣。"这里的"心"有两层意思:一层是指脏器,是五脏六腑的主宰,是"一身之主,君主之官",是精神居入的"房舍";二层是指心有主管人的精神、意识、思维活动的功能,人的精神活动是大脑的生理功能,是大脑对外界事物所产生的反应。中医将人的精神活动分属于五脏,而主要归属于"心藏神"的功能(见《素问·宣明五气篇》)。脏器心与神明心的关系,就像人与房舍的关系,神明住进了心壳,就像人住进了房子,房子坏了就要维修,坏得严重了就要废弃或重建;心壳若出了问题就要就医,而心壳严重损伤则无法医治,神明就会弃之而去,心壳即死。这说明心脏与神明是共存相依的关系。

什么是"意"?意者,心之思也。心有所思,意则会有所念。心若不动,意无念波。心动驱使意动,心动意随则为心意相合。故心安宁,意自静,心宁神宁,神宁清静,清静气行,气行则神气相通。

练太极拳要求,动中求静、动静合一。"视动犹静,视静犹动,静中触动动犹静","身虽动，心贵静"。所以，"静"字是非常重要的，是练功的下手功夫。那么如何使心安静下来，做好下手功夫呢？古人曰："大道教人先止念，念头不住亦徒然"。龙虎经云："至妙之要，先存后忘，即先存之后虚其心，次忘之，以廓其量，随处随时无碍自在正合此。""心安则意不思，意不思则念不起。"《性命圭旨》曰："念头不起为静，身中无物为虚"。所以，修炼常讲"锁住心猿拴意马"，因为心动意即动。

如何做到"心定神凝，心平气和"呢？《性命圭旨》曰："欲伏其心，先摄五贼"，"外息诸缘，内绝诸妄"。即：调七情，绝六欲。要敛眼神，凝耳韵，调鼻息，缄舌气，四肢不动，使眼、鼻、舌、身、意，各返其根，则精、神、魂、魄、意之五灵各安其位，内守其心。《太极拳实用秘籍》曰：谨闭五贼，即谨丁眼，则目不视，而魂归于肝。谨于耳，则耳不外听，而精归于肾。谨于口，则合不谈，而神归于心。谨于鼻，则鼻不嗅，而魄归于肺。谨于意，则用志不分，而意归于脾。精、神、魂、魄、意，心、肝、肺、脾、肾、金、木、水、火、土、耳、目、口、鼻、意攒簇，各归其根，各复其命，则天心自见，神明自来，必有特别感觉发现，而自与凡人不同矣。在生活中还要调整好自己的情志。

《素问·阴阳应象大论》曰："心在志为喜，肝在志为怒，脾在志为思，肺在志为忧，肾在志为恐"。人体情志变化的异常，会导致气机逆乱，从而造成脏腑机能失调和损伤。人人都处在有七情的社会环境中，"若当喜而喜，当怒而怒，当忧而忧，是即喜怒哀乐发而皆中节也，此天下之至和，不会因七情而伤身。""惟未事而先意将迎，既去而尚多留恋，则无时不在喜怒忧思之境中，而此心无复有坦荡之日，虽欲不伤，庸可得乎？七情之伤，虽分五脏，而必归本于心"。所以，修炼者对七情的处理，要"发而皆中节"，把握"适中"，不可过，才不伤身体，不影响练功。协调不争而心平性和，便可静。

王方平的《胎息诀》云："凡所修行，先定心气。心气定则神凝，神凝则心安，心安则气升，气升则境妄，境妄则清静，清静则无物，无物则命全，命全则道生，道生则绝相，绝相则觉明，觉明则神通。经曰：'心通万法皆通，心静万法皆灭'，此我佛如来真定法门者也。"

心静如止水，水静则明澈无波，心静则气和神明。《清静经》云："人能常清常静，天地悉皆归"。心静到深层次达到"虚静空灵"的境界，就会产生"静极生动"的内动。

太极拳的高层次修炼就要静起静收，先从无极始，先有心意的空空静静，虚静空灵之境界，后有内动自生，以神意（心）制动，主导气行，再带动肢体而动。形随意动，动后顺遂。最后盘完架子，将气引收于丹田，万籁俱宿，即动后归静。老子云："夫物芸芸，各复归其根，归根曰静，是曰复命"，即此返本还原，复归无极。

这里所述的高级修炼法，不是专对修炼家手拳而言，无论修炼哪一套拳架，当练至相当程度，皆应采用高级修炼法继续探求太极拳的奥秘，以求达到拳道合一、性命双修的至高境界。当然，习练杨式内传家手是进阶至高境界的最佳途径，而家手拳又是向技击应用拳架进阶的阶梯，这是一套完整的杨式内传太极拳体系。

李道子的"授秘歌"新解

"授秘歌"源自明朝宋远桥绪记的《宋氏家传太极拳功源流支派论》一书中的一段记述，这段记述的内容说：俞莲舟的太极功，名叫"先天拳"，亦曰"长拳"，是唐朝的李道子所传。这位李道子是江南安庆人（今安徽潜山县），到宋朝时候，他与一位叫游酢的学者有莫逆之交。到了明朝时，李道子尝居武当山南岩宫修炼，因不食烟火之食，唯以麦麸充饥，所以人们称呼他"麸子李"，又称"夫子李"。这位夫子李见人不说别的话，只说"大造化"三个字。既然说夫子李是唐朝时人，又怎么知道明朝的"夫子李"就是唐朝时的李道子先师呢？原来宋远桥的上祖曾游江南泾县，到俞莲舟家造访，方知俞家的"先天拳"亦如唐代许宣平所传给宋远桥家的"三十七式"，是太极功的别名。而又知俞家是唐朝时李道子所传。俞家代代相承，每年都去拜李道子，到了宋朝时，李道子还在，后来俞氏后代人不知李道子去了什么地方，找不到了。到了明朝时，宋远桥同俞莲舟游湖广襄阳府均州境内的武当山，一位蓬头垢面的道人呼俞莲舟："徒再孙去哪里呀？"俞莲舟抬头一看，这道人乱蓬蓬的头发，一脸的污垢，不知怎么还散发出冲天臭的气味。俞莲舟特别生气，心生怒火，斥责这位道人说："你叫我徒再孙，如此无礼，我若出手一掌必将你打死，你快走吧！"这道人仍然对俞莲舟说："徒再孙，我看看你出手。"俞莲舟怒极，进步连掤带捶，但未依其身，道人自己飞出丈外，凭空落下未伤筋骨。俞莲舟说："你终归是用过功夫，不然能敌我者太少啦"！这道人问俞莲舟："你与俞清慧、俞一诚认识吗"？莲舟一听毛骨悚然，心想俞清慧、俞一诚皆是我上祖之名，俞恍然大悟，急忙跪拜说："原来是我的先祖师到了！"夫子李说："我在这里几十个春秋，未曾开口说话，今天你遇到我了，大造化！你来，我再传授你些功夫，如此这般……"莲舟自此不但无敌，而且后来又得"全体大用"之法。宋远桥同俞莲舟、俞岱岩、张松溪、张翠山、殷利亨、莫谷声六人，久相往来金陵之境。

夫子李秘密传授给俞莲舟的功夫歌诀是：

无形无象，全体透空。应物自然，西山悬磬。
虎吼猿鸣，水清河静。翻江播海，尽性立命。

这四句话，三十二个字，自明朝传至今已有五百余年的历史，后人称其为"授秘歌"。对歌诀的解释，亦是仁者见仁，智者见智。这"授秘歌"之秘，一是不言其法，使人无从下手效仿；二是无一字谈拳，却能提高拳艺，使俞莲舟不但无敌，亦得全体大用，有如此奥妙之功效。"授秘歌"只是形容练功不同阶段所产生的现象，要习者自行真修实练去证悟揣摩。今笔者斗胆抛砖引玉，以浅薄之识，试解其秘，望贤者能师予以赐教。通过我们的研习讨论，使更多的爱好者能得到"秘"益。

笔者认为无论是练何种拳术，或是内修外炼，都是以练"精气神"为目的，这才是武术的真谛和根本。练体则为末，练体而轻视内修，皆是舍近求远、舍本求末、本末倒置之举。多修本，末自强。太极拳本来就是拳道合一。练太极拳要放松心静，调匀呼吸，缓慢练，徐徐养，圆活连贯，顺合用意，内外合一。这些要求皆是为练"精气神"。"授秘歌"中第一句话"无形无象、全体透空"，讲的是气。《素问玄机原病式》中说："精中生气，气中生神"。《类经》上说："精全则气全，气全则神全"。《太平经》上说："精、气、神三者共为一体……故神者，乘气而行，精在其中也。三者相互为治，故人能长寿者，乃当爱气、养神、重精也。""本为阴阳之气，气转为精，精转为神，神转为明。欲寿者，当守气而合神。精不去其形，念此三合以为一……太平气应矣。"精气神三者之关系即明了，又如何练法？首先要知道，人头顶百会穴是藏神之所，小腹丹田是藏气之海，裆中间的会阴穴是藏精之处，丹田后对左右二肾，双肾之间是命门穴，是两肾精气出入之门。头在上为神属火，精气在下属水。以神火化精水乃生成真炁。守肾敛神，邪火不生。守心收气，妄念不来。如此心肾相交，水火既济，乃生合和之气，然后再守丹田聚气，如玉之无疵，清清白白得真一之道。守心亦是守神，守神须心平气和，心平则神聚，气和息乃调。心平即心（思维意识）不起波动，此中即玄关。神也，气也。无形无象，心神体，内外松静，将自体化于宇宙之中，达天人合一之妙境，全身体透玲珑，无内无外，神气畅通无碍，自身恍恍惚惚，杳杳冥冥。此时清通一气精气神，日月运行不息，一元初始，无中生有。

第二句"应物自然，西山悬磬"。是说一元初始，无中生有。应者对待之意；物者，精也。如何对待？不紧不松，自然之法。练精化气，自然应付。如何自然应付？存无守有，即存无形之真炁，以元神守有形之真精。吕祖"百字碑"云："养气忘言守，降心为不为。动静知宗祖，无事更寻谁。真常须应物，应物要不迷。不迷性自住，性住气自回。气回丹自结，壶中配坎离。阴阳生反复，普化一声雷。白云朝顶上，甘露洒须弥。自饮长生酒，逍遥谁得知。坐听无弦曲，明通造化机。都来二十句，端的上天梯。"三丰祖师云："无根树，花正黄，产在中央戊已乡，东家女，西舍郎，配作夫妻入洞房。黄婆劝饮醍醐酒，每日醺蒸醉一场。这仙方，'返魂浆'，起死回生是药王。"中央戊已土是丹田，东家女，西舍郎是左、右两肾（一阴一阳的肾），气注入丹田，以呼吸（黄婆）相助，饮口中产生的津液（又称"长生酒""醍醐"）为酒，这"酒"是由真精化为真炁，循督脉升起至头顶百会，养灵光于顶上，出慧海于三清，圆明有象，净彻无垠。真炁下行交任脉，"开天河之一道，化玉泉之生新"，即化作饱含生命信息的津液，喻为"酒"，慢慢饮咽下去，过十二重楼，直达中央戊已之乡——丹田。阴阳交媾，结成黍米金丹种籽。所产之物，勿贪、勿追，自然而然。此时达到物我两忘、一无所有、空如悬磬之妙境。"悬磬"一词意为"一无所有"。这里形容练到物我两忘，什么都空无的意思。

第三句"虎吼猿鸣，水清河静"之句，指练功中阴阳反复之道，神气、阴阳、水火、龙虎交媾结大丹之奥妙。吕祖"百字碑"云："阴阳生反复，普化一声雷。""虎吼猿鸣"或曰"雷声震动"乃是得到周身关窍，名曰"开关展窍"，指周身气血百脉流通，无丝毫滞凝之隐，就如宇宙间一声春雷，震动得大地通畅，阴凝冻解，即阴阳电失去平衡发生交媾时产生雷电。"水清河静"即是指阴阳达到新的平衡。一切又进入和合平静状态，这是练功中的文火温养之法。此时呼吸之根若有若无，后天识神已灭，先天元神做主，虚灵不灭，使鼻息之气直达精宫之处，勿忘勿助，神气精合也。

第四句"翻江播海，尽性立命"之句是形容由风平浪静的文火温养中产生的真气内动力量巨大。文火温养，真气内动，水火既济，妙合天地人。养我魄，护我魂，通我气血，育化我神，太极妙法韦陀，日月普照来临。既练气又练神，练气为命功，练神为性功。神气精同练性命双修即为尽性立命。这"授秘歌"未谈如何练拳，却能使拳精进。其中之"秘"就是要练"内功"，这个内功不在拳内，而在拳外；练拳同时练内功，使精气神旺盛，拳自然精进，是固本强末之法。"授秘歌"就是练内功的修道之法，这就是不言之"秘"。练这个"秘"须有明师指点，传授下手功夫，缓缓修，徐徐养，求急不得，要渐进如烟之冉冉而升，养则若有若无，不可过于执着。守雌不雄，缓而渐，不急不着而渐进，方得事半功倍之效。练太极拳松静安舒，均匀缓慢，圆活连贯，敛神用意，虽练拳而道在其中。但是这仅为初修，还须修炼静功，使精气神足，达到通神达化之妙境！

三皇炮捶拳古谱的由来及新谱的发展

中华武术源远流长，文化底蕴深厚，在历史的长河中形成了数百个拳种。由于历史的原因，绝大多数拳种长期以来都是口传身授，极少有正式的文字专著传世。到了明、清时期，中华武术得到很大的发展，才有了关于少数拳种的著述。

历史悠久的三皇炮捶拳自明末清初始，由武术大家乔三秀传下手写本的《三皇炮捶拳谱》。拳谱中开宗明义地记载着：

　　自盘古至今，有三皇治世，实为创业之祖。是以有济世之才者，必有文武之道。习文必有武备，练武必有文理。文武兼备，可为全矣。自人皇氏战蚩尤，拳棒兴演，流传至今……

此文虽简短，然而却说明了武术的起源同中华民族的兴起密切相关。从历史唯物主义角度看，此论是符合人类历史发展演变的客观状况的。同时，此论也阐明了三皇炮捶门尊奉人皇氏为祖师。三皇炮捶门自古以来在入门弟子拜师仪式上叩拜的祖师牌位写的就是"祖师人皇氏之圣位"。

乔三秀将此拳谱传给后人乔龄，乔氏迁居直隶冀州（今河北省冀州市）冯管镇，授弟子四人，分别是宋彦超、于连登、张文彩、王双奎。宋彦超根

探索研究

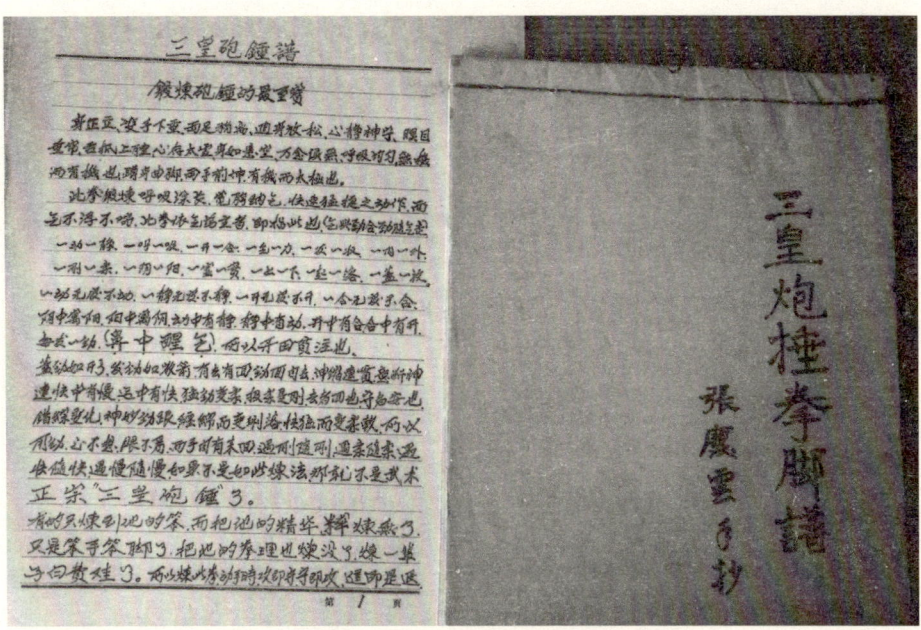

张庆云老师传给作者的《三皇炮捶拳脚谱》

1986年在大陆、台湾、日本出版的《三皇炮捶拳》

据自己的身体素质和爱好，在演练中发挥了自己的特长将其演为新架，于连登则继承了传统拳架。由此，三皇炮捶形成了拳理一致，拳架大同小异、各有特色的于、宋两种风格。

乔龄大师将《三皇炮捶拳谱》秘传给了于连登。于连登潜心钻研，过世前将此拳谱秘传给了他的第六子于鉴。清同治五年（1866年），于鉴来京投奔京都会友镖局的宋迈伦。自此于鉴在京城大开山门，广传三皇炮捶拳，弟子日众，最著名的弟子有"大枪侯金魁""大枪陈友清""神弹子白云峰""铁罗汉王福全""大刀刘德胜"，以及艾振芳、申武、李淳风、刘奉朝、董永昌等人。

1928年，时值军阀割据，世道不太平，于鉴大师恐将《三皇炮捶拳谱》丢失，于是在赴山西省国术馆任总教习之前，将此谱传给了得意弟子侯金魁，嘱咐其将之刻印成书，永世传流。由于当时刻印成本昂贵，侯金魁无力单独完成，于是又将拳谱传给了爱徒董英俊。董师从事小本洗衣业，时运不济，积蓄单薄，只好会同师弟张华甫共同出资40块大洋，在北京前门外打磨厂刻印了40本。其中，张华甫拿走2本，其他38本皆留在董英俊那里，只有入门弟子才有可能得到一本。这就是《三皇炮捶拳谱》"古谱"的来龙去脉。

《三皇炮捶拳谱》精深异特，没有相当文化和功夫修炼的基础，很难参悟透彻，况且谱中又多是昔日的"江湖春点"。有的手本是弟子对老师口传的记述本，这种本子在同门人中往返传抄，又经过多次增补加工形成了手抄本"拳谱"。由于过去年代习武者中通文者少，所以无论哪一种拳谱，都未能真正深入浅出地对拳理、拳法进行诠释。记录本、手抄本内容都比较简单，且多是方言、口语等，特别是隐语更是叫人难解其意，有误导后人之弊。虽然如此，古谱和手抄本及记录本仍然是很珍贵的资料。

宋彦超演练的新架一直没有新拳谱。到了20世纪50年代初，河北省冀州市高麟阁先生首先撰写了《宋氏三皇炮捶拳谱》，但高先生不清楚三皇炮捶源流，错写成"少林寺普照和尚所传"，给三皇炮捶源流及名称造成混乱。他还在书中把三皇的"皇"字错写成了"黄"。高麟阁先生所撰拳谱，由同门赵

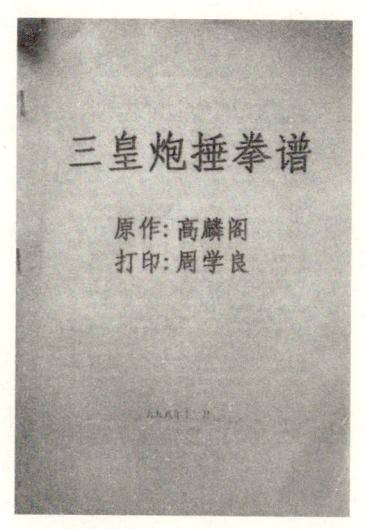

高麟阁先生撰写的《三皇炮捶拳谱》

王连吉编著的《宋门三皇炮捶全书》

国锦借去，带至天津传阅，天津练该拳种的人至今还有把三皇炮捶叫"三黄炮捶"的。高的拳谱手稿分三卷：第一卷是三皇炮捶拳谱，第二卷是武备绝技，第三卷是枪剑纲要。因借出的拳谱手稿在天津丢失，几年后高麟阁先生又凭回忆重写拳谱。1972年高麟阁的儿子高步堂，将他父亲所撰写的新拳谱手抄本带至北京，给练宋派炮捶的王连吉抄阅，有人称这本拳谱为《高庄拳谱》。此后，王连吉又根据自己所学扩充其内容撰写了《宋门三皇炮捶全书》，并沿用了高麟阁所撰的三皇炮捶源流的错误说法。那年，高步堂还将他父亲所撰的《技击实践方法》《炮捶交手图解》《夫子三拱手之动》《三拱手杂记》等手稿带到北京，留给了崔廷忠老师。王连吉、杨宝田、张桂生以及笔者在内均在崔老师家看过此书。上述几种著述均未出版成书。

1982年在北京先农坛体育馆一次讲座上，主讲人论述三皇炮捶源流时，继续使用了王连吉撰写的《宋门三皇炮捶全书》中转抄高麟阁先生关于该拳源流的错误说法（因为他们从来没见过刻版的古谱），使误传面进一步扩大。几位老前辈当场指出对三皇炮捶源流的说法是错误的，老谱上根本没这种说法，老前辈们也没有这么说的，高麟阁的说法是无稽之谈。董英俊老师批评他们是"没见过老谱，乱认亲戚，哭错了祖坟"。但主讲人刚愎自用地说："找到一个少林寺普照和尚当祖师也没什么不好的，没有的还得找一个挂靠上面呢！譬如八极拳吧，没有始祖，往上推，找来找去找到一个'癞和尚'当了始祖不是也行了吗！"此后他发表的文章坚持不改，造成三皇炮捶源流错误的说法在社会上广泛流传。

其实早在《少林七十二艺》一书中，少林寺妙兴大师就引用张恪忠《三皇拳诀》序言里的一段叙述，明确指出三皇门之祖师为人皇氏。三皇炮捶既不属武当，又不归少林，只归历史悠久的三皇门。"今之言技击者，厥惟两派四门。两派者何？少林、武当是也。四门者何？三皇、形意、八卦、言门是也。考两派四门之历史，则三皇门为最悠久。少林派祖师为初祖达摩禅师，达摩禅师入中土在梁武帝大通丁未之秋。武当派祖师张三丰。三皇门（今世称人祖门、又曰人宗门）之祖师为人皇氏，形意门之祖师为姬际可，八卦门祖师董海川，言门祖师辰州言。其间相去千百十年不等。若考其武术之精奥，各有所长。若考其渊源，则不出人皇氏黄帝首创兴起之遗意也。"

1983年笔者与杨宝田、张宗义三人一起收徒时，好友闫信茂曾赠《三皇炮捶拳谱》手抄本一套共四册，第一册《三皇炮拳拳脚谱》，第二册《四杆四卦春点谱》，第三册《十八班兵器谱》，第四册《后续兵器春点备用谱》。这四册图书内容较细，是所见抄本中较为全面的，谱中也未见三皇炮捶是由少林寺普照和尚所传之说。

为不诬枉古人，更不欺骗今人，澄清三皇炮捶本属三皇门的历史事实，20世纪70年代初，在董英俊老师和杨宝田师兄的大力支持下，笔者以古谱为蓝本，经过10年的艰辛努力，收集资料、调查研究、遍访诸家、分析比较，一本崭新的《三皇炮捶拳》书稿于1976年出版。该书图文并茂，具有科学性、理论性、实用性的特点。深入细致地解释了拳理，通俗易懂，受到了当年健在的所有老前辈的一致好评。该书的出版是三皇炮捶拳历史上的一件大事，它不但结束了三皇炮捶口传身授的历史，同时也将这一古老而优秀的拳种介绍给了国内外更多的武术爱好者，对该拳种的传播推广起到了重要的作用。拙作在国内出版后，又先后在日本和我国台湾地区出版，进一步扩大了该拳种的影响。

当年，宋迈伦年迈回到故里河北冀县赵家庄，在家乡只传四趟拳。至今尚有一群三皇炮捶拳的爱好者，传承了他的拳法，代表人物有赵根深、赵慎言、赵根玉、高金湘等。1983年秋天，三皇炮捶研究会访赵家庄时，北京的拳师袁敬泉、崔廷忠、王连吉、张凯又把三皇炮捶一些拳械套路传给赵家庄门人，丰富了他们的内容。赵根深将他与弟子王国漳辑刻油印的小册子送研究会一本，并另送笔者一本。此后有人称其为《赵庄拳谱》。谱中前言写道："为了力求编写准确，我们走访了宋迈伦第四代孙女宋梅竹和宋彩臣的女儿宋群姐，以及一些与宋迈伦有关的老人和京津师友。参考了高麟阁、王连吉等人写的有关三皇炮捶的书籍，以及宋迈伦的碑文、匾文、家谱等资料，写了这本书，供同好者参考。"由此得知书稿中多是些宋迈伦传、家谱、传承谱、碑文、匾文、迈翁习技谈、宋彩臣小传、于鉴家族考、炮捶劲法、夫子三拱手和拳械歌诀。因内容简单粗糙，终未成书。此后，赵根深等人得知王连吉会十二趟三皇炮捶，即诚意求教，王连吉将这十二趟三皇炮捶拳悉数传给赵家庄门人，并与赵根深等人合著《三皇炮捶拳谱》，于1987年由河北人民出版社正式出版。然而，此书又沿用了王连吉所撰的《拳谱》内容，再次将三皇炮捶的源流误写，造成混乱。

为进一步挽回对三皇炮捶源流误传的影响，三皇炮捶研究会曾多次座谈对此问题进行研讨，并拿出拳谱中许多拳诀、拳歌作为佐证。例如，三皇炮捶之法写道："修身先养一口津，定气再把两仪分。定住八卦分四象，玲珑变化散周身。先能延年能益寿，又能百病不临身……"在"内五形练功大法"中记载："要得北方子午真，先到南方洗净心。西方盗来八卦象，再得东方一口津。四方精灵全得润，站住中央开铁门。"三皇炮捶歌中有"老君披炉碧尤宫""当阳坐着鸿钧祖，打开太极四象明……"，这里的"老君""鸿钧祖"，皆是中华民族的祖先，是道家的人物。"太极、两仪、四象、八卦"等，也是传统道教文化常用的名词。三皇炮捶谱中一系列修身养性的练功方法，也都阐述的是道家功法。拳的流源与少林寺普照和尚毫无干系！有理有据地把流源搞清楚了，与会各支系代表一致要求我们要正本清源，尊重事实，尊重历史，将错误的说法纠正过来，还原"三皇炮捶流源"历史的本来面貌，不要再以讹传讹误导后人了。

当年误传三皇炮捶源流的王连吉老师说："误传之说是从我这里传出的，高麟阁拳谱手稿是一人臆撰，包括我和他们一些人在内，都没有见过古谱。今天搞清楚了，我们就从现在开始正本清源，尊重历

河北冀县赵根深先生撰写的《三皇炮捶全书》

史，尊重事实。个别人也应该舍掉面子，不要把三皇炮捶再说成是少林寺和尚传的，误导后人了。"然而，也有个别人说："已然说出去了，再改别人会笑咱们，将错就错吧。"坚持不改，这种怕丢面子，不尊重历史，自私且不负责任的态度，是造成该拳种源流继续混乱的根本原因。

2002年笔者的新作《三皇炮捶拳汇宗》（以下简称《汇宗》）由人民体育出版社正式出版。该书循于古谱，又不拘泥于古谱。特别是在尊重历史、实事求是的基础上，认真考证了拳踪源流，并进行了客观的阐述。《汇宗》进一步深入、全面、系统地阐明了拳理，在尽可能注释明白的基础上又大胆地引述了个人练功的体会，文白易懂。该书将历来秘而不传的静功、动功、内外功法公布于世，并对神奇巧妙的技法进行了阐述。书中所写的三皇炮捶九趟徒手套路，包括了刘绍江师兄传的一趟濒于失传的"又四路"。本门器械专门精选出著名的赵云勇战枪、道家龙门派剑法中"真武剑"的蛇形部分，以及"无极刀法"介绍给读者。三皇炮捶门拳械内容非常丰富，但未能将其全部囊括于书中，只选了本门拳械部分精华录入书中。

《汇宗》是挖掘、整理、继承、发展三皇炮捶拳过程中新的里程碑！它对该拳种的进一步深入研究和广泛传播产生了深远影响。

该书的责任编辑郑小峰先生当时对我讲："《三皇炮捶汇宗》书名中的'汇宗'二字，是人体出版社成立以来第一次使用，也是被命名为'汇宗'的第一本书，您的书已达到这种水平。书中前面的图片也是第一次使用彩色的图片，所以，这本书占据了三个第一。今后三十年内再出三皇炮捶拳方面的书，不可以再使用'汇宗'这两个字了。"

2002年作者新著《三皇炮捶汇宗》正式面世。

另外，由袁敬泉师伯主编，弟子周学良助撰写的《三皇炮捶全书》，由于种种原因未能正式出版，只作内部传阅参考之用。2005年，张成仁、王连吉、徐汉元合编的《宋式三皇炮捶全书》由山西科技出版社出版。

习练三皇炮捶拳的步骤和方法

2000年北京体育大学音像出版社发行了笔者演练的《三皇炮捶》教学光盘，随后于2002年笔者的新作《三皇炮捶汇宗》一书由人民体育出版社出版，使该拳种迅速推向全国，许多爱好者就如何把握该拳种的风格特点、技术要领，如何正确理解拳理，如何正确运用拳理来指导练功实践等一系列问题，纷纷来信要求帮助。笔者以自己浅薄的知识，为爱好者答疑疑惑，现将问题概述如下：

一、三皇炮捶的源流

习练三皇炮捶拳首先要对该拳源流有所了解，进而明了该拳种的特点，逐渐掌握其风格，再而悟明拳理。在拳理的指导下进行锻练，将收到事半功倍的效果。若不明拳理，忽略它的风格特点，将风格独特的三皇炮捶拳演成四不像，岂不贻笑大方！

三皇炮捶门历史渊源悠久，起源年代难以考定，据古谱记载："自盘古三皇治世，人皇氏战胜虫蛇禽兽，又战胜蚩尤部落，肇造了中华民族赖以生活的广阔疆域。由此而创立的技击之法，被后人称之为"三皇炮捶"。本门奉人皇氏（轩辕黄帝）为祖，故又称"人祖门""人宗门""三皇门"。随着历史的变迁，三皇炮捶拳不断地发展完善、繁衍传递。至明末清初时期，河北冀县武术名家乔三秀传授此艺，始有文字记载和文物可考。乔三秀传其后人乔龄（字鹤龄）作为第二代，乔龄将此艺奥妙真谛传给第三代宋彦超、于连登、张文彩、王双奎四名弟子。宋彦超、于连登根据自己的身体素质和爱好，在演练中发挥各自的特长，于连登继承了传统拳架，宋彦超所操之拳演为新架。由此，三皇炮捶拳形成了拳理一致，拳架大同小异、各有特色的于、宋两种风格。

清道光二十五年（1845），宋彦超来京创办了京都会友镖局，以武会友，从事保镖生涯，同时传授武艺，开创了北京三皇炮捶历史的新纪元。到了清朝同治五年（1866），于连登之子于鉴（字镜堂），先得其父亲授，后来京拜宋彦超为师，得宋拳之奥妙后艺更精绝，功达上乘。自此，于鉴在京大开山门，会友镖局生意兴隆，三皇炮捶得到很大发展。

二、学习三皇炮捶拳从基本功下手

初学三皇炮捶拳应当从何处下手学起，这是个普遍存在的问题。我认为即便是有些武术基础的人，只要是初学，首先要从基本功下手。在一般的基本功（例如：抻筋、压腿、踢腿、活肩、转腰、涮腰等等的准备活动）做完之后，正式练本拳种的基本功法。

1. 掌握本拳种对步型的特殊要求。三皇炮捶的步型有弓步、马步、虚步、卧步、仆步、并步、圈裆步等。

（1）弓步，又称"弓蹬步"。前腿拐立，即弓膝；小腿直立，膝微外展，脚尖内扣，脚斜横；后腿斜伸，脚尖尽量内扣，脚跟实实蹬在地上。两脚前后距离是自己的三脚长，左右横向相距是自己的一脚长。两脚十趾屈勾抓地，不准拧动，即所谓"金钩入地得太平"；前腿自前膝到足踝保持与地面垂直状态，不歪不撇。弓蹬步无大小之分，大小步法均应以站桩稳固为准。这种步型不同于前脚直，后脚横的一般弓步，也不同于前脚与后脚同踏在一条直线上的弓步。这种步型桩功扎实,内含前、后、左、右、上、下六合劲。

(2) 马步:两脚平行开列,相距自己的三脚长,两腿屈膝下蹲,两膝外展,屈膝不过足尖,两膝有外展之劲,与大腿根近乎于平行。上体直立放松,顶头竖项,沉肩坠肘,含胸拔背,收臀圆裆。脚十趾屈勾抓地,马步以平为度,不益蹲的太深或太高。高而不稳,深而欠力且迟。不高不低,虽动不移,保持全身的一个整体。

(3) 虚步:后脚踏实,脚尖向外撇约30度至45度,身体重心基本全在后腿上;前脚掌虚点在地上,发力时可用力点地,力发后又成虚点。变化时随时可起脚应变。虚步为半步,两脚前后相距为自己脚的一脚半远,前脚基本上点在后脚跟向前的直线上或稍偏于外半脚宽。屈膝落胯,式的高低因需要而定。上体正直,臀部与后脚跟齐。

(4) 卧步:两腿交叉叠合全蹲,以臀部坐于后脚跟上,前脚横置,后脚正直,足跟欠起。

(5) 仆步:两脚在一条直线上,前腿伸直,前脚横置,平扣在地上;后腿全蹲,后脚尖向内扣45度;脚十趾屈勾抓地。

(6) 并步:两脚并齐靠紧,实实踏在地上。两腿屈膝靠紧,收臀提肛,上体正直,高低因需要而定。

(7) 圈裆步,又叫"四六步"。"圈"者含圆之意,"四六"者身体重心前重四成,后重六成也。具体做法:上述的"弓蹬步"两脚不变,唯身体重心向后坐,后腿屈膝大于前腿,全身重量分配前四后六,重心在两脚相距自前往后的五分之三处。顶头竖项,沉肩坠肘,含胸拔背,上身正直,收臀提肛,气沉丹田,两膝向外展劲,两足十趾抓地,裆撑圆有抱合劲。圈裆步有"不倒势"之称。在应用上由这种步型变为弓蹬步,两脚无须半点移动,只要使身体重心前移,前腿弓膝,后腿蹬直,按照弓蹬步要求来站,即可成弓蹬步。反之,弓蹬步亦可迅速变为圈裆步。在运动中人体重心下降,全身沉着劲合成一整体,进退闪转只施一脚即可办到,自身稳固又可变化多端。

以上各步型左右相同,按照要领操练纯熟,进退如一。无论如何变化,脚下功夫扎实，步法灵活稳健。这部分练好后再进行下一步。

2. 练好桩功。三皇炮捶的桩功叫"伏虎桩"，又叫"抓虎势"。此式是入门即练的基本桩功，所以又称它为"首"式。桩步的站法与圈裆步相同，要求上体上肢默契配合。以左圈裆步为例，即左脚在前站圈裆步时，左手前伸五指屈抓成虎爪，屈臂、坠肘、松肩、爪心斜朝右前下方，与肩同高，腕关节挺直；右手屈指成虎爪，爪心朝上置于肚脐前，两肩平，自然松沉。收颏顶颈，含胸拔背，收臀提肛，两胯根平；心平气和，舌舔上腭，气沉丹田，五脏六腑，松静安舒，大脑清醒，万念归一，自然而然；眼平视前方，调匀呼吸。左右式相同，唯手脚左右互换。

练习"伏虎桩"的要领是：丹田用力鼓，两手如抓虎，胸中劲要散，两足如掘土。人得此宝不加功，好似土埋铁难明，存心倍练无敌手，修身得道气爽清。站此桩站到肩不酸，腰不痛，腿不颤，心平气稳，进退如一，放松自然为度。初学者站此桩步要从不适应慢慢到适应，从站的时间短到逐渐站的时间长，从开始站桩全身僵挺到能放松自然，这是一个练功过程，每一位习练此拳的人都必须经过这一过程。桩功练好了就可以练发力了。

3. 掌握发力和呼吸法。三皇炮捶拳打爆发劲，发力训练以"十字炮"为主，"十字炮"又叫"十字捶"，动作自"伏虎桩"开始，双爪十指屈握成拳，前臂屈肘回收经肋下向身后冲击，拳眼朝下；同时，后拳经胸前向前冲击，拳眼朝上；同时身体重心前移，前腿弓膝，后腿蹬直成弓蹬步，以"十字捶"式定型。再由"十字捶"变成"抓虎势"（伏虎桩），即后脚向前上步成圈裆步，上肢、躯体按照"伏虎桩"的要求做。再由"伏虎桩"按上述所讲的"十字捶"动作要求做下一个动作。这样左右式互换，反复练习。

练习"十字捶"时要求拧腰、切胯、顺肩；头顶、颈梗；沉肩、坠肘、挺腕；含胸、实腹、尾闾中正、脚十趾抓地。"十字捶"要打出上、下、左、右、前、后的六面劲来。拳歌中讲"十字捶，左右冲，左打肋，右打胸"，是指左右互换冲打对方胸肋之意。有人把"十字捶"的用法说成"前打肋，后打胸"，这是理解的错误，会误导后人。

"深吸猛擤"是三皇炮捶的呼吸法,在每次发力的过程中必须配合呼吸。"深吸猛擤"的动作要领是抿唇闭嘴,舌舔上颌,用鼻孔擤气,不可以用口鼻发出哼哈的声音。三皇炮捶在发力的同时用鼻孔擤气,不可以憋气努劲。如果你憋气努劲了,就会发生心肌偾涨,呼吸系统血管的内压迅猛增高而暴裂,产生咯血的危险,造成内伤。无论发力大小都要擤气,做到气劲合一,呼吸发力同一声。"爆发劲"属于内发劲,即由丹田内气的聚合鼓荡而产生的内劲。

练习"十字捶"发力时必须做到"五要",即本力要勇、虎腕要挺、浮气要聚、腰眼要荃、心气要和。以下分别详述。

"本力要勇"是要求练拳用势须正气凛然、精神饱满、潇洒大方、气度威严;"虎腕要挺"是要求腕关节挺直,不可偏斜软断。"虎腕"是对腕关节型态的形容。"浮气要聚"是要求沉入丹田之气在发力的同时聚合鼓荡。"腰眼要荃"是要求腰部放松直正、不挺不僵,尾闾中正,无前倾后仰,左右倚斜之态,周身中心归于腰间。"心气要和"是要求心平气和,不急不躁。"心"即是神意,"气"即是内气。心如主帅,气如兵,一唱一和。要求神到、气到、力到,神、意、气、力、功合一,全身内外合一整体。气血周流,周天畅通,无滞无迟,内心不用一丝拙力。

发力练习要掌握好"五要",才能表现出一派凛然正气,气势勇猛、所向无敌的三皇炮捶独特风格。发不同的力有不同的方法,例如,向心力、离心力、对挣力、穿透力、弹簧力等等。诸多力的发放方法都是有区别的,在学习中遇到哪一种再慢慢体悟,慢慢掌握。

以上是习练三皇炮捶的基础,基础打好了再往下学就不难了,再往下学就可以练习套路了。三皇炮捶有十几个套路,后一个套路都要比前一个套路更深化一层,习者须按照顺序习练。练好第一路是关键,它是学好后面几路拳的基础,如果第一路基础不好,后面的套路也就自然难以学好了。

三、习练三皇炮捶最关键的要求

1. 放松自然。练拳要放松,三皇炮捶拳虽是非常刚猛,却又是非常柔软。

勇猛是精神气势，刚劲是内力矢放的速度，非常柔软是刚柔相济内中潜转变换不着一丝拙力。因此，打拳要放松，不准用力。那么，拳中那种刚猛、冷脆、弹抖、沉整的劲力又是怎么产生的呢？首先说松是身体骨关节既松开又相对，不准用丝毫拙蛮的力，使内气畅通无阻。松不等于懈，何谓"懈"？懈是软断无力，内中全无一点反应消息。初练不松，体势必僵，用力则拙僵。何谓"僵"？僵是不灵活，是"死"。所以，要求做到松而不懈、摽而不僵。用气发力，不用一丝拙力，即"用力者无力，用气者有力"。只有松才能灵，灵是活畅，变化灵巧。只有松才能快捷，也就是说不用拙力，用气发力，灵活快捷，出手神速。在某种意义上，速度就是力量。

2. 气沉丹田。气沉丹田，上虚下实，沉稳平和，无浊气上泛，无拙力产生；在体势上要求含胸拔背，收臀实腹，绝不可挺胸翘臀。挺胸翘臀会造成背部僵挺不灵，胸部实满，气胀浮，呼吸急促，气难沉入丹田。挺胸，臀部必然向后翘出，不但内气沉不到丹田，而且影响到裆部，使之没有圈劲，减弱了下肢的稳固性。

3. 发力擤气，内外合一。练三皇炮捶无论发力大小都要用鼻孔擤气，绝对不可以憋气努劲儿。发力擤气，擤气后自然用鼻孔吸气，内气沉入丹田，使丹田反复聚合鼓荡，上胸虚含不实，气道顺畅，永无练功伤内之虞。打拳不擤气，努劲憋气，就是不懂气道。气道不顺，必然横气浊生，胸满气逆，拙力必至，也就自然存在着伤内的危险。

练拳遵循以上三项关键要求，掌握好松而不懈、摽而不僵、气沉丹田、用气发力、发力擤气，就能做到沉稳刚劲、气劲合一、出手似炮。习拳先求拳架准确顺畅，所谓"拳打千遍，身法自然"，强调的就是实践，要真学实练，用心体悟，来不得半点虚假。练好三皇炮捶拳这仅仅是初步，要达到高层次就需要继续练许多功夫。否则，就会停留在一个水平上面。

除去要掌握上述方法和要领之外，在不断的实践过程中还要把三皇炮捶的风格特点充分体现出来，概括起来有四点：一、简练朴实，和于阴阳；二、沉稳刚劲，发力擤气；三、气势勇猛，劲不忘用；四、内外合一，周身一家。

三皇炮捶分三层功夫：初层功夫是沉稳刚劲，气劲合一；中层功夫是活滑柔顺，刚柔相济；高层功夫是快猛巧捷，飘忽轻灵。此三层功夫环环相扣，层层深化，非明师相传不可得矣！

"夫子三拱手"绝技探研

一 "夫子三拱手"之基本概况

三皇炮捶门"夫子三拱手"之绝技是由宋迈伦所创，自19世纪到现在的近200年来一直在三皇炮捶门中秘传。历代武术家都在对此法进行反复的研习、不断地完善和深化，然而这种绝技一直都是口传身授，并无文字记述。到20世纪50年代后，河北省南宫县高麟阁先生（注：高是宋迈伦的侄子宋彩臣的女婿）编写《宋门三皇炮捶拳谱》时在书中有一章专门论述"夫子三拱手"，这是它第一次被文字记载。书中列出了15种劲法和将近20种动手招式，体势强调沉肩坠肘、步下圈裆、双手如轮、气沉丹田、脚站磨脐、全身整劲、脚不失根、身不失节、刚柔虚实、来回自如、快猛巧捷、飘忽轻灵等。后来这本手写材料由赵国锦借去后丢失了，高麟阁先生又根据回忆重新写了一遍。20世纪70年代，高麟阁的儿子高步堂将其带到北京，曾送给过本门的王连吉、张桂生和崔廷忠老师，并给这几人说过"夫子三拱手"起落势的练法。王连吉手写的《宋门三皇炮捶全书》中有关"夫子三拱手"的内容多与高本相同，这就说明"王本"中有些内容很可能来自"高本"。但王连吉的"夫子三拱手"的确是得授于王万芳师伯，从王连吉多次讲述老师在病中是如何传受他三拱手的练法、两人交手之法等情形来看，他的话完全可信。

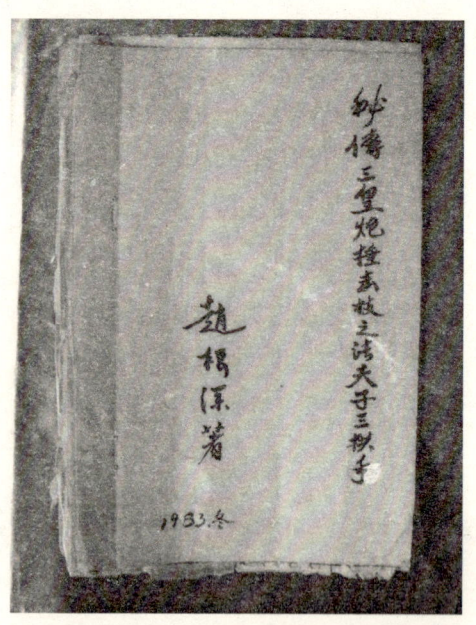 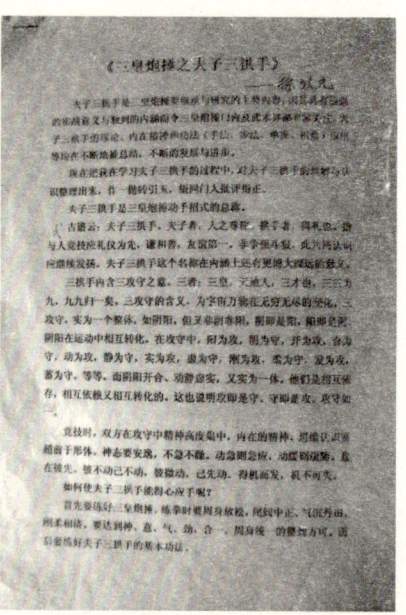

赵根深先生送给作者的《秘传三皇炮捶击技之法夫子三拱手》油印本　　徐汉元送给作者的《三皇炮捶之"夫子三拱手"》心得体会

　　徐汉元师兄对夫子三拱手也有传承和总结，理论悟得较深些。我认为天下武术是一家，各拳种仅是法不同而已，都是"刚柔"二字，但各有侧重和巧妙之处。多学一种就会多得一种，合之化一，功自深一步。徐师兄不单练三皇炮捶，且是吴式太极拳大师王培生先生的入门弟子，对太极拳有较深造诣。这是其他人不可比之长处，故对"夫子三拱手"之理悟得较深。

　　在京的诸位老前辈，对擦拉步、转脚步、措闪步、圈裆步等步法，对沉肩坠肘、含胸拔背、气沉丹田、两手抱门、收臀提肛、收颌挺颈等身法，对全身松整、轻灵快捷、刚柔相济、虚实巧变等劲法，都能演练和讲述，但能讲述"夫子三拱手"者少。个别后人把其他招式方法说成是夫子三拱手之法，有些牵强附会，贻笑大方。

　　2005年，由张成仁、王连吉、徐汉元三人合编的《宋门三皇炮捶拳》一书对夫子三拱手的介绍较多。我感觉书中多是摘录了"高本"的内容，还有王连吉、徐汉元以及赵根深等人的部分文章内容，系统性不足，且真正涉及的核心内容又较少，个别论点有误。

20世纪70年代后期，王连吉师兄将他所学的"夫子三拱手"和他总结的文字材料无私地拿出来与杨宝田和我共同研究。在此基础上，我总结出"双挫八法"在《武魂》杂志上发表，后收录于《三皇炮捶汇宗》一书。到1983年冬天，河北冀县赵根深带领弟子王国漳来京走访，拜见北京本门健在的老拳师以及王连吉、徐汉元、张凯、杨宝田。赵根深师徒到我家做客时，我以礼相待，我们互相讨论拳理，交流动手的功夫，切磋"夫子三拱手"，非常投缘。赵根深就将一本油印的《秘传三皇炮捶击技之法"夫子三拱手"》的小册子送给了我，并说："昨日我们访另外一人时，他很傲慢，看不起外地乡下人。原本想给他说夫子三拱手，把我总结夫子三拱手的这本小册子送给他，但他和我们没这个缘分。我们是有缘人，把我带来的唯一这本小册子送给你。通过我和你的接触深深体会到论资历、论人品、论功夫，另外那个人就逊色多了。你学习研究这夫子三拱手绝技，将来能把我们三皇炮捶门发扬光大。"

赵根深老师这本小册子中有专门研究夫子三拱手的文章，内容很全面。赵根深是高麟阁、赵国华二位老师的弟子。小册子内容除与"高本"多数相同之外，还有他自己学习练功的心得体会，是一本很难见到的珍贵资料。

关于"夫子三拱手"起落势的练法，张桂生师弟示范的较多，他的动作配合快步法和身法，实用性很强，但未见总结性的文字材料。张桂生师弟在这方面下过许多功夫，起步时间较早，功夫确实进步得相当快，也有相当的成就。

综上所述，各人的文章、讲述、示范都各有所长，若综合在一起也许会更有价值。

二、宋迈伦的《习技谈》中对"夫子三拱手"的解释

余为追求真理，周游全国，以武术之理取各门之长，去其短，合为

一家。刚柔内外，气力通臂，巧劲，周身之理。此拳不遛腿，更不必练功。各拳各功之理兼备，打破历来古语古习，另创捷便之途径。古今习技尚武之士均曰"重守不重攻"，所谓守乃生机，攻乃死机。余曰差矣！武术真理，守者攻也，攻者守也，进退攻守如一，乃周身之理，内经外形，刚柔相济。与人动手比武，号令一发，着面即分胜负。因我一拳击出，有来回劲之妙，周身统一整劲，运用如一。你就是个铁人也要摔出去。岂能与人久战耗费时间。余幼习花拳时，拳趟招式甚多，二人动手，心无决断，不知用何恰当。故出势不准且慢至败，所以，余研究动手之法"夫子三拱手"专为比武之用。取一定姿势，心有既定之规，着面一动即摔敌于丈外，重者可伤其筋骨，轻者不痛不痒，不知打到何处。就是功夫浅者与强敌动手，因吾脚下有圈劲，虽然不能取胜，但你也无奈我何。

上段文字简明扼要地阐明了创研"夫子三拱手"之目的和运用它的四个基本要素。创研的目的就是专为在比武中取胜，而运用"夫子三拱手"的四个基本要素是：

1. "守者攻也，攻者守也，进退攻守如一"的真理。
2. "周身统一整劲，劲有来回，运用如一，内经外形，刚柔相济"的劲路。
3. "号令一发，着面即分胜负，不与人久战耗费时间"的速战速决原则。
4. "取一定姿势，心有既定之规"的快猛巧捷，稳、准、狠的招式。

我们要清楚宋大师的比武绝技是在锻炼三皇炮捶的基础上，又练了三年内功之后，创研出来的。没有这个深厚的基础，哪里来的周身统一整劲、来回劲运用如一？哪里来的"一定姿势"和"既定之规"的简捷招式？所以必须锻炼三皇炮捶拳，从拳中得到周身统一整劲、来回劲、刚柔相济等各种劲路，从拳中锻炼气沉丹田、内气充实、萦灌周身、气劲合一、发劲撜气，呼吸顺畅的内外气道。在这个基础上再习练夫子三拱手。

"夫子三拱手"技术是19世纪中叶宋迈伦大师的独创之举，在以后的100多年里不断地实践、发展、完善、传承，直到20世纪70年代才有零星的文字记载。如今已进入 21 世纪，我们要用现代人的眼光来研究分析三拱手，将其系统化、科学化，逐渐达到普及的程度，为弘扬中华武术做出贡献！

三、对于"夫子三拱手"的总结

1. 总则

"夫子三拱手"为切磋武术之用的技术。夫子三拱手，先讲劲路为用，再讲身势防身，又讲站势不倒，后讲招式取胜。习练三拱手，须在锻炼三皇炮捶的基础上练出周身统一的整劲、来回劲、刚柔相济劲，又通过练本门拳术，练好气沉丹田、内气充实、气劲合一、呼吸顺畅的功夫，有了劲道和气道这两样功夫之后，方可习练夫子三拱手。

2. 心法

(1) 以平常心对待平常之事，不紧张、不盲动、不惧怕、不急躁，心态平和。

(2) 比武切磋，友谊第一，动手只分胜负，不可出手伤人，不可置人于死地，树立高尚的武德新形象。

(3) 树立敢打必胜的信念，争取主动，用功夫和智慧取胜。

(4) 在战略上要藐视对方，在战术上要重视对方，不可轻敌，不可骄傲自大。

(5) 沉着放松，心有一定之规，勿急勿躁，以己之稳静，激对方之躁莽。

(6) 审时度势，掌握好机、势、时三要素。有关注释见《三皇炮捶汇宗》书中的"技击篇"。

3. 礼节

(1) 沿用中华民族的传统拱揖礼节。立正站好，左掌抱右拳，左大拇指置于右拳眼上，两手成一太极图形，向前拱揖；同时，上体略向前作鞠躬状，其意义是负阴抱阳，阴阳合和，以和为贵；相互尊重，谦恭有礼。起手作揖，口出"请"字。

(2) 讲文明礼貌，无狂言秽语，面目平和，无咬牙咧嘴、怪模怪样之态。

4．武德

(1) 比武切磋友谊第一，比赛第二。

(2) 尊重裁判，遵守比赛规则。

(3) 正大光明，不暗算人，不用狠手，不用杀手，不用奸计暗手，以决不置人于死地为原则。

(4) 不打倒地之人，不扶打倒之人。

(5) 提高警惕，察言观色，防人暗算。

5．战法

(1) 攻守如一，整劲为本。

(2) 刚柔相济，去繁就简。

(3) 速战速决，不耗时间。

(4) 快猛巧捷，飘忽轻灵。

(5) 让中夺中，请君入瓮。

(6) 站中旋转，化打如一。

(7) 连进不舍，一气呵成。

(8) 一旦被动，退即进攻。

(9) 以竖破横，以整破零。

(10) 逞势借力，勇巧必胜。

6．手法

双手如轮，指如钢钩，两臂伸缩如拧钻，手无定型，拳、掌、指、爪、钩，随意变化；刁、捋、震、切、挤、挫、撩、挂、惊、弹、抖、炸、螺旋、抛拿等劲法要随势转换。两臂伸缩如弹簧，手脚上下相互为用。本门动手讲防不讲打，防中出手，打在无形，使对方防不胜防。无形之手即指此。

双手由体侧向胸前拱揖，由拱手中变为轮手，有单双轮、大小轮、正反轮、横竖轮、平斜轮，轮连着轮，轮套着轮，大中有小，小中有大，慢中有快，快中再快，环环相扣，螺旋缠绕，千变万化，无穷无尽。轴心、圆心、球心，反复变化，陷对方于乱环阵中难以逃脱，在轮圆变化中直线出击打点。

7. 步法

（1）圈裆步、擦拉步、阴阳吞吐步、转脚步：圈裆步是步型，擦拉步、阴阳吞吐步和转脚步是步法。圈裆步站法要求同三皇炮捶拳中的基本步法，两脚前后开列，相距是自己脚的三脚长，两脚的横向距离为一脚长，前脚尖略向内扣，后脚向内扣不小于45度；后膝屈蹲，前腿斜伸，身体重心前重四、后重六，两膝关节向外撑展，足趾屈勾抓地，脚面骨拢起，涌泉穴虚提。口轻闭，齿轻合，舌尖舔上腭，收颌竖项，头顶中正，眼平视。沉肩坠肘，含胸拔背，松腰收臀，尾骨根向前托起丹田，提缩二阴。气沉丹田，呼吸自然。心平气和，万念归一。此势上虚下实，身体重心降低，裆圆身自稳。内气充实，萦灌周身，体内圆满。圈裆步为我拳特有步型，此步型有前后左右上下的六面劲，所以有"不倒势"之称。此步型亦攻亦守，安全灵便。

（2）擦拉步：该步法是进退的走法，与人交手切磋，我向前进步时，前脚上步，后脚在地面上不离地连续擦拉拖进，抢站对方中位，并保持圈裆步不变，体势不变，直至将对方逼出圈外。若对方猛进，我向后退步时，后脚向后退步，前脚不离地面随之向后擦拉，保持圈裆步不变，在退中化发对方，打在无形，进退如一。擦拉步法是我拳特有的步法。歌曰：

圈裆步法站当中，进退擦拉快如风。
攻守皆宜不倒势，周身整劲显神功。

（3）阴阳吞吐步：该步法应用时进退吞吐变化。在对方距离我较近时，我若出手，"请"字出口，同时两手从体侧弧形向胸前拱揖，前脚虚收半步，立即向前抢入对方中位，脚到手落，对方即被发出。若对方先进手，我前脚虚收半步引他进来（退一步海阔天空）；在双手拱揖避其锋芒的同时化去对方之劲，他已被我诱入瓮中，我立即进前脚，后脚随之擦拉拖进，抢到对方中位，他已近我身，不必远求，我出手即成功。此步法一吞一吐，吞必吐出，阴阳互济，奥妙无穷。歌曰：

  阴阳步法少人修，吞吐开合间刚柔。
  正隅收放任君走，动静变化何须愁。
  生尅二法随招用，阴阳全在动中求。
  轻重虚实怎的是，重里现轻勿稍留。

（4）转脚步：转脚步法又叫"磨盘步""转身磨脐势"。此法是根据天体运行原理而创立的以我为中心的运动步法。运用于实战中，当我做守势时，对方攻来，我以一脚站中，以另一脚向左右移动一小步，使我站在太极中心，对方在卦外，恰似我守磨脐，对方走磨道。我磨脐主静，稳也；彼磨道主动，躁也。我站中以逸待劳，彼走磨道紧忙，我走一小步，彼须快走三步方能与我相对。以我为中心，站中旋转，磨转千遭脐不动，合乎天体运行原理的妙法，是我门特有的步法。此步法结合招式，化打合一，不忙不急，待他来进，我自有妙算神机。有歌曰：

  一脚站磨脐，另脚左右移，他攻我即化，化打即统一。
  太极站中央，变中有玄机，参透其中奥，自会生神威。

8. 劲道

他拳讲式，我拳讲劲。练出各种劲的基础在于气道，明气道方能生劲道。练三皇炮捶首先要放松，气沉丹田，出手发力，丹田气聚，呼吸擤气，内气充实，萦灌周身，气劲合一，呼吸顺畅，周身内外、四肢百骸瞬间成一整体，即是整劲的劲道。周身统一整劲是其他各种劲道的基础，进而再掌握来回劲、寸劲、透劲、巧劲、摘劲、车轮劲、弹簧劲、二节劲、连环劲、惊炸劲、螺旋劲、灌铅劲、抛抖劲、刚柔相济劲、四两拨千斤劲等各种劲路。对上述劲路诠释如下：

(1) 周身统一整劲：六节相合（上三节与下三节之合），百骸一家，以意领气，以气发力，一到全到，一停全停，一发全发，内外上下，周身是拳。整劲是各种劲的基础，用劲无论大小，全要周身整齐，不可缺一。好似大海，一动全体皆动。

(2) 巧劲：用劲巧妙，伸手无形，得机得势，力点恰当，轻灵顺畅，机、势、时掐拿得恰到好处。

(3) 来回劲：劲有来有去，去劲未了，来劲即回，遇之周身无主，前俯后仰，即挫捋不断之妙。

(4) 透劲：观其表，察其里，一劲发去，击表透里。

(5) 摘劲：彼欲动将动，或动欲止未止之时；或旧力已过，新力未生之时；或彼出失根失节之破绽，恰似吊物未稳之时，我发一劲去，应手将其击落谓之"摘劲"。

(6) 车轮劲：连贯不息，周而复始，如车轮活畅，动为一圆。

(7) 弹簧劲：一触即发，发之即收，疾猛脆硬，刚中寓柔。

(8) 连环劲：一动紧连一动，滔滔不绝，使彼只有招架之功，毫无还手之力。

(9) 二节劲：一劲至，二劲继到，一破精神二破气。一呼一吸，一劲无二用。

(10) 螺旋劲：出手似打钻，腰似游龙，身如螺旋，活、滑、柔顺、刚健。

(11) 灌铅劲：如铅球下落之劲，沉而难挡。

(12) 惊炸劲：一触对方，我聚气聚力突然发放，如惊雷闪电，迅猛暴烈，使对方如被电击中，心慌意乱，六神无主，甚至惊呆瘫软，失去战力。

(13) 刚柔相济劲：柔中有刚，刚中有柔，刚柔互济，度势而用。

(14) 抖劲：一触对方即用内气发震颤劲，将对方之劲打散后续发抖劲抛出。

(15) 寸劲：寸距疾发，劲发疾整，干脆利索，劲不妄用。

(16) 沾连粘随：沾者，手与手相沾，若即若离；连者，与对方相连不断；

粘者，如胶似漆，粘住不离；随者，随彼之势，不顶不丢，无过无不及。动疾则疾应，动缓则缓随，意在彼先，彼不动，己不动，彼微动，己先动，得机而发，机不可失。

9. 招式

本门动手拳势中的招式一概不用，单有动手几招。那么练此拳又有何用呢？第一，练三皇炮捶主要是练出一个整劲来。第二，练三皇炮捶是要练成气灌丹田、内气充实来。第三，练三皇炮捶是要练出发力擤气、气劲合一的顺畅气道来。如果这三种功夫练好了，那就一切全有了。在以周身统一整劲为核心的基础上，随心应手地运用各种劲法，再遵循快、猛、巧、捷的原则，两人一照面即见胜负。所以，务必要把三皇炮捶拳功夫练好，有了拳上的功夫再将动手的招式练熟，熟能生巧、巧能生精、精妙绝伦、着手必胜！现将"夫子三拱手"的起落势和12种动手的招式介绍如下：

(1) "夫子三拱手"起落势

"夫子三拱手"起势：身立正，两足稍离，手自然垂于体侧，周身放松，心静神宁、呼吸自然、口轻闭，齿轻合，舌尖舔上腭，微收下颌，头顶颈领，气沉丹田，含胸拔背，收臀提肛，转身平视（向左或向右转身因人左、右架习惯而动），此为无极而太极也。若是右架时，左腿稍屈，右脚稍提脚尖虚点于地。"请"字出口同时两手从体侧弧形向胸前一拱，左掌抱右拳作揖，身稍前躬为礼节，此为两仪。以上动作即为起势。此势内含攻守，攻可发招，守可化打，攻即是守，守即是攻，攻守如一，相互转化，攻守互济（此即是夫子三拱手暗寓三攻三守之意）。此势未及用招，彼已退（本门不讲"打"字，我打在无形，彼防不胜防也，无形之手亦指此）。

夫子三拱手落势：沉肩坠肘，含胸拔背，气沉丹田，团腰下势。虚提的前脚向前进步，抢站对方中位，后脚向前擦拉，保持圈裆步不变，我身势突然矮一半，两手如轮，指如钢钩，飞速旋转。轮有单有双，有大有小，有快有慢，有反有正，有竖有横，有斜有平，手足并用，两臂伸缩如簧，来去如钻，各种手法在轮中任意变换。步站圈裆，擦拉进退，转身磨脐，根据情况灵活变换。即攻即守，攻守如一。进击逼紧，发人如亲嘴，挨得越近越好，挨得越近，越有利于我出手于无形。

(2)"夫子三拱手"动手招式

第一招，双挫势。"请"字出口，两掌用周身统一整劲起手拱揖向前落势；同时，前脚进一大步，后脚擦拉同进，抢站对方中位，保持圈裆步不变。双挫势快猛，挫上即摔出，对方极难挡住。如若不倒，可连环挫之，必胜。

第二招，劈砸上步双挫势。"请"字出口，两手拱揖随即分开，右拳砸左掌（这是一动）；同时，双腿圈裆，周身一家，砸落时的声音是一个。这时周身一静，立即上步，双掌用周身整劲向前挫出（这是二动），无不胜者。此势，如对方从上面来，我落势时矮了一截，对方手即走空。对方拳打我中心，我落势同时将对方臂砸落。如对方用脚踢，我身腾起即转移位置，使彼踢空也。

第三招，臂砸上步双抖势。一切动作同上势，但不是双手挫出，而是将其臂砸落，此时彼身栽入我怀里，我脚步已插入彼裆中，这时我上步用双掌虎口发弹簧劲将其抖出。此势能将对方抖高打远，如遇对方上面打一拳下面踢一脚，我连砸带踩，此即踩打法。

第四招，双捋带步双挫势。跟低势下盘功夫人动手，如对方双掌挫来，我以右手刁其腕，左手刁其肘，同时上步，双手捋回，将对方臂抱在我怀中，我右腿又插入对方裆中，即上步挫出，可将对方挫出数尺远。因本门动手站圈裆步，落地不倒，我随势跟步而进，对方落地我即到他跟前不等他站稳又挫中他，故能挫出数尺远。如对方功夫浅，即有摔倒之险。本门进退特点，即我将对方打出后未等其落地我即跟上，他落地未稳我又将其打出。我是连环进步连环挫打。

第五招，捋手撩阴掌。与上势相同，我站圈裆步，对方右手击我胸，我右手接捋对方腕，左手捋对方肘部，同时上步插入对方裆中，将对方臂抱入我怀中，放开右手向前撩击对方裆部，对方已被我上步逼得向后仰身，我掌一撩去，对方被逼摔出。此手无比厉害，在化中出手神不知鬼不觉，对方无法化开，是因为我身、手、步同时动作，同时到达，对方无还手之机。

第六招，飞轮堵门肘。我站圈裆步，两手如轮，彼来打，我轮手将其化落，同时上步抢站对方中位，右臂向前斜伸，微屈肘向对方胸部，将要接触时疾发弹簧劲拧旋右臂，对方可伤内，此为杀手。但我可在接触对方时发柔劲，将其发出而不伤及即可。

第七招，刚柔相济破拿。如上势，对方将我右臂拿住，不等对方上步打来我即以右臂发整劲，右臂外旋向前挺进，忽然向右转腰将右臂抽回；同时左臂弧形向右掩肘（或打、砸、反背等法），对方必松开，我上步攻之。刚柔相济，攻守如一，无不胜者。

第八招，缠拦十字炮。我站圈裆步，如对方拳来击，我右臂沾接即缠拦将对方手化出，同时左拳（掌）向前冲打对方胸部，拧腰切胯顺肩。此动作异常猛烈迅疾，是我门十字捶用法，左拳击后对方被发出去，我裆步未动，双手又恢复原势。此势不到万不得已时不用。

第九招，二节劲点打。我站圈裆步，对方进击我中部，我双掌由下往上向右弧形缠化，当双掌运到对方胸前时，我同时右腿已上步插入对方裆内抢站中位，瞬间双掌轻拍对方胸部，立即啄腕用指尖点击发周身整劲，身体向前跟进，对方必倒。因为我拍胸一劲已将对方精神破了，紧连着点击第二个劲，再破对方气，当对方还没醒过味时已被我第二个劲发出。此即是二节劲的快捷妙用之法。

第十招，快巧无形手。我夫子三拱手势，站步圈裆，脚站一平轮地稳而不倒，进退如一，旋转自如，两手如轮，旋转如风。手做立轮，小轮护胸，大轮上至头顶下至足，无不防卫严密。手快如电，变化无穷，各种手法、劲法皆含轮内，他人不见我招式，出手在轮中变，出手不见手，快在无形，对方不知何时受制于我，所以必败。

第十一招，慢妙有神速。我步下圈裆，沉肩坠肘，弓腰下势，两臂慢慢伸缩，两掌动作大圈或小圈诱对方，对方见我动作呆笨，上步打来或用脚踢，正中我计。我双臂如怪蟒翻身，掌如轮盘，指如钢钩，动作神速，叫我碰上一点对方就会心慌意乱，周身无主，拔根提气。如对方捋我臂腕，我不等他抓紧即上步挺臂而进，周身一家，或用撩阴掌，或用通背小臂势打出，无不胜者。

第十二招，点胸反背掌。我斜站夫子三拱手起势，抬手即沉肩坠肘步下丁八，落势即圈裆，同时口出"请"字即伸手发招。此势我反掌用中、小、无名指背向对方胸部点去（用劲虽小却能使对方拔根提气），紧跟继以掌背用通背势双臂开弓一般打击，即将对方打出。

当年宋迈伦大师在北京顺治门内一个大木器场里，在座的有光绪皇帝门上的梁老公（梁老公即是梁振普，是八卦掌董海川老师的弟子），因讲武术，梁老公说："我练八卦掌30余年，未遇敌手！"宋迈伦大师当即站起身来说："我练的这个不讲说，就是当时动手的。"当即二人动手，宋重演此势，宋一掌将梁老公打在炕上，梁老公无奈当众叩头认师。

以上十二招仅是夫子三拱手变化中的一些招式，大部分引用高麟阁先生文本的内容，有的做了细化，手法根据个人习惯有所变化，有的又做了发展。高麟阁先生举出19个招式供习者练用，赵根深介绍了夫子三拱手起落势和动手变势的单挫势、双挫势、双捋势、飞轮通背小臂势、飞轮通背填小肩势以及三皇炮捶的十二炮点法。无论哪位老师或师兄弟所言招式，基本都是由宋迈伦大师所传承下来的，多少有所变化或发展，传承至今已经是很成熟的技法，只有极个别人未得此技不懂装懂，鱼目混珠，骗人骗己，不屑一顾。

10．原理

"夫子三拱手"的根本是什么？我认为是一个"道"字。现代人对"道"知之甚少，解释许多恐怕也不明白。而前人一听说"道"就知其含义。起、居、行、卧、举、止、言、行一切行为都遵循不变的"道"，三皇炮捶拳理就源于道学。其动手绝技"三拱手"也是依据道学理论而创编的，这不是推理得出的结论。因为夫子三拱手以阴阳（太极）、五行为本，以八卦为根，不管万事万物如何变化都不离阴阳（太极）、五行、八卦，都可以用太极、五行、八卦的法理对应化解，所以，夫子三拱手相传200多年依然可称为绝技。"以不变应万变"，不管你是什么手来，也得进入我的规律。正如宋迈伦大师所说的"不管你是什么病，我就是一个药方"的奇谈。夫子三拱手的动势规律就是太极球的运动。例如：

（1）起势，松静站立，为无极势（见前文），转身一动即为太极两仪势（见前文）。

（2）双手从腿边弧形向胸前相合作揖势，左掌抱右拳，阴阳合和即是一个太极球。无论对方出单或双手、或上或下，我皆可用此势或攻或防，看准即用，无不奏效。

（3）变化无穷的轮手，即是太极球。

（4）两腿圈裆，进退如一不倒之势，脚站一平轮地，即是太极球。

（5）一脚站磨脐，即是站太极之中点，一脚移动，即成太极球旋转。

（6）沉肩坠肘，含胸拔背，收臀提肛，圈裆矮势，身如球形，从外形体势本身看，即成太极球体。

（7）气沉丹田，上虚下实，萦灌周身，内气圆满，身体内部也是一个太极球。

（8）动手时攻防转换，进退往来，阴阳交替，皆是太极的运动规律。

所以，"夫子三拱手"的全身上下内外无处不是太极，处处都是一个球形，无数个小球组成一个大的球。由于球体表面是弧形的，因此就不易受外力冲击，不但能防范自身安全，而且外物在与旋转中的球体相遇时必被击出。这在所有防守动作中皆用弧线接触对方来手即可得之。例如：起势拱手这个弧形运动的球，上至头顶，下至膝足，两臂圈圆，这么大一个范围全在球的一个滚动中完成攻防。若对方来手进到我这个大范围之内，焉有不被我即化即打出去之理？因我飞快地轮手在此范围之内不断变化，是个旋转运动的太极球，当然落势即成反复折叠的弧形运动轨迹，而且还有上步擦拉将此球的运动向前位移。前进即是连续，球体随之不断变化，直到将对方发出去。

四、关于如何练好"夫子三拱手"的一些答疑

夫子三拱手是依照太极、五行、八卦永恒的易理而创编的,所以这一技法具有很高的科学性。如果你用此法比武切磋输了,那不是此法的缘故,而是自己功夫深浅的问题。为了帮助习练者正确地掌握这一绝技,笔者对下列问题进行有针对性的答疑:

1. 如何"请"字出口人即被发出去?

二人比武,号令一发,方为动手较技之时。我"请"出口,同时两手拱揖(左掌抱右拳,怀抱太极式)、左腿屈蹲,右脚虚收稍提,随即上步圈裆,抢站对方中位,两手变双挫将对方发出。本门动手不偏打,不斜打,完全步步走中门,夺取对方中位。我落势即是对方站立之处,逼对方失中,即失根失节之时,我瞬间发他,无不胜者!

如对方手从上面进来,我拱手即将其化出去了,我落圈裆步,身势即矮一截,彼拳早已在我头上打空。

如对方手从前面击来,我落手将其砸落。此势稍有不同,砸对方手时,我右脚稍虚收半步,立刻上步夺占对方中位,手变双挫,对方即被挫出。

如对方手在上面不需要砸时,我右脚不需要虚收,而上步进手即成功。

如对方用脚踢来,我左腿屈蹲,右脚提起,对方即踢空,而我提起的前脚立即上步踩打。

所以,我不管对方拳打脚踢,我该用什么用什么。此为一拱手,连续再进手,对方不能抵挡。这时还谈不上用招。

2. 如何进退如一,快猛巧捷?

当我用三拱手时,倘若被对方打中,我右掌护面,左掌护肋,身低势斜,含胸躬腰,圈裆,气沉丹田,因此彼打不中我要害部位。况且,三拱手进退如一,进即是退,退即是进。如被对方打中,我身势随对方进退而退进!也就是说,随其来劲而退,彼劲松开,我即上步将其击出。总之,我动是来回自如,飘忽轻灵,对方无法打中我身。对方认为打中了,实则打空了。然我

借其打空回手将其打出。此种行动,快猛巧捷,在几秒之中就已将敌击败。

3. 如何抛高打远?

运用夫子三拱手时,我攻即是守,守即是攻,攻守如一,处处是周身统一整劲、来回劲、二节劲、弹簧劲、车轮劲等各种劲法。我臂一伸即回原处,而我脚下即跟进半步矣。如我一拱手即打,随之上一步。如我手刁对方来拳(手回步上),将对方之拳抱我怀中(我上步打出),此时我不上步也能将对方打出。但是,我拳手脚如一,进退相随。我上步对方即仰身而倒,因为我抢占了对方中位,何况我又伸臂发手呢?所以能抛高打远。

4. 我如何不失根节?

我站圈裆步,如被打中,只能将我抛高打远,而不能将我打倒。圈裆步站六面劲,圆裆掖膝,前腿迎面骨(胫骨)偏向内。无论前进多远,只许以前脚上步拖带后脚;也无论后退多远,只许后脚退步拖带前脚。进步时,后脚不许越过前脚;退步时,前脚也不许越过后脚向后退步。进退步都不许站起身势,只能进提退擦拉滑行、磨脐步左右闪转,犹如站在一个平轮上,所以没有失根失节倒地之忧。

5. 何谓失根?何谓失节?

正立不稳而被打中谓之失根。我劲走空,而未换劲之时被打中谓之失节。如果在此种情况下被打,无不败者。所以,本门动手最重视不失根节。本门动手少用脚踢。俗话说:"轻易不抬腿,抬腿半边空。"两脚站立还恐不稳,如一脚站立,必失根节,败而无疑。

6. 何谓无形之手?

运用三拱手时,我沉肩沉肘,两肘抱怀中护肋。如果对方打来,我两掌如轮,指如钢钩,两臂伸缩如拧钻,我拳、掌、指、爪、勾手型不定,动作中内含各种招法,手伸缩如弹簧,伸后即回原处。如拿住对方臂腕,我即将其臂抱在我怀中,此时我脚自进半步。如果我未拿住对方臂腕,我臂、掌自回原处防护,而脚下自不动也。所以,我手臂动作与脚下是相互关联,相互为用的。如我将对方臂腕拿住,我手抱对方臂弹回贴身,同时我步已插入对方裆中，抢占对方中位，我上步拥身，对方必仰身而倒，此时我发放打出，所以能抛高打远。这就是三皇炮捶门不讲打字，专讲防字，我打在无形，对方不能防也。无形之手即指此也。

7. 如何将劲打在身外？

用劲不管大小，能将劲送到对方身上发挥作用才对。我劲锻炼筋骨舒展，内外放松，用气（内气）发力，身无一丝拙力，发劲极轻灵，快猛巧捷。伸手虽不用力，但极其神速，意在远处发放劲，劲准，不妄用。这就是将劲打在身外。

8. 四两如何拨千斤？

四两千斤平衡也。四两千斤两抛弃，也就是说，对方来千斤力，我只用四两劲迎之，使其四两千斤平衡（千斤用出没有了，我的四两劲用出也不要了），在此分秒中一呼一吸，一口气换过来时，我二节劲轻轻点到，无不应手摔出者。因对方劲已经发出未能换劲之时，他只剩一个空架子，无丝毫力量，所以四两能打倒千斤也。但是，用劲虽小然必须是周身统一整劲，如果不是整劲就无效了。

附录：夫子三拱手歌

"请"字当先两手拱，收脚矮势化彼攻，
彼若进入我圈内，手脚齐到即成功。
"请"字当先两手拱，打闪纫针必夺中，
起落打化无空隙，犹如海浪把堤冲。
"请"字当先两手拱，阴阳刚柔礼中生，
圈裆站稳不倒势，内外上下全身整。
"请"字当先两手拱，太极八卦和五行，
照面着手分胜负，快猛巧捷我神勇。

"请"字当先两手拱，神态安逸体放松，
攻守如一成整劲，乱环阵法用得精。
"请"字当先两手拱，打在化中手无形，
进退擦拉吞吐步，太极圈内变无穷。
"请"字当先两手拱，磨转千遭脐不动，
任他左右来攻我，八面相宜我得风。
"请"字当先两手拱，千斤手来四两迎，
分秒之中换来气，二节劲发我必胜。
"请"字当先两手拱，大圈小圈转不停，
无论你来何种手，一剂灵丹治百病。
"请"字当先两手拱，阴阳变化鬼神惊，
招式不灵且莫怪，内修外炼法自通。
"请"字当先两手拱，习武重德讲文明，
使手不出狠毒招，倒地不打倒不扶。
"请"字当先两手拱，武林同好众英雄，
切磋交流互促进，胜负莫过友谊重。

三皇炮捶大师宋彦超"神道碑铭"考及白话译文

一、宋彦超"神道碑铭"考

1983年10月27日至11月1日,三皇炮捶研究会会长袁敬泉带领会员崔廷忠、王连吉、张凯、张汉文,对原京都会友镖局三皇炮捶宋彦超先辈的家乡河北省冀县赵家庄进行调查采访。时值深秋季节,村民们早已把户外的庄稼收拾完毕,进入了农闲时期,对我们的来访非常热情。河北省冀县武协和当地政府对我们这次考察很重视,冀县武协副主席赵根深、赵根玉、赵慎言,赵家庄村的村主任、支部书记一起接待了我们。考察座谈会由赵根深介绍宋彦超先辈习练三皇炮捶的情况以及他们当地武术发展的现状,然后双方进行交流。宋彦超大师的后人和邻村的高金湘老拳师也应邀参加了座谈,会后双方做了三皇炮捶拳械的精彩表演。次日,由宋大师后人领着全体与会者去看宋大师的墓碑。

宋彦超的坟墓在赵家庄西南约一华里处,坟地南侧有一条东西走向的大道,大道北边约80米处竖立着刻有宋大师"神道碑铭"的青石碑。石碑的背面刻着"前清钦加五品衔讳彦超字迈伦宋老夫子之神道碑铭"的碑文,字迹工整。整座碑在一米多深的土沟里,高180厘米,宽62厘米,厚18厘米。碑文两侧共有8个浮雕图案,内容是竹兰梅菊荷花等。每个图案有一只鸟,长 2.4 厘米，宽 6 厘米。碑额已有损坏，碑文这面的碑额上残存着"斗仰"二字，背面还残存着"师善"二字。碑座高 50 厘米，宽 92 厘米，厚 38 厘米，上面有 6 厘米宽的海水纹图案。碑座埋在土里大约三分之一。

据当地三皇炮捶门弟子介绍，这通碑由京都会友镖局弟子卢玉璞、于鉴等在宋彦超过世后，于民国五年（1916年）在石家庄市雕刻完毕，民国六年（1917年）将其立于宋彦超大师墓前的。在大跃进兴修水利的年代，此碑被抬去当做过水渠的石桥用了，碑额和碑文受到损坏。"文革"后，本村村民和三皇炮捶门人又将此碑找回来，重新立于宋大师墓前，供后人追念宋大师的功德。

宋彦超大师的神道碑，其碑文如下：

吾太老夫子宋公，彦超其讳，迈伦其字。信都之处士，大清之高人者也。公少聪慧，凤有所习，无不过人。然性情豪迈，立志远大，每有投笔从戎之慨。故于经史子集，略观大意，不屑效文人雕虫之为。公虽耕读家风，而世以武道相传。是以各门技艺般般精通，早为远近所称许。后有同郡冯管村乔公者，独得技艺真传而声名弗著，盖隐于贾，不求闻达者也。公因戚谊介绍得与会晤。一聆风旨闻所未闻，无论枪剑拳勇皆以理节为本，力不妄用，巧随机生，进退击刺，准此对全，布阵亦准，此近之可以敌一人，远之可以敌万人也。公遂尽弃其所学而学焉，学之数年，尽得其道。回忆凤昔人所称许者，不觉汗颜矣。时当咸同年间，中外多故，英雄奋起。公荷戈报效，遍走南北。倘遇知己，立奇功建骏业，当不在颇牧马班[1]之下，何有前清之彭张陈郭也哉。乃时运不济，命运多

---

[1] 颇：即廉颇，战国时期赵国的大将，屡立战功。牧：即李牧，战国时期赵国的良将，屡立战功。马：即马援，东汉名将，有战功，任"伏波将军"，封"新息侯"，志于"马革裹尸还"。班：即班超，东汉名将，任西域都护，抗匈奴有功，封"定远侯"。年轻时不屑于舞文弄墨，投笔从戎。

探索研究

三皇炮捶研究会考察组成员（从左至右王连吉、崔廷忠、袁敬泉、张汉文、张凯）在宋彦超大师"神道碑"前合影留念

三皇炮捶研究会考察组同河北省冀县赵家庄武林同道、村领导合影（前排正中袁敬泉、左三崔廷忠、右三赵根深。后排由左至右第四张凯、第五王连吉、第六张汉文）

外，徒有宗悫之志[1]，难免季子之穷[2]。奔波半生，一长莫展，公遂灰志功名，本其幼之所习者，游幕京畿。虽弟子日众，而欲徒以技艺显犹乔公也。故日与相携者名公巨卿，藉以遣情者，琴酒书画。不知者或以风雅士目之，而公仅于此终古焉。噫，可慨也已。

奉天优级师范疑业生再晚门生　石成峰
撰文

神道碑背面正中从上至下刻着"前清钦加五品衔讳彦超字迈伦宋老夫子之神道碑铭"字样，右侧刻着"受业门生卢玉璞、袁长顺、于镜堂、刘兆祥、张玉福"率再晚门生39人，人名刻于中央字的两侧，最后是"敬立，奉祀"。右侧最边上篆刻着"中华民国五年桐月，中浣。"

另注：本碑文是1983年10月27日至11月1日访河北冀县赵家庄时由我本人所抄录，并将碑文正面做了拓片保存。数年后，周学良师弟用电脑对被破坏的碑额进行了技术复原，其图附于后。碑额正面刻有"至善先师"字样。碑文一面刻有"山斗久仰"字样。其"山"即指泰山，"斗"即指北斗。意思是说长期地敬仰某人，如同仰望泰山北斗一样，多用作表示钦佩仰望之意。

二、宋彦超"神道碑铭"白话译文

我们的前辈老师宋公，名彦超，字迈伦，是信都隐居不仕的人，也是前清时卓越的人。宋公小的时候就聪明机敏，平时，凡所学的事没有不超过他

---

1 宗悫：南朝刘宋人，字元乾。年少时，任气尚武，曾谓"愿乘长风破万里浪"，其志远大，宋文帝时屡立战功。

2 季子：战国时人苏秦的字，苏秦为当时纵横家代表人物。曾仕秦不遇，狼狈归乡里，为妻嫂所不礼。后发奋于合纵之术，挂六国相印，显达一时。

人的。但是他有豪迈的心胸，远大的志向，往往发出"要弃置文笔，投身军戎"的感慨。所以对于经书史籍只是粗略地浏览大概内容，不愿意学习文人搞文字技巧的做法。

宋公的家庭虽然以耕田读书为传统，但又世代继承着武术。所以宋公对各种技击技巧样样精通，很早就被远乡近邻的人们所赞扬。后来，在宋公所在那个郡的冯管村，有一位姓乔的先生，只有他得到了武术真正的传授，但名声却不显赫。大约是因为他用做生意来掩盖自己的武艺，不去追求成名于世吧。

宋公凭着亲戚的介绍和乔公见面了，听到了以前所没听到过的理论。乔公谈论武功技艺，都把顺理节制作为出发点，不盲目地使气力，而是随着时机运用技巧。或进或退，或击或刺（看情况变化而定），和他人相持抗争或者行军打仗设计阵法都可以用这一方法。这种方法对垒时可抵挡一个人，布阵时可以抵一万人。宋公于是完全放弃自己所学的技艺，去向乔公学习。学了几年，乔公的技艺宋公就全学到手了，他再回忆以前人们对自己的称赞，顿时觉得无比羞愧。到了咸丰、同治年间，国内外变乱很频繁，各处英雄好汉都纷纷起来施展才能，宋公扛着武器报效国家，走遍了天南地北，如果能遇理解他任用他的人，宋公在建立丰功伟业方面，应该不在廉颇、李牧、马援、班超之下，哪里还数得上前清时期的彭、张、陈、郭等人呢。本是客观条件不具备，命运中有许多差错，所以宋公空有宗悫的乘风破浪的雄心，也难以避免受到苏秦不为人用的困境，因此，到处奔跑了半生时间，依然没能施展自己的才能。宋公于是对"功名"灰心了，宋公用年轻时所学的武艺，在京郊一带给人做幕僚，虽然徒弟一天比一天多，但宋公只不过想用武艺来显扬乔公的英名而已。所以每天在一起的多是些达官贵胄、社会名流，他们用来消遣娱乐的就是琴、酒、书、画。有人把宋公当作文士名流看待，而宋公只不过是用这些来度过有生之年。啊！太令人感慨了。

奉天优级师范肄业生再晚门生

石成峰 撰 文

1916 年 4 月中旬

三皇炮捶大师宋彦超"芳型振古"匾文考及白话译文

一、三皇炮捶大师宋彦超"芳型振古"匾文考

宋彦超大师的弟子惠铭、惠崇、赵致忠，于光绪三十一年（1905）曾敬送老师"芳型振古"匾额一方。在考察宋彦超家乡时，据接待我们的赵根深介绍，此匾在20世纪60年代人民公社化吃大锅饭时，被公社食堂拿去当面板用了，食堂解散时宋家虽将此匾找回来，然而匾文已荡然无存。幸亏有宋彦超之侄宋彩臣的门生高麟阁先生，于1959年将匾文抄录下来，此文才得以保留。其匾文如下：

> 恭颂
> 迈翁夫子
> 窃维立德立功，乌可以廊庙林泉，别其报称，请业请益，奚能以门墙奥堂，异其酬答，伏念，我。
> 夫子生而英特，乡党咸谊，皆以伟才器重之，少读书卓萤[1]，有大志，每一披编，莫不慷慨激昂，或歌或泣，乃抛毛锥孜孜焉。习武事，中年

---

[1] 卓萤：古时用萤火虫之光读书者。

得授三皇绝艺，超卓尤绝伦，而终不以此鸣艺。徒概寰海横流，遂乃抱道遁世，愿行天下作逍遥遊，而海内弟子龛然[1]，從而请业，一时追随几林，负籍著众，遂以武著者其名，而夫子诚然非以武鸣其艺，实以武晦其迹，而善其身焉。其授于人也，精微言理，诲而谆谆，尤每最以忠于事，爱国养勇以报涓埃者不绝于口。然且侍奉北堂[2]，视听无形，殷勤匪[3]懈于继母，以孝宜闻乎，通达致显，而乃浮沉一世，无适志时，遂守日以终，或深惜之，而不知修身、施于事、立于言，兼三不朽矣。

虽没世，而名将永在人间。今令侄彩臣先生又袭其业，来京师奕世济美，感佩殊深，爰[4]公[5]送匾额一方，略缀片语，用志弗忘云。

门生 惠铭[6] 惠崇[7] 赵致中[8]
光绪三十一年岁纪　乙巳七月　榖旦[9]

二、三皇炮捶大师宋彦超"芳型振古"匾文白话译文

迈翁老师：

我们私下里认为，树立德业，做出贡献的人，怎可因其身在朝廷或隐逸于林泉，而对他们进行不同的报答。请教学业或请求详细解释的人，怎能因老师的知识水平有高低之别，而对他们进行不同的酬报。

我们的老师生来容貌英俊，才智杰出，同乡和亲属们，都因为我们的老

---

1 龛：聚合，统一、协调之意。

2 北堂：父母之居所。

3 匪：非，不也。

4 爰：于是。

5 公：众人合伙。

6 惠铭：清朝光绪年间刑部御史掌印。

7 惠崇：清朝光绪年间九门提督。

8 赵致中：字秋水，北京白云观道长。

9 光绪三十一年岁纪榖旦：1905年，阴历七月美好的早晨。

师是个特殊的人才而对他很看重。他小时候读书就表现得才能出众、聪慧异常，心有远大志向，每一翻书，没有不慷慨激昂的时候，有时歌咏有时哭泣，于是他就放下了笔，努力地学习武术。到了中年，他被教授了三皇绝艺，更是卓越绝伦，但一直不用武术来张扬技艺。只是感慨世上混乱无道，于是就身怀绝技而避开俗世，要逍遥自在漫游天下。而天下的徒弟们都追着他、请求他教授武艺，那一时期离开家乡而追随他的人很多，于是宋公因为武术而成为当时的名人。然而宋老师的确不是想从武艺来显扬自己的本领，而是用武术来掩藏自己的行迹，以武术锻炼自己的身体。将武术传授给别人时，他也是用非常准确细致的理论来谆谆教导，他平时最常说的话是"忠诚于事业、爱国家、培养勇气来报答别人对于自己的细微恩惠"。他侍奉老人，一言一行都殷勤而不松懈，对待继母也很孝顺。他应该因为孝顺而被别人知道，乃至通达显贵，但宋公漂泊了半生都没有实践雄心大志的机会，于是就随着时光流逝度过一生。有人对他感到深切的惋惜，却不知道宋公修于身、施于事、立于言，因此已经兼有不朽的业绩了。

　　宋公虽然逝世了，但他的名字将永远被人记住，现在您的侄子宋彩臣先生又继承了您的事业，为您增光添彩。我们的感激和敬佩是非常深切的，于是大家敬奉您匾额一方，并粗略地写上几句话，用来铭记不忘。

　　您的高大形象永振千古！

门生　惠　铭
惠　崇
赵致中
1905年阴历7月
美好的早晨

弹弓谱

此谱系清朝"神弹子"白云峰老前辈传给三皇炮捶大师张庆云先生的，先生得授其法，弹弓娴熟，堪称一绝。先生晚年（85岁）将此谱传与我，但由于条件所限，我欲学未成。我年越古稀，已是有心无力之人，一心将此谱视为中华民族传统文化的一部分，但不愿藏私囊。今公之于众，相信会有后人研习，使之薪火不断！

1. 引子

弹弓子始传，两头鹅眉尖，练熟运弓法，即是武魁元。打弹容易运弓难，唯有运弓最为先。要知运弓真传授，十二定位是根源。气平稳，撒弦准，头在心间眼在前。运用十二位，必将功夫练，近者墨线取，远者主当先。吸气弹高起，出气准头偏，八法十二位，留传在世间！

2. 弹弓十二定位说明

"未曾搭弹莫提弦，先将身法运周全。十二定位必有准，开弓体势要自然。前脚须将准头照，后脚用力退一边。弹去准头打无准，十二定位不周全。"其中，"十二位"指的是线、准、墨、精、背、弦、攻、受、主、本、停、平。

左手，共十位，分别是：

线：在大指的根节尖上。

准：在大指、二指正中间，即虎口处。

墨：在食指、二节上。

精：在中指根节边。

背：在四指的指肚上。

弦：在小指尖儿上。

攻：在掌心上、中、下三个部位上。

殳：在左臂肘关节中间。

主：在左肩关节尖上。

本：在胸部两华盖穴处。

右手，共两位，分别是：

停：右大指、二指。

平：在右臂肘窝间。

立姿弹弓十二位图

3. 弹弓运弓八法

五平法：一、前手举要平。二、臂肘要平。三、肩膀要平。四、后手臂肘要平。五、两肩膀要平。

三靠法：一、前手要靠弓背。二、弓弦要靠身。三、后手要靠脸（在耳前眼后之间）。

4. 弹弓入门口诀九歌

未打弹时先看扣手，搭弹时应先看弹，弹入窝内要实靠四边。未开弓前看好拉手，开弓时前后手将弓拉圆。前手如推窗望月，后手拉至耳根。拉成正圆形，未定势先看手脚。看左脚小趾要对准目的地，以便定势。未对准目的地时，先看顶手，顶手要对准目的地，后手也要对准目的地，不可偏颇。（注：前手为顶手，后手为拉手）

(1) 初学弹弓手法口诀歌

搭弹捏窝莫扭弦，前拳外掰要拉圆。双手齐开前拳展，后手拉到耳根前。右眼少看左眼观，看见前手鸟身边。恐怕前手拿不稳，定要加力紧握拳。后手撒弦弹鸟下，定要细心苦钻研。不论远近弓拉圆，弓不拉圆为崩弦。弹弓须要势样大，若是小了准头难。得心应手真玄妙，百发百中勤习练！

(2) 持弓手法口诀歌

前拳照外三里七，后手在眼后耳前。若是前拳拿不稳，弹弓打左右两边。若是高低打不准，前手平稳再撒弦。心想向前打得远，需用力拿稳前拳。面向南却往东打，面向北却往西穿。定住势需全身力，弹出时鸟落眼前。

(3) 定势法口诀歌

弹弓巧妙最可夸，未开弓时先照靶。大靶照准中心去，小靶照准地位打。打高先将身法定，就怕身斜忘身法。打低腰身往前探，后手高抬无偏差。若是偏左使攻字，还要墨字弹低拿。准头腰身往上顶，足法向前后手加。停平对身眼对上，三下七上对正打。弹去指上看半分，开弓离远是枉然。"精"字一紧打天远，墨字准头对身边。"攻停"二字只一蹬，"主准"二字往前穿。前手紧急墨字力，脚开身探平撒弦。

(4) 打远近准头法口诀歌

打弹秘法流世间，详论弹去近和远。线字一推两步准，使上攻字四步间。加上主字准六步，添上本字八步远。再加停平准十步，脚开身探停撒弦。全身攻到二十五，成熟不论远近间。近者准头却好练，远者准头功夫缠。近者可低三分势，远者高平势为先。近者墨线取巧妙，远者停平主为先。主准三分不多使，多使一分偏左边。偏左偏右打不准，内中还有精奇传。

(5) 高低定势法口诀歌

不论远近弹打去，恐怕弹子有高低。弓背只将高低定，后手拉在耳根前。弹小二指多用力，弹大弓背往上推。唯有腰身灵活用，前后上下左右随。一字不到必不准，功夫不到愿难随。

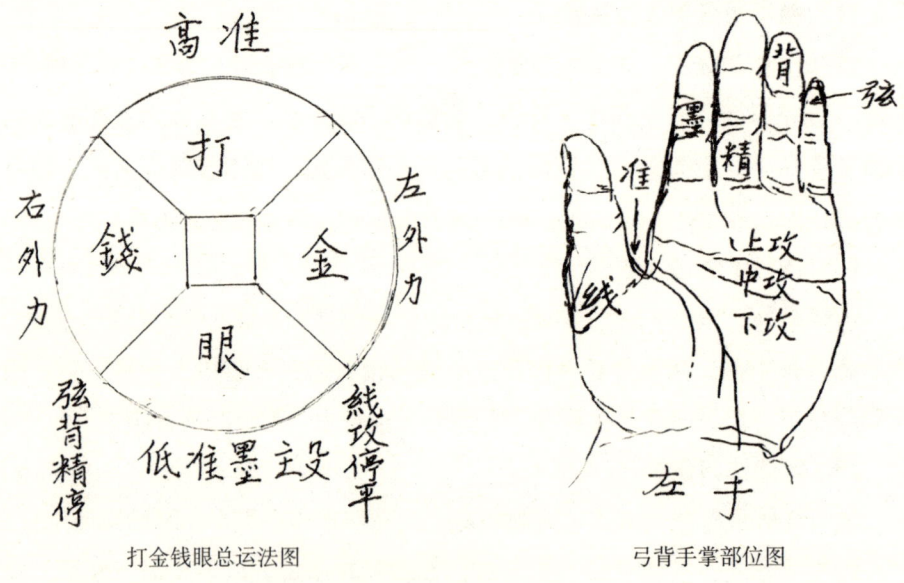

打金钱眼总运法图　　　　　弓背手掌部位图

(6) 打三圆法口诀歌

弹圆取准打不偏，要求弹稳要窝圆。弓圆取准弹立猛，此是弹弓打三圆。左右上下打不准，墨线停平精字连。弹小窝敞打不准，弹大平准主当先。学练不熟难取效，一字不到是枉然。

(7) 夜晚打弹口诀歌

弹弓秘法准在手，要知巧妙在心头。白天取准把好上，需学夜晚打香头。夜晚打弹心用力，弓背对过明香头。准不准全凭后手，八个法切记心头，九个式随心应变，打地巧能取咽喉。八法九歌十二五，一字不到枉追求。

(8) 弹去定势法口诀歌

先打精字后打线，弹去只在左右串。弹去左右打不准，前手取准留心练。墨字前展握紧拳，停字不用是枉然。主字加上三分力，本字抗着往前探。精字用力能找准，攻字撑柱撒了弦。弓歪一分打不准，线字力过偏左边。存心记住精准字，停平二字运耳边。

(9) 身病口诀歌

前手不平稳是病，前脚不对把是病。后膀尖不落是病，后手不平也是病。后手平不对耳眼是病，身腰不往前探也是病。

5. 准头的说明

准头有三，曰："高准、低准、平准"。高准用下攻，横力加殳字。平准用中攻，横力加墨、线、准三字。低准用上攻，横力加主、准、殳三字。又有正高势，以停、主、殳、攻四字找。反身斜高势，用停、准、主三字找准。四平势用停、攻两字找准。平高势用停、主、准三字找准。进低势用停、主、准、墨、线五字找准。提斗势以主、准、殳、墨四字找准。

古迹拾遗

北京最小的庙

在北京市朝阳门南水关内东墙上有一座三皇庙，它是镶在墙壁上的三座连脊的小庙，高二尺，长一尺五寸，庙脊长一尺二寸。庙宇完全用汉白玉石修成，式样与大庙无异，分为三阁，内祀三皇神像。中间为天皇伏羲氏，红发红须，体红面赤，身穿红色圆形树叶，双手捧太极图；左边为地皇神农氏，身与面俱为浅青色，头盘双髻，身穿绿色长形树叶，其像庄严如生；右边为人皇轩辕氏，白面黑须，身穿黄袍，头戴龙冠。三皇均为6寸高铜制坐像，仪容肃穆，栩栩如生。该庙宇建于明永乐三年（1405年），在民国年间，该庙宇尚存。因其形制略小，故老北京有"一步三座庙"之说。1958年之后，北京古城墙被拆毁，这座400多年的古迹也就随之不见了。

练三皇炮捶拳者不可不知何谓三皇。三皇在中国上古时期确有其人，他们是中华民族的祖先。三皇炮捶是历史最悠久的拳种，具有古朴的风格。在《少林七十二艺》一书中，少林寺和尚妙兴大师引用的张恪忠《三皇拳诀》序言中这样写道："今之言技击者，厥惟两派四门。两派者何？少林、武当是也。四门者何？三皇、形意、八卦、言门是也。考察两派四门之历史，则三皇门为最悠久。少林派祖师为初祖达摩禅师，达摩禅师入中土在梁武帝大通丁未之秋。武当派祖师张三丰。三皇门（今世称人祖门，又称人宗门）之祖师为人皇氏，形意门祖师为姬际可，八卦门祖师为董海川，言门祖师为辰州言。

其间相去千百十年不等。若考其武术之精奥，各有所长。若考其渊源则不出人皇氏黄帝首创兴起之遗意也。"这段文字说明：三皇炮捶既不属武当，又不属少林，只归于三皇门的历史原貌。那些将三皇炮捶说成是"少林寺普照和尚所传"纯属无稽之谈！

北京有座三皇山

说来也巧，位于北京西南 80 公里处的房山区一渡西侧有一座中华民族祖先伏羲、神农、轩辕的圣山。这座圣山自古以来被誉为"三皇圣地"，先人们在这里修建了三皇庙，将开天老祖"天、地、人"三皇供奉于此，历来香火不断！

中华上下五千年的历史文化造就了三皇山这块近 10 平方公里的神奇土地。三皇山历史文化源远流长。《红楼梦》作者曹雪芹驿馆、曹氏茔地犹在；清朝江宁巡抚韩世琦墓修建于此，康熙皇帝为其撰写的满汉碑文及墓前石柱至今保存完好；唐代名妃沈珍珠在此出家的珍珠庵等人文古迹吸引了无数游客。

近年来三皇山已被开辟为旅游景区，山川秀美、群峰耸立、层峦叠嶂，清澈的拒马河水蜿蜒曲折环山而过，流水潺潺，河光山色浑然一体；三皇山景区还开发了田园风光旅游项目。走进民风淳朴的自然村落，这里有郁郁葱葱的古老柿子林，古朴的石碾子、石磨、木轮车，你还可以乘坐木轮车感受一下这古朴的情趣。吃一顿农家的粗茶淡饭，小酌一杯风味独特的柿子酒，时光仿佛回到了数百年前，一切都是那么宁静自然，令人有身处"世外桃源"般的感觉，忘掉了城里繁杂的环境和紧张忙碌的工作，身心在这里得到调整、放松！

世间确有龟蛇合体的"玄武"

1985年在《中国青年报》上报道了题为"玄武"的这样一条消息:"在湖南省石门县发现有一只'蛇形龟'。它究竟是目前残存的独立动物种属,还是普通乌龟的变异个体,抑或是龟与蛇野合的产物,目前尚待研究。"其实这不是什么新发现,我国古代先人对它早有所认识。古书中有对这种动物的大量记载,它就是古人心目中视为瑞兽的"玄武"。

古代文物图像中的玄武,或为龟,或为龟与蛇的合体,即蛇身缠龟身。古人对玄武的描述与认识也有所不同。《礼记·曲礼上》记载:"前朱鸟而后玄武,左青龙而右白虎。"孔颖达书:"玄武,龟也。"《后汉书·张衡传》注:"玄武,龟蛇也。"《后汉书·王梁传》:"玄武,水神名。"李贤注:"北方之神,龟蛇合体。"《文选》注云:"龟与蛇交曰玄武。"可见,石门县发现的"蛇形龟"即古人所说的玄武。因为玄武为北方之神。古代按方位而论,正向为坐北朝南,故凡处于北方或后面的事物多以玄武相称,如宫殿或城郭的北门都称为"玄武门"。唐代历史上著名的"玄武门之变",即是发生于唐代长安太极宫北面正门的政变。在北京,明、清故宫的北门原名亦为"玄武门",后因避清圣祖康熙皇帝"玄烨"之讳,故改名为"神武门"。南京城的北门也称为玄武门,著名的玄武湖风景游览区即因此湖地处玄武门外而得名。玄武为北方之神,道教所祀北方之神即为玄武。玄武神像披发黑衣,执剑,足踏龟蛇,从者执黑旗。赵彦卫《云麓漫钞》记载，宋代因避讳，改"玄"为"真"，后世又称玄武为"真武"。北京有个真武庙，原来就是道教祀奉玄武的场所。

龟与蛇既然是灵物，形似龟与蛇相缠的玄武，自然更是灵物。但是人们的意识与观念常常莫名其妙地不断转变，大概从某一个文明没落、文化凋蔽的动乱时期开始，上古被视为神灵瑞物的玄武，竟背上了不好的名声，被人骂为雌龟与雄蛇的私生子，从而亵渎了中国古人心目中的神灵，我们今天应当为玄武正名。湖南省石门县玄武的发现引起了科学家和广大群众的兴趣，是自然科学界的一件好事。至于玄武的动物种属问题，则需要生物学家进一步研究与鉴定。

这篇《玄武、神武、真武》的文章讲的全面、透彻。我们是练三皇炮捶门真武剑的，既然是练真武剑术，就得懂得剑术名称的由来及其含义。真武剑共前后两趟，第一趟属于"蛇形术"，第二趟属于"龟形术"。真武剑又归属于道家龙门派剑法。龙门派剑法共四趟，真武剑法是其中的前两路，其他两路剑为"钟馗剑"和"三宵龙须双剑"。

道家龙门派剑法据传由金代道长邱处机创立，三皇炮捶门老前辈白云峰得授于碧竹真人（字野鹤），白老前辈又下传师侄段庶卿、张庆云、董英俊三人。其中，张庆云、董英俊二师只得授真武剑的"蛇形术"和"龟形术"两趟。张庆云先生与八卦掌郭古民是挚交，遂将此剑法传给了郭古民（见郭古民手写的《八卦掌全书》剑谱录）。唯段庶卿师伯得授其全。段师伯于1984年80多岁高龄时亲自来我家，把"钟馗剑"和"龙须双剑"传授给我和师兄杨宝田，让我们全面继承了道家龙门派剑法，使其香火不断。

这里要说的第二点，就是无论玄武是"灵物"还是"真神"，我们练武体悟的是这两种灵物"攻防"运动的特性和其内在的精气神。只有对其进行逼真的模仿和运用，才能淋漓尽致地表现出真武剑独特的韵味和魅力。

淮阳发现八卦龟

1994年农历二月初二，淮阳人祖庙举办的朝拜伏羲会上，展出了一只背负八卦的白龟。据推算，该龟的年龄约有240岁。它身长近40厘米，宽约15厘米，通体白色，背上及胸腹间的裂纹分布正与当年伏羲传下的八卦图完全一样。令人奇异的是，该龟被发现的地点正是传说中伏羲画八卦台前二三十米的一个名叫"蔡池"的小湖中。《汉书·孔安国传》曾说："天与禹，洛出书，神龟负文而出，列于背。"这白龟的出现和古书所讲颇相吻合，充满神秘色彩。

甘肃天水有座卦台山

甘肃省天水市有座卦台山，位居该市北道区渭南乡，史传是伏羲氏画八卦的地方。该市秦州区有座伏羲庙，是保存完整的明代建筑群，布局严谨。殿内伏羲像身穿树叶，手托八卦。院内有古柏古槐，郁郁苍苍。庙门楣上挂着明代书法家中丞胡缵宗书写的"与天地准"巨匾。

近代文史学家闻一多先生著有《伏羲考》，相传农历正月十六为伏羲诞辰。每年此日，万人朝拜，念其"开天明道"之恩。

忆北京窑台古迹

北京的陶然亭公园，是一座历史文化公园。元代这里有"慈悲庵"，清康熙三十四年（1695年）工部郎中江藻在此盖了三间厅房，摘取唐朝诗人白居易诗句"更待菊黄家酿熟，与君一醉一陶然"之意，取名"陶然亭"，历史上颇有点名气。若是讲窑台茶馆古迹，即使是老北京人，知者也寥寥无几了。今即兴介绍几例。

在北京城西南一隅，距离城墙根不远的地方有座坐西朝东的古庙。在庙的正殿门前南侧立着一座矮石碑，碑上镌刻着"陶然亭"三个字。在正殿东侧有座魁星阁楼。古庙是座佛教寺庙，到了20世纪40年代，庙里只有三位僧人和一位打零杂的伙计。两位年长和尚已不管庙里的事宜，只有一个法号叫逸安的年轻和尚负责该庙的内外事务，那位伙计外号叫"傻子"，干些打扫卫生、沏茶灌水、买东西、做饭等杂活。

在古庙的东面、东北面和正北面，有三座烧砖的大土窑，这三座砖窑距离古庙的距离一座比一座远，正北面的大约离古庙有一里多地远。每座窑台都比城墙还高，时人常来此登高远眺。据传古庙和这三座大窑台是明朝建北京城时留下来的。

北边最远的这座大窑台上有座火神庙，这座庙也由古庙管。庙墙西侧盖了三间大瓦房和一间烧水的火房。房子坐西朝东，玻璃大窗非常明亮，屋内摆放着七八张八仙桌椅。古庙里的五和尚法号叫崑素的，在这里开设了一间茶馆，取号"窑台茶社"。这里有"坐台听雨""六月里放风筝"和"火神丢须子"三处景观，都很值得一看。

一、坐台听雨

窑台茶社虽是地处京城一隅，但由于环境幽雅，来这里品茶的客人越来越多，颇有些名气，三间大厅里常常座无虚席。茶客们交流着五行八作（作坊）四九城的新闻故事，好不惬意。有的游人来这里登高望景。从这里向东望，能看到先农坛的墙；向南望，近处是百顷芦苇，起伏荡漾映入眼帘，再顺着芦苇塘远望，尽头是南城墙；向西望，能看见龙泉寺孤儿院；站在庙后向北望，可以看到远处的黑窑场街、窑台胡同等地；看近处是同仁堂的两处养鹿的鹿圈。四周景致尽收眼底，别有一番诗情画意！

来这里品茶观景的又多是贤人雅士，梨园界的老前辈李洪春老先生就是这里的常客。他家住崇文门外草场二条，一年四季无论寒暑风雨，每天早晨起来，一手拎着蓝靛颏鸟笼，另一手拎着红子鸟笼，晃动着鸟笼子步行七八里路，总是第一位来到窑台茶馆品茶。随后喊嗓子的、遛早的、练功的陆续而至。到了夏天，茶馆外面可着院子搭一个大天棚，棚顶用苇席遮盖，四边斜支着半截遮阳的苇帘，棚里摆放着十几张八仙桌，布满客座。因为这茶馆建在高高的窑台上，四周只有百顷芦苇塘，非常幽静。微风习习，燕子低飞，游人在棚下乘凉，惬意地品着茶，还能听到棚外传来"唰唰唰"的下雨声。可走出茶棚一看，依然是晴空万里，骄阳似火，毫无雨丝。但只要进得棚来就能听到棚外的下雨声！何故？原来是微风吹拂那百顷芦苇发出的瑟瑟之声，传入半封闭的茶棚里恰似"唰唰唰"的下雨声。文人们将其取了个雅名叫"坐台听雨"，称之为一奇！

二、六月里放风筝

放风筝讲究的是在春、秋两季，因为这两个季节风力适合。到了农历六月已是夏季，炎热少风，空气湿度大，暑伏天气铜铁都出汗，就不适合放风筝玩了。谚语常说："六月里放风筝，隔着半年呐！"可是在窑台六月天照样能把风筝放起来！您听着新鲜吧！这六月里放风筝的人正是梨园界的张辑五老师，张老是京剧名角金少山先生的鼓师。每到这个季节张老准拿着自己亲手制作的"猪八戒背孙猴""武松打虎"风筝在窑台茶社前放起。和张辑五老师比着放风筝的还有一位，是北京有名的"算盘高家"高之方先生。他放的风筝也是自己亲手制作的"美人打伞""黛玉葬花"。两人的风筝风格独特，别具一格，常在芦苇塘上空悠悠荡荡，并肩媲美。为什么在这里能放起风筝来呢？您别忘了，这儿是十几丈高的窑台！四周空旷，无任何遮挡物，非常得风。虽是酷暑天气，仍然微风阵阵，芦苇起伏，犹如碧波荡漾。所以，这里有得天独厚的放风筝的条件，游人茶客观之无不称绝！

三、火神爷丢须子

窑台上的火神庙里的火神，据传原塑好的火神是红脸红胡须的老火神，一到了春天，不知何时老火神的胡须不翼而飞，变成了年轻火神？管庙的和尚揣摩着，火神殿每晚殿门都上锁，第二天早晨才打开，没人动老火神的胡须，怎么会没有了呢？和尚想来想去也解不开这个谜团。只好用胶水给火神重新粘上胡须。不几日，火神的胡须又不见了，依然变成年轻的火神！和尚又用胶水再给火神重新粘上胡须。不几日，火神的胡须又不见了。和尚琢磨所有火神庙里塑的火神全是带胡须的老火神，没听说哪个庙里的火神爷把胡子丢了。和尚顿时大悟：一定是我庙里的火神爷显灵啦！到了春天，天气渐热，火神爷自己把髯子脱去了。可是和尚又琢磨，不对呀，到了冬天为什么火神爷的胡须就不丢了呢？难道火神爷到冬天怕冷？琢磨来琢磨去怎么也琢磨不透。和尚想：不管怎么着，火神爷不能没有胡须，没有胡子不合常理。他规定火神爷的须子丢了就得及时补上。就这样自古以来代代相传，不知传了多少代传到陶然亭古庙的五和尚崑素这一代，他仍然照规矩办事。故事流传到民间，有的认为有鬼，有的说是闹大仙，众说纷纭，猜测不一。也有不信鬼神好探奇的人。梨园界里常来这儿嗓调子的陈士鼎和几位年轻人对这个离奇的故事产生了兴趣，决定要探查个究竟。

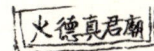

当和尚给火神爷重新粘好胡须，把大殿上锁之后，陈士鼎和几位青年悄悄地轮流守候在窗外，不时隔窗细心侦察火神爷的胡子有无变化。日复一日，天天侦察。真是功夫不负有心人，他们终于发现，不足七日火神的胡子便没有了，不是有什么鬼，也不是闹什么大仙，原来是一群蜜蜂飞来把火神爷嘴上的胡子叼走了！

他们明白了，冬季天冷蜜蜂过冬不出来，火神爷的胡须就不会丢。春天，大地回暖，万物复苏。风和日丽，蜜蜂忙着筑巢，所以叼走了火神爷的胡须。这就是火神爷丢胡子的谜底。

这些已是1948年以前的陈年旧事了。在过去，窑台是贫苦百姓居住的小碎砖头平房区。窑台南边，荒塚垒垒，垃圾成丘，乌鸦啄食，野犬撕尸。新中国成立后，天地俱变！政府将陶然亭辟成了真正的人民公园。如今这里苍柏林立，绿树成荫；碧波荡漾，游船点点；花团似锦，四季飘香。以亭取胜的陶然亭公园，共有36座亭子。特别是近年来仿建的沧浪亭、醉翁亭、兰亭、杜甫草堂、二泉亭、吹风亭、浸月亭、独醒亭、鹅池碑亭、云绘楼清音阁等10座历史名亭，其原型无不享誉中华，它们共同构成了独具特色的亭文化公园，成为人们休闲游玩的好去处！

天桥忆旧

小时候哥哥带我到北京永定门里天桥去玩,那是我第一次逛天桥,它给我留下了很深的印象。那时候普通老百姓家里还没有收音机,更不用说电视机、录音机这些现代家电了。若是家里有个留声机能听一听唱片就算不错了。所以,自打那次以后我心里老想着去天桥玩。不是去听说书、听唱大鼓的,也不是想去听相声、看杂耍儿或看拉洋片的,我就是专门爱看打把式卖艺和摔跤的。可我年岁小没大人带着是不能去的。13岁那年我已经能骑自行车跑半个北京城了,一到星期日,我就骑着自行车进城逛天桥,去看打把式练武和摔跤的,我觉得看这些功夫提精神,身上长劲。

天桥的把式场有三家。一家姓韩,瘦而健的中年汉子叫韩金铎,带着一个孩子。人们常说:"天桥的把式,光说不练。"其实不然,哪能不说话吭哧吭哧地光练呀!那不是成了"傻把式"了吗!说是要说,但是,说多了也就成了"嘴把式"了。要知道吃这碗张口饭也不容易,都得先说,把人拢住才能练。

韩氏开场先吆喝说:"诸位老少爷儿们!今天我们爷儿俩给您献个丑,耍两下玩意儿,是行家的,您看个门道。不是行家的,您看个热闹。玩意儿是假的,功夫是真的。我们爷儿俩也不容易,等练完了,有钱的您帮个钱场,您赏俩钱给孩子买个烧饼吃。没钱的,您站脚助威,帮个人场。我这儿先谢

过您啦!"说着向观众拱手作揖,转过身来又对儿子说:"来呀!咱们卖卖力气!"儿子接过话来说:"哪要是不卖力气呢?"韩氏父亲说:"你说怎么样?"儿子说:"谁要是不卖力气,谁就是孙子!"您听着,这是生意口,不是这孩子没大没小的,这当口要的就是观众哄堂大笑。韩氏父子先是来一趟"单刀进枪"的对子活,然后就开始表演绝活。第一个绝活是弹弓,一招"空中连珠弹",一招"犀牛望月"。韩金铎介绍完这两招之后,照空中张弓搭弹,第一弹打出后,紧发第二弹将第一弹打碎,又疾发第三弹将第二弹打碎。连打三弹,百发百中。表演"犀牛望月"时,左腿独立,屈膝矮势,右腿向身后左侧屈伸,脚心朝上抬平,将一颗泥弹丸置于脚心,身体前探向左扭转,回头看右脚,张弓放弹。只听"啪"的一声,右脚心上的弹丸应声粉碎。这招"犀牛望月"若有失误,弹丸飞出去就会伤到观众。功夫练到万无一失,才能百发百中。每到表演完观众都是热烈鼓掌,连声叫好,慷慨解囊!

韩氏父子表演的第二个绝活是"甩头一子",又叫"绳镖"。这是件软兵器,钢制的镖头用两丈多长的绳索连住,练起来动作叫什么套白狼、十字披红、和尚大甩袍、张飞蹁马等等,镖头带着绳子在臂上、腿上、手上、脚上、身上、脖子上缠来绕去,叫人看得眼花缭乱。韩金铎经常表演绳镖打香火头和头顶上的小碗。他先让孩子头上顶个小木碗,他在离孩子五六米远处将绳镖缠来抡去的，背对着孩子突然将绳索一放，"嗖"的一下将小孩头上顶着的碗打落，绳镖随即又抽了回去。他又让孩子嘴上叼支点燃的香烟，他站在孩子侧面五六米远，手持绳索左缠右绕，突然臂肘一抖，绳镖嗖的朝孩子飞去，正好击掉燃着的烟头，香烟还在嘴上叼着，用劲精准，恰到好处。这两场表演真的让观众为孩子捏了一把汗！好在有惊无险。

另一个把式场是大刀张玉林。此人功夫也是非常了得。一口青龙偃月刀重百余斤，双手举刀抡挥、翻身劈剁，轻如落雁。唰！唰！唰！云刀削抹，如风雷闪电。这刀法练完还不算，他又拿起三张硬弓，两手往左右一推，双脚一蹬，三张硬弓犹如满月。小孩举着钱笸箩循着场子打钱！

还有一个练武术的场子是姓吴的哥俩，哥哥叫吴长宝，弟弟叫吴长印，家住广安门外。他俩练的是硬功夫，卧钉板、铁板桥。第一场是在地上放一块钉满钉子尖朝上的木板，吴长印面朝上躺在钉板上，由俩人抬一块有二三百斤重的大花岗石压在他肚子上，哥哥吴长宝抡起大油锤，嗨！嗨！嗨！三下将大石头砸断。吴长印翻身站起，身无半点伤痕。第二场是拿两条长板凳吴长印头枕在一条凳上，两只脚放在另一条凳上，使身子悬空起来，这叫"铁板桥"。再由两人抬来一块二三百斤重的大条石压在吴长印的肚子上。哥哥吴长宝抡起大锤，嗨！嗨！嗨！又是三锤砸下，大石头断成两截。再看吴长印，躺在两条板凳上依然直挺挺的纹丝没动。围观的人们鼓掌叫好，都纷纷往场子里扔钱。

这三场武术，一场精妙绝伦，另一场力大无穷，再一场功如磐石，各有绝活，各有看头。那时候我非常佩服他们。后来到了1955年我上中学时，放学回家的路上常见吴氏哥俩在闹市里卖艺，表演"铁板桥开石头"的硬功，每次遇到我总是要看完再回家。

在天桥，我最喜欢看的还有宝爷的跤场。宝爷，跤名宝三儿，真名叫宝善林。他是前清光绪皇帝的护卫、后来任善扑营掌营的宛八爷的弟子，得过高人传授，下过苦功夫。他的小腿外侧结了一层茧子，据说那是摔跤时踢出来的。在跤场上他开场叫座拢人，早配好的跤对在场上就活动着呐。要说这配跤对也有讲究，派俩胖子上场或者派俩力气顶瓜（本力相等）的上场，摔不出漂亮跤来，也不能逗乐。配出的跤对，身高的配身矮的，胖的配瘦的，技术好的配个技术差点的，老手配个新手。虽然是表演性质的，也要让您看着像真的似的。这样配首先能吸引你，逗你笑；其次在玩意中也蕴含着人不可骄傲，不可小看人（人不可貌相）的道理，往往是矮个的把高个的摔倒，瘦子赢了胖子，为的是逗您一笑，在笑中受到教益；再就是确保摔跤的安全，不出事故。

　　这跤对下场子边活动边逗贫嘴，吸引大伙乐趣。两人跳蹦子，横着跳，挥动着四只膀子，像对蝴蝶翩翩起舞，围着场子转。两人抢手、撕手、挣手、登手，认好手用绊子，一个崴桩将对方斜向拧起摔倒于地，两人撕扯着见招使招，见招拆招，脑切子、大别子、挑钩子、耙拿子使得干净利落，非常漂亮，每次摔出漂亮的跤，我都情不自禁地大叫："好！好！"自然我口袋里的零花钱也就全掏光了。那时候跤场上常见傅世禄、马贵宝和人称"快脚满"的满宝珍等跤界高手，他们的听劲相当好，反应极快。宝爷要是穿上褡裢给大伙露两手，那是满场子叫好，掌声不断。看了宝爷摔跤，心里觉得爽快！觉得今天没白来！

　　大约到了 20 世纪 60 年代中期，天桥的武术场和撂跤场以及其他玩意活动都不见了。天桥这个地方还在，但这些吸引人的绝活、玩意没有了，再去天桥也就不好玩了。每每路过那里的时候，脑海里总会浮现出当年那些艺人的面孔，勾起那令我心潮激荡的一幕幕场面！

后记：传承是活的生命力

　　武术是中华文化的瑰宝，为中华民族的繁衍昌盛做出了巨大的贡献，历代名家名将素为人们所景仰。

　　以武保卫国家、防身自卫、健身祛病，已成为中华民族的习俗。古往今来，中华武术不断创新发展，形成了各具特色的拳种，流传于民众之中，积淀了深厚的文化底蕴。今天，武术仍然是我们军队中特战队员、武警和警察所必学的技能，同时也是人们防身自卫、健身祛病、陶冶性格所喜爱的身心运动。

　　中华武术是非常讲究传承关系的。什么是传承？从字义上讲，传是上对下，有传授、传递、传播之意。承是下对上，是接继之意。传承即传授与接继，薪火不断、一脉相承之意。说得更直白一点，武术的传承是武术生命机体的延续，就是要把优秀的民族文化遗产代代相传，使之生生不息，发扬光大！为今社会所用，为人民健康所用！这是我们提倡传承的目的。

　　传承要立足于深厚的传统文化基础，我认为中华传统文化就是中华民族的基因。传承文化、传承道德、传承技艺与传承品德要齐头并进，不可偏废。武道的丰富内涵不仅止于外在的技能，而且包括儒家思想、道家精神、佛家修养等内在精神。武术的传承要注重引导习武者养成正确的习武观、人生观、道德观，规范习武人的行为准则，树立现代习武人的新形象，不能只是培养头脑简单、四肢发达的武夫。

　　传承，首先言师。为人师者，是武道的宣扬者和实践者，人格崇高纯洁、德艺双馨，能启发学生进德修艺，是为国家培养人才的园丁。所以，传人先传道，传武先传德。传武要将德育贯彻始终。若为人师者缺乏道德修养，说话不讲文明礼貌，野调混腔，不通世理，试想所教出的学生将会如何？师父要牛气哄哄的，徒弟说话也就自然收不住了。如果为师者胸无大爱、心胸狭隘、目光短浅、处世怕吃亏、总想占便宜、贪亲财黑、追名逐利，为人善用心计，挑拨离间、搬弄是非、阴险狡诈，遇事逞强斗狠，甚至满腹仇恨妒忌，这样的老师教育和影响出来的弟子、学生将会是何等人物，自是不言而喻了。

为人师者，一举一动，一言一行，都在潜移默化地影响着学生，所以，为师者皆应谨言慎行、以身作则、严于律己、表里如一、胸襟坦荡、一身正气，给徒弟树典范，做表率，切不可有须臾偏离！因此，老师要能够随时检视自己，修正自己，不可片刻遗忘自己的崇高使命！

其次，为人师者，传艺时要把自己所学所懂全方位、无保留地传下去，对徒弟要精心培养，诲而不倦，担起承前启后的责任，才不枉先师的厚望！若为人师者自身能力有限，遇有可造之才，要善于向明家、能师举荐，切不可怀私，误人子弟。

再次，为人师者，要为徒答疑解惑。作为人师，要欢迎弟子提出疑难问题，老师应尽己所能，为其解惑。徒弟能提出疑难问题，说明他用心动脑了，老师应为之高兴。老师应具备答疑解惑的能力，使弟子由惑而明，师徒互通互感，教习互长。教育的真谛在于创造学习情境，陪伴弟子、引导弟子自我探索，开发其潜能。教育的本质是爱、尊重、关怀，让弟子心灵自由成长，身心和谐发展。老师应真正传递知识、技能、道德，启迪智慧。老师的慈眉善目、循循善诱，将是弟子自尊、尊人的动力；老师的倾听，能让弟子懂得理解人；老师的爱心和榜样，能让弟子发现自我的价值和人生的真善美。老师给予弟子的是一辈子的影响。

为师者要做到上述三点，就要不断地学习，不断地提高自身、修正自身、完善自身，提高自身的道德水准、理论水准、技艺水准以及教学水准。为师者要自我砥砺，常言道：逆水行舟，不进则退。为师者应不断地进取才是，如若不然，将会误己误人。

后记： 传承是活的生命力

为徒者，应勤学苦练，用心领悟，不断进取；先专再博，精益求精；为人贤达，侠肝义胆，正大光明；尊师爱友，继承师传，保门护道。

师徒之间，师竭诚相授，徒勤奋继承，发扬光大。师诚徒义，水乳交融，患难相扶，休戚与共，荣辱不分，贵贱不嫌，不忌不怨，共存共荣，终身相依。师徒如父子，父严子孝，反之则欺师灭祖，必遭天殃。慎之戒之！

徒与徒之间，在同师门下，称师兄、师弟、师姐、师妹。武术界各拳种各有规矩，有的按入门先后顺序论大小，先者为兄、为姐，后者为弟、为妹。有的拳种内不论入门早晚皆按实际年龄分大小，此种伦理法则更有利于团结，同人之间感情更融洽。先入门也好，后进门也罢，自古传下的师兄弟，师姐妹二词具有两层含义，一是表明伦理辈分关系（同师同门或武林同辈间的敬称），二是师兄弟、师姐妹二词皆是"师"字在前，后有兄弟姐妹次序。所以，师兄、师弟、师姐、师妹之间，人虽有长幼之序，但艺不分大小，以能者为师。师兄、师弟、师姐、师妹之间要互敬互爱，互相帮助，互相提携，互相护佑，情同手足，共同维护师门。正所谓："江湖有辈艺无辈！"长幼互学，共同进步，皆人之常情。这些观点虽传统了点，与现代提法及用词有异，然其中的道理是一样的。

我认为传承是流动的，是活的生命力，所以总是说代代相传，薪火不断。武术是中华民族宝贵的文化遗产，为将其发扬光大，重视传统的传承关系是非常必要的。唯有代代相传，武术的生命机体才能永葆青春，保持强大的生命力，没有了对这种传统的继承传递，武术将渐渐失去生命力！

现代社会上的武术传授多是普世传习，教学双方在一时或一段时期内保持着师生关系。而今最时尚的是将技艺看作商品，教学双方是商品交换的关系。这种关系普遍存在着随意性、松散性、暂时性及交易性的特点，学员想学就来，不想学就走，今天跟甲学点，明天跟乙学点，后天可能再向丙学点，无长久的固定关系，教学双方仅是一种交易行为而已（在国外表现得最为明显）。这种交易行为，首先淡化了师生间的一个"情"字，注重了利益，把传武育人的传统美德淡化，交钱售艺，互不欠情。习者总浮在表面，把系统的武术碎片化了，什么都知道一些，什么都了解不深，充满了急功近利的浮躁情绪。如此就得不到系统的、规范的训练，对哪一个拳种都难以深入。既不专一，也就不可能洞悉武学真谛。这种教学模式无法实现全面传承武术文化的目的。长此下去，中华武术将逐步自然地浅层化、表面化，只有武术的外壳，与中华武术文化"博大精深"的内核渐行渐远，最终走向枯竭！我们今天不缺聪明人，不缺高学历者，但太多的人一见困难马上就撤，撞了南墙也不回头的执着者太少。习武须有一股咬定青山不放松的劲头，有超人的意志和决心才能达精深绝妙之境界。在电视节目中我们也时常见报道超人的绝技绝活，例如钢针穿玻璃、二指禅、一指禅、各种轻功、口射钢针（金针度世）、纸牌镖等功夫，可这些功夫都出自民间，而我们却无人去研究，也无人去习练，更谈不上去培养这种特殊人才了，其因则勿须多言了。

为弘扬中华武术文化，现代化院校和辅导班式的师生普世传习是不可缺少的，但同时也不可忽视传统的师徒传承方式，只有这样，武术才会有强大的生命力！

有许多武术爱好者，谈起传承关系，并不晓得其重要性，甚至还不完全明白什么是传统的传承关系，或将普世传习的师生关系，误认为就是传统的传承。也有一部分人明白传承关系的重要性，也想求到名（明）家继续深造，然而终未如愿。要知道求教于名（明）家确实是讲究机缘的。俗话说："有缘千里来相会，无缘对面不相识。"缘分是可遇不可求的。寻师不易，遇师不难，往往失之交臂，追悔莫及。习者若有此深造之心，若遇名（明）家，千万要珍惜机缘，锲而不舍地追求，明确师徒关系，一朴纳心地向师父求艺，切不可为了有传承关系而随意拜师即了之。

常言道："师傅领进门，修行在个人。"正式拜师是深造技艺的开始，不是求艺的终结。拜了名家不等于你就有了功夫，学艺拜在名（明）家门下，固然是必要的，但这只是具备的外部有利条件，技艺的成功与否，至关重要的是自己的主观努力。师父传道、传功、传法，诲而不倦，循循善诱，用自身做靶子给徒弟喂手，创造机会让徒弟实践，使徒弟尽快领悟。倘若徒弟懒

后记： 传承是活的生命力

惰，不肯吃苦，不用心练功，始终不能开悟，虽得名（明）师传授，功夫未能上身，也只能是徒有虚名！所以说，师傅领进门，修行在个人。自己要勤奋努力，用心体悟，才能真正地继承下师傅的衣钵。

中华武术是讲究伦理道德的。在武术院校或辅导班里，不分年龄辈分统称"学长、学弟、学姐、学妹"。在传统师徒传承中，长辈与晚辈同师学艺，晚辈自成老师的徒孙，不可与长辈变成艺门同辈人。昔日，杨澄甫先生在《太极拳使用法》书里记录"传拳谱"时，将亲传的隔辈人的姓名上明确注有"徒孙"二字，并未因此乱了辈分，这是很正常的事。然而，在传承中也会出现些不正常现象。当年跟师爷、爷爷或姥爷学的功夫，如今老人仙逝后，自己却自动升了一级。管师爷、爷爷、姥爷叫起师傅来了。倘若你长辈也曾跟你师爷、爷爷或姥爷学艺，难道你跟他们也是同一辈人，叫他们师兄、师姐吗？这种乱了传承伦理的事会令人耻笑的！

贪高辈分不如功夫高。其实功夫高低、武德优劣，不在辈分大小。古来皆有辈分虽小，人品、武德高尚，功夫超群，照样受众人赞美的先例。当今，在全国武术比赛中多次荣获八卦掌第一的霍东立先生，当年向八卦掌名家李子鸣老师学艺，管李老叫师爷。他练功勤奋刻苦，进步很快，人又聪慧朴实，李老非常喜欢他，有意收他为徒。霍东立直言讲自己年岁小，拜在李老徒弟名下做徒孙为好，李老欣然应许，遂将霍东立收在弟子赵大元名下。霍东立此举武林界许多人都知道，他高尚的人品和高超的武艺同样受到众人的称赞。相反，有人贪高辈分，他的武艺、人品也未必就高了，也未必会得到人们的尊重，反而给人留下话柄。

还有个别人假冒传承关系，为自己涂脂抹粉，招摇过市。即便你是一般普世传习的，别人也不会小看你。是与不是，传习或传承，实事求是不是很好吗？何必授人以柄？

至于极个别人，看不起自己的师父，扬言"我老师是靠我才有名的"，这种人毫无尊师重道之意，却叫自己的学生、弟子尊重他。当前，社会上的不正之风多多少少也影响到了武术传承领域，但传承中的不正常现象毕竟是极少数，绝大多数人是重视武德传承、尊重传承伦理文化的。

武术是实践的科学，实践的主体是人，离开人的具体实践，武术就失去了生命的载体。因此，弘扬武术，人才是根本。半个世纪以来，现代武术（竞赛类）成了武术传播的主流，传统武术处于自生自灭的状态。随着老一代武术家相继辞世，传统武术人才青黄不接，武术传承面临着严重危机！传统武术如何薪火相传是一个非常紧迫的问题，我们的有关部门应重视这个问题。对于传统武术不能光挖掘整理成文字资料就束之高阁，如何组织继承、研究推广，建立长效的人才培养机制是很重要的。

武术的发展本身就是多元化、百花齐放的。每个拳种都是中华武术的重要组成部分，正因为有了众多的拳种，才有了中华武术的博大精深。若个体都没有了，整体自然也就消失了！树立多元化思想正符合"百花齐放"的方针，单一化的发展会导致武术走向衰竭。

现代武术要与传统武术并重并举，现代武术源于传统武术，现代武术产生并扎根于传统武术的沃土之中。若土壤贫瘠了，现代武术也自然会被殃及。因此，传统武术的传承问题不容忽视。那种过于追求体操化、表演化和商品化的武术应该醒悟了。特别是2000年以来，韩国的跆拳道、日本的空手道、和气道、剑道、柔道在我国盛行一时，说什么能培养人的素质、锻炼人的意志等，炒作的火热，连街道居委会、小学校里都开班授课，这种现象反映出我们对自己民族的传统文化的认同存在问题。中华武术有深厚的文化底蕴，百花争艳的传统武术流传千百年了，难道都不能培养人的素质，锻炼人的意志？那些运动有的是竞技项目，确实需要培养人才。然而，我们不能眼看着自己民族传统的运动项目受冷落而自生自灭，还反过来去热捧别人的东西！这难道不是一种怪现象吗？"中华武术进入学校，从娃娃抓起"一直未能形成有效的机制，难以落实。他们的项目能推广到世界，说明他们的民族意识顽强。而我们却丢掉了自己民族传统项目，偌大的一个中华民族找不到自己的民族灵魂！我认为应在大力发展我民族优秀传统文化的同时，吸纳别人的长处为我所用。这并非拒绝外面好的东西，所谓海纳百川，百川终究要融入

后记：传承是活的生命力

大海，这才是正道。对此类问题希望大家能认真地反思。

普世传习要与传统传承并重并举。弘扬中华武术，推广、普及是必要的。首先要使更多的爱好者步入习武行列，使习武成为全民健身的最大项目，然后采用传统武术的传承方式，在其中提高、深化，培养重点人才，两者要有机地结合起来。不能把传统的传承形式说成带有封建色彩，是过时的传承方式。自古以来，传承的严肃性都是必需的，也永远不会过时。

加强对中华武术文化的正面宣传，树立习武之人的新形象。早年，吴图南先生就提出："习武之人要外有健全之体，内有高尚之德，穷则独善其身，达则兼济天下。培养忠、孝、节、义、豪、侠、魁、奇之士。"如今，武侠小说在胡写，武打电视剧在胡闹。剧中和尚不念经，道士不练功，武人整天提着剑，拿着刀，扛着枪棒，藏着暗器、毒物，到处打打杀杀，寻仇争情，争权夺势，争名争利的行为，扭曲了武术人和修道人的正面形象。这些瞎拽胡扯的低劣作品，也不顾及武家、佛家、道家的感受以及对社会的负面影响。我们呼吁文学家、艺术家，应该重视这个问题，多写些正面著作，多拍些正面影视作品，特别是儿童文学和动漫影视作品，应尽量减少对我们后代人的精神污染和负面影响。

武术在动乱的年代里是防身自卫、为国为民建功立业的武器，在和谐社会也是民族文化中的瑰宝。武术作为中华民族传统文化的一个重要组成部分，它的根深深扎在广大城乡民众之中。它不但是巨大的精神财富，同时也是巨大的物质财富。如何善待它，发挥其重大的作用，还需要我们下大力气去探究。

综上所述，全面传承中华武术文化，做好武术的传承工作，让习武成为培养国人健康观和人生观的有效途径，才能使中华武术代代相传、薪火不断，武术文化的生命力才能更加强大！

2007年8月写于澳大利亚